JN026643

# 日本農業年報66

# 新基本計画はコロナの時代を見据えているか

編集代表
## 谷口信和

編集担当
## 平澤明彦
## 西山未真

農林統計協会

# は　し　が　き

　2020年3月31日、新たな食料・農業・農村基本計画が決定された。今後10年を見据え、5年間の政策を支えるうえで十分なものであるか、実施1年目の時点における吟味が求められる。ただしその際、この基本計画がコロナ禍の中で定められたことには注意が必要であろう。

　2020年の初め以来、日本を含む世界各地の経済と社会は新型コロナウィルス感染症（COVID-19）の大流行（同年3月11日WHOがパンデミック宣言）によって甚大な影響を被っている。フードサプライチェーンも例外ではなく、食料供給を不安定化させかねない事態が国内外の様々な場所と形で生じたが、まだその全体像は必ずしも明らかとなっていない。また、このような状況も手伝ってか新基本計画は農村政策や食料安全保障の比重を従来よりも高めており、さらに政府はいわゆる「骨太の方針」でも食料安全保障を強調していた。

　とはいえ、新基本計画は新型インフルエンザ等特別対策措置法に基づく1回目の緊急事態宣言の発令（同年4月7日7都府県、同16日全国）に先立って決定されたため、コロナ禍の展開とその影響について十分な展望を持ちえなかったと言える。また、コロナ禍は食料・農業・農村部門の潜在的な弱点や問題点を表面化させたのではないか、あるいは経済や社会の価値観に一過性でない影響を残す可能性がある、とも指摘されている。

　こうしたことを踏まえれば、新基本計画の評価にあたっては、コロナ禍の影響とそれによってもたらされた視点を考慮に入れ、また基本計画がそれらに十分対応できるかどうかについても検討を加えるべきであると考えられる。

　そこで今回の日本農業年報は『新基本計画はコロナの時代を見据えているか』と題し、まず日本と各国の食料と農業に対するコロナ禍の影響について概況を整理することから始め（第Ⅰ部）、新基本法については分野別にコロナ禍を踏まえたうえでの評価を行い（第Ⅱ部）、さらに今後につながる新たな論点も提示する（第Ⅲ部）こととした。

　以下、各部の概要を紹介する。

　第Ⅰ部の各章（第1章から第6章）はそれぞれ日本とEU、米国、オーストラリア、中国、台湾におけるCOVID-19の影響について報告している（日本の状況については第Ⅱ部の各章でも言及している）。

　コロナ禍に直面した各国の状況や、食料の安定供給に関する意識の高まりには日本と共通した傾向があるものの、程度はまちまちである。移動や営業の制限により経済や市民生活は大きな影響を受けており、米国では大統領選挙の最大の争点となった。また、農業や消費への影響は、移動等に厳しい制限を課した中国やEUで日本よりも大きいようである。農業・食料部門の輸送（中国、EU）や労働者の移動（EU、オーストラリア、台湾）については規制の減免措置が取られた。

　感染は都市に集中していることから農業生産能力への影響は軽微（第3章）な国が多い中で、中国の家禽部門では取引市場閉鎖、飼料・雛・生体の出荷輸送制限、食肉処理工場の操業停止、家禽の殺処分といった厳しい措置が取られた。外国人労働力の不足はEUとオーストラリア（園芸）、台湾（漁業）で指摘されている。

　消費の変化を指摘する国は多い。買いだめはEU（基礎的食品）、オーストラリア、中国（穀物）から報告された。消費が外食から家庭での食事へと移ったことを明記したのはEUのみであるが、他の国も同様であったと推察される。中国では都市・農村・道路の封鎖により野菜の供給途絶と都市での買い争いが生じた。

　輸出については、減少（台湾）や、高級品（航空便）の輸送能力不足（オーストラリア）が指摘された。

　需要が減退した品目については財政支援措置のほか、各種の需給調整措置がなされた。市場隔離（EU）や生産調整（EU、台湾）、困窮者（EU）・学校給食（台湾）への提供、インターネットを利用したマッチング（中国、台湾）である。

　こうした状況下で中国では人的ネットワークを含むローカル流通の強さが見いだされ、EUでは国産や地産地消に対する意識が高まっているという。

　食料安全保障に言及しているのは中国、オーストラリア、EUであり、とくに中国は野菜の増産、主要食料の生産面積確保、インディカ米の最低支持価格引き上げなど価格・支持政策、資材メーカーの操業再開、移動規制の免除を実

施した。第1章は日本の自給基盤（農業）と地域資源（農村）を国土強靭化資源と捉えてその維持管理を訴えている。

　第Ⅱ部は食料・農業・農村基本計画（2020年）の主要な論点について論じている。多くの課題が指摘されているが、政策に対する評価の観点からやや大胆に整理すれば、政策方針の転換とその有効性に関する評価（第7章、9章、13章、14章）、とりわけ具体的な施策の欠如ないし不足（第7章、9章、13章）、政策目的と手段の不整合（第11章）、政策目標の根拠の不備（第8章、9章）、新たな課題（第10章、12章、15章）といった論調がある。

　また、コロナ禍の影響については、政策目的にかかる認識の変容（第7章、15章）をはじめ、需給調整と経営安定対策の役割（第11章）や、地域の話し合いの困難化（第9章）、新規就農や外国人労働力との関係（第10章）が論じられている。

　第7章（食料自給率）　コロナ・ショックはカロリーベースの自給率が「危機に備えた最重要指標であることを再認識させた」。飼料と種、労働力の海外依存も不測時に問題となる。畜産物に関しては食料自給率＝食料国産率×飼料自給率であり、新たな食料国産率は畜産部門の生産努力を示す一方、飼料自給率の低さは抜本的引き上げの必要性を示している。

　第8章（輸出目標）　最近の輸出額増加の主因は円安や東アジアの経済成長であり、1兆円目標に基づくこれまでの「輸出促進策の効果とはいいがたい」。また、「農林水産物の輸出額の過半は加工食品や調製品」で加工原料が含まれているなど、輸出促進の目的である「林漁業者の所得向上への寄与は疑わしい」。新たな5兆円目標の冷静な検討が求められる。

　第9章（構造政策）　基本計画では「担い手重視という路線に変化はみられない」。担い手への農地集積率目標（8割）は足元の趨勢から乖離しており、認定農業者の農業経営改善計画に基づいた農地の集積見込みと対比させる必要がある。中小・家族経営への配慮や農地保全に対する危機感はあっても具体的な施策が欠けている。

　第10章（外国人労働力）　基本計画における外国人労働力の位置づけは、日本人の労働力が不足した場合に用いる補完的なものであるが、制度・実態とも条

件を同一化する方向であり、農業労働力の重要な柱にとするべきである。また、労働者保護とは別の観点から農業経営者養成のための新規就農対策が必要である。

第11章（飼料基盤）「成長産業化に向けた改革」の下で実際には生産基盤の弱体化が進行している。「酪肉近や政策大綱に基づく個別の事業はそれぞれが一定の成果をあげている」。しかし「基本計画や酪肉近が目標とする生産基盤の強化には結びついていない」。国産飼料基盤を強化するには飼料を生産する経営の行動に沿った制度設計が求められる。

第12章（スマート農業）　現状のスマート農業はおもに「部分技術として展開」しており、今後の課題としてはスマート農業技術自体の体系化や、農業技術体系の再編、低コスト化・土地基盤条件・情報通信環境・品種開発・人材育成・サービス提供といった条件整備、データを活用した経営運営や経営組織の再編が挙げられる。

第13章（中山間地域）　中山間地域を成長産業化の対象に含めており、特別な条件不利地域としての認識が弱い。中山間地域等直接支払制度に対策の多くが課されているものの、対象となる耕地は限られており、交付金額も少ない（年間10万円／人未満）。農業以外の所得で生活を立てながら農地を維持している実情に合わせた農地保全策が必要である。

第14章（自治体農政）　農地の集約化を目指す一方で「担い手への農地集積率8割という政策目標は変わらないままに、農地中間管理事業から人・農地プランの実質化へと重点が変更され」、各種事業を体系化して市町村が推進主体となった。地域政策は「構造政策に従属」しており、集積率目標や中間管理機構など従来路線の残存が制約と化している。

第15章（SDGs）　コロナ禍は自然・生命観とグローバリゼーション（近代化・成長・開発パラダイム）のあり方を問い直しており、今後はSDGsやグリーン・リカバリーの動きを踏まえ、地域自律に基づいた自然共生型の多元的価値を実現するような政策ビジョンが基本計画に臨まれる。


第Ⅲ部では、日本や欧州の現場で起こっている新しい動きに焦点を当て、新型コロナの影響も踏まえながら、新たな農政の指針となる要素を見出す論考が並ぶ。

　第16章「コロナ後の食と農と地域のあり方」食と農（食の生産と消費）を直接結ぶ取り組みに注目し、新型コロナの影響により、そうした食と農の取り組みがより重視されていること、そして食と農の取り組みが行われる地域の範囲が自給圏として認識されることにより、その取り組みが広がる可能性についても検討している。

　第17章「リスクヘッジとしての半農半Xの新たな意義」コロナを経験した人々の価値観、人生観、農業観、生活観等の変化を踏まえて半農半Xも広がりをみせ、さらに農だけでなく、XとICTといった新しい組み合わせの模索にリスクヘッジとしての半農半Xの新たな展開を見出している。

　第18章「畜産・酪農における感染症対策の現状と課題」家畜の感染症の発生状況と、2020年の家畜伝染病予防法の改正など対策を整理したうえで、密飼いや産地の集中が被害を大きくしていると指摘し、適度な飼養頭羽数規模、立地分散、放牧、アニマルウェルフェアの推進が伝染病およびその被害の抑制に有効としている。

　第19章「有機農業を軸として日本農業全体を持続可能な方向に転換する」有機農業が日本で広がらない原因は、政策の中の位置づけや定義が一面的評価（無農薬・無化学肥料栽培）によっていることであり、有機農業はその多面性を評価すれば日本の農業を持続可能な方向に転換する軸の役割を果たせると主張している。

　第20章「次期CAP改革と欧州グリーンディールからの要請」CAP改革案の作成プロセスに働く力学を分析し、改革の方向性を検討している。EGDとF２F戦略は環境・気候部門という農業の外からの圧力によって農業の変革を目指しているが、CAPに対する影響の実効性はいまだ見極め難い。

※本はしがきの執筆はおもに西山が第Ⅲ部、平澤がそれ以外を分担した。
　　　（記　2021年４月14日　まん延防止等重点措置の開始された東京にて）


編集担当　平澤明彦、西山未真

# 目　次

# 総論　2020年食料・農業・農村基本計画の　　　歴史的な位置と課題

谷 口 信 和

## 1．食料・農業・農村基本法における基本計画の本来的な位置づけ

### （1）基本計画の本来的な位置づけ

　「日本農業年報65」（2019年12月刊）は基本計画策定直前の段階で、従来の基本計画の総括を踏まえ、新たな基本計画における検討課題を提起するものであった。それに続いて刊行を企図した今回の「日本農業年報66」は、2020年3月に閣議決定された基本計画の各論について詳細に吟味する構成をとった。この総論では改めて全般に関わるいくつかの論点を提起することを主眼としつつも、新型コロナウイルスパンデミックの発生という重大な情勢変化の下ですでに実施過程に移されている施策についても簡単な検討を行うことにしたい。

　ところで、食料・農業・農村基本法は、第1章総則の次においた第2章基本的施策の第1節に食料・農業・農村基本計画を配置している。そして、第15条において定めるべき基本計画の事項について、第2項で4つ指摘している。それらは、1食料・農業・農村に関する基本的な方針、2食料自給率の目標、3食料・農業・農村に関して総合的・計画的に講ずべき施策、4その他の必要事項である。また、第3項では「食料自給率の目標は、その向上を図ることを旨とし、国内の農業生産及び食料消費に関する指針として」定めるとしている。

　以上の法文構造が意味するところは次のように要約できるであろう。

　第1に、食料自給率目標は向上を図ることを旨として定めるとされている。その際、先行する第2条食料の安定供給の確保[1]の第2項で規定するように「食料の安定的な供給については……国内の農業生産の増大を図ることを基本

と」するとされていることから、「食料自給率目標は国内の農業生産の増人を図ることを基本とし、その向上を旨として定められる」と規定されていると判断される。

第2に、「2食料自給率の目標」は「1食料・農業・農村に関する基本的な方針」と「3食料・農業・農村に関して総合的・計画的に講ずべき施策」の間におかれ、基本的な方針を踏まえた直後の「計画目標」の位置づけを与えられるとともに、1や3は2のために配置されていることがポイントである。

換言すれば、基本計画は、①食料自給率向上目標を定め、②そのために農政の基本的な方針と総合的・計画的に講ずべき施策を定めることに眼目があるのである。実際、基本計画の本文の構成もこのようになっている。つまり、食料自給率の低位性が日本（農業）の抱える最大の問題だという認識の下に、食料安全保障確保を究極の課題としたところに食料・農業・農村基本法の意義があり、そこに、農工間の所得不均衡是正を課題とした農業基本法との基本的な違いがあるというべきなのである。

また、食料自給率「目標」は「食料消費の見通し」や「農業構造の展望」などにおける「見通し」や「展望」が一種の「予測」を意味するのとは異なって、政策が達成すべき水準を具体的に示したものであり、自給率向上＝農政の宿題であって、その成果を数字で示した食料需給表＝通信簿という関係に立っているものと理解すべきであろう。

## （2）基本計画の変容（官邸主導型農政による歪み）

しかし、制定されてきた基本計画は基本法が規定した本来の内容からみて、2つの点で逸脱が進んでいる。それは2012年12月に始まった安倍政権の下での官邸主導型農政によって引き起こされ、第1に、基本計画策定機関としての「食料・農業・農村政策審議会」（農水省）軽視＝「農林水産業・地域の活力創造本部」（首相官邸）主導の政策決定として現れ、第2に、その結果として進行した基本計画における「食料自給率向上目標」の後景化と農政の総花化によってもたらされている。

前者は官邸（活力創造本部）と農水省（政策審議会）の上下関係に規定された

農林水産業・地域の活力創造プランと基本計画の上下関係化として現れ、プランがほぼ毎年の制定・改訂であるのに対して、基本計画が事実上5年に一度の策定であることを背景として、基本法・基本計画無視の政策決定・運営が進んだことを示している。

後者は日本再興戦略や未来投資戦略に基本計画が従属することによって、基本計画の農政全般の点検計画化（総花化）が進行し、眼目であった自給率向上計画との関連が希薄化したことが指摘できる。ただし、そこには10年後の目標しかなく、中間年や毎年の工程表が示されていない基本計画の弱点が投影されているといってよい。基本計画の目標の実質的なチェックは毎年の「食料・農業・農村白書」で行われる程度に止まり、次の5年後の基本計画策定時に初めてチェックが行われるにすぎないのが実態となっている。

その結果、後に検討するように供給熱量ベース食料自給率向上は2000〜15年の4回の基本計画を経ても一向に実現することはなく、2000年度の40％から2019年度の38％へと長期的な低下傾向から脱却することができず、今日に至っているのである。

## （3）2020年基本計画の歴史的な位置と課題
### 1）基本計画は3つの危機からの脱却方向を示しえたか

ところで、2020年3月11日、WHOが新型コロナウイルスパンデミックを宣言したとき、新基本計画は策定の最終盤で、19日の企画部会と25日の政策審議会を残すのみとなっていた。したがって、本文には、「第3　総合的かつ計画的に講ずべき施策」の最後に7として「新型コロナウイルス感染症をはじめとする新たな感染症への対応」として、12行の文章を付け加えることができただけであって、将来の終息を見据えた上での対応＝単なる対策を超えた政策などを提起することは当然できなかった。

しかし、新型コロナウイルス感染症への対応を考える上で大切なことは、この感染症によって引き起こされている問題＝新型コロナウイルスパンデミック危機を孤立的にとらえるのではなく、気候危機、分断と対立の危機と合わせて、グローバリゼーション指向型の新自由主義的政治・経済・社会運営がもたらし

た３つの危機の一環として一体的にとらえ、解決の方向性を展望することである。

　農政における新自由主義的な政策の主要な特徴は、①農産物貿易政策における徹底した自由化路線（国境措置の撤廃）に基づく比較優位原則による国際分業指向（国内には強い農業だけを残す）、②家族経営に優越する地位を企業的農業経営に与え、これを軸とした競争を通じた国内農業構造改革の推進（農業への一般企業の参入）、③農業経営の大規模化・企業化と産地化を前提とした６次産業化（農商工連携）・外需対応でグローバルな流通の組織化、④農商工連携を通じた地域の大経営による所得確保と多面的機能を活用した都市農村交流人口の確保を通じた地域コミュニティの活性化として整理できる。このうちの④＝地域政策が著しく弱く、①〜③の産業政策に著しく傾斜してきたことは多方面から指摘・批判されてきたところである。

　こうしたグローバリゼーション至上主義の考え方に対しては、第１に、2018〜20年には日本と世界で気候危機を軸とした自然災害が頻発する中でSDGsに基づいた持続的な経済・社会（農業・農村）を再構築する運動が大きく盛り上がっているところに、第２に、新型コロナウイルスパンデミック発生の中で、サプライチェーンの長大化・広域化のリスクがマスク（医療器材・機器・ワクチンへと波及している）問題や食料問題（＝人間生存の基本的条件）において集中的に顕在化しており、重大な反省が迫られている。

　例えば、2020年３月以降に発生した食料・農産物需要の「蒸発」現象は訪日外国人観光客の激減やリモートワークの増大・外出制限による外食の激減と巣ごもりによる内食需要の増大の間のギャップによって生じたものであった。しかし、訪日外国人観光客増加に過度に依存した外食・観光業界のオーバーツーリズム（大量の観光客の集中的な移動）は、一方で感染症に対する安全保障の視点が欠けていただけでなく、他方では国内観光需要の抑制にさえ働くだけでなく、観光地の地元住民の安寧な市民生活を脅かすような局面も生まれていた（グローバリゼーションの影）。そこに星野リゾートなどによる「マイクロツーリズム」という新たな方向の提起が受容される背景がある[2]。

　また、外食が内食に置き換わるだけならば、食料需要の総量に際立った変化

が起きないはずなのに、需要が蒸発したと捉えられた背景には外食産業における巨大な食品ロスの伏在に示される「見かけの需要」に依存していた従来の食料消費構造の「不健全性」の問題が指摘できる。その際、外食産業の「隆盛」を支えてきた要素の１つが低価格の輸入農産物・食材であったとすれば、新自由主義的グローバリゼーションを通じた食料自給率の低位性がこうした問題を惹起したということができる。

### ２）食料と医療は国家安全保障の礎

　ここで改めて、2020年に発生した不織布マスクの逼迫問題と食料自給率の低位性が新自由主義的グローバリゼーションを同根とする、日本に特異な問題であることを確認しておこう。

#### ①　国内におけるマスク需要の変化

　日本では花粉症拡大が進む中でマスク需要は2000年以降一貫して増加してきた。これを促進したのが、2002〜03年に中国から東南アジアで発生したSARSの影響であり、とくに2009年には新型インフルエンザの世界的な流行の影響で国内でもマスク需要は飛躍的に増加した。しかし、日本では流行が深刻化せず、その後のウイルス対策の遅れの原因となった。

　こうした中で2012年が転換点となった。この年の12月に第２次安倍政権が成立し、2013年３月にはTPP参加へと「転換」する。同時に、12年は花粉の大量飛散が発生しただけでなく、中国からPM2.5が本格的に日本に飛来することになった。家庭用マスクの統計によれば、2003年から2012年に国内需要は３倍弱（金額ベース）に拡大していたが、2010年段階の全てのマスクの自給率（数慮ベース：総供給量／国産量）はまだ37.1％を維持していた。

　しかし、2012年には16.7％、2014年にはこれまでの最低の14.7％にまで落ち込み、新型コロナ発生直前の2019年度でも23.0％に止まっていた[3]。ここでのポイントは、第１に、マスクの国内需要は着実に増加局面にあったにもかかわらず、第２に、国内のメーカーは低コスト生産を求めて、中国に技術移転し、第３に、原材料から製品までの現地生産を行い、国内に輸入する道を選択したことである。そこにはマスクがエッセンシャルな医療資材であるにもかかわら

ず、コストダウンという経済効率性を最優先するグローバルサプライチェーン論が優越する企業の論理が存在している。

### ②　マスクと食料自給率の低位性は同根の問題

医療資材としてのマスクも食料も国家安全保障の礎という意味では同じように大事である。そこで、両者の輸出入の視点から国家のあり方について考えてみたい。表総−1に農産物の貿易収支の入超から出超の金額別に6か国を掲出した。

これによれば、第1に、入超になっている4か国のうち、日本だけが輸出入計に占める輸出割合が著しく小さく、7.8%でしかないことが分かる。他の3か国はいずれも30%以上であり、とくにドイツは45.9%にも達していて、かなり貿易収支均衡に近い水準である。つまり、日本だけが農産物の一方的な輸入国の地位に止まっており、輸出国の性格がほとんどないといってよい。

第2に、アメリカやフランスといった輸出超過国であっても、出超金額は決して多くはなく、輸出入計に占める輸出割合はアメリカでは50.8%に止まり、フランスでも54.3%程度でしかなく、極めて貿易収支衡均衡的な性格を有していることが分かる。

これら全体を通して明らかなことは日本の農産物貿易における著しい輸入偏向的な性格であり、その背後に存在する著しい食料自給率の低位性という問題に他ならない。だが、これは決して狭い国土（したがって農地）に人口が密集するといった条件に規定される日本農業の条件不利性に原因の全てを帰することができるものではない。

表総−1　農産物貿易収支の構造

（単位：億ドル／2018年）

|  | 輸出 | 輸入 | 貿易収支 | 輸出入計 | 輸出割合％ |
|---|---|---|---|---|---|
| 中国 | 714 | 1,643 | ▲ 929 | 2,358 | 30.3 |
| 日本 | 49 | 584 | ▲ 535 | 633 | 7.8 |
| イギリス | 287 | 589 | ▲ 303 | 876 | 32.7 |
| ドイツ | 806 | 951 | ▲ 145 | 1,758 | 45.9 |
| アメリカ | 1,433 | 1,386 | 46 | 2,819 | 50.8 |
| フランス | 684 | 576 | 108 | 1,260 | 54.3 |

出所：faostat により筆者算出。

表総－2　不織布マスク等の世界貿易シェア

（金額ベースの貿易額のシェア％：2018年）

| | 輸出 | 輸入 | 割合差 |
|---|---|---|---|
| アメリカ | 5.7 | 33.7 | －28.0 |
| 日本 | 1.0 | 9.9 | －8.9 |
| フランス | 1.9 | 4.1 | －2.2 |
| イギリス | 1.5 | 3.0 | －1.5 |
| ドイツ | 7.2 | 8.3 | －1.1 |
| 中国 | 43.0 | 1.5 | 41.5 |

出所：田中鮎夢、RIETI－第30回「不織布マスクの輸出入：パンデミックの下でマスク不足にどう対処すべきか」2020年4月2日、による。

　表総－2にウイルス感染防止効果の大きい不織布マスク等の世界貿易における輸出・輸入シェア（金額ベース）を、先の表総－1に掲出した6か国について示した。

　これによると第1に、中国が世界の輸出の43.0％を占め、輸入はわずか1.5％にとどまっており、圧倒的な輸出国の地位を確保している。

　第2に、アメリカは輸出の5.7％を占めるものの、輸入は33.7％に達していて、中国とは対極的な圧倒的な輸入国の地位にあるといえる。

　第3に、ドイツは輸入超過が1.1％の入超国ではあるが、輸出はアメリカを超え、中国に次ぐ第2位の7.2％という輸出国の地位を確保している中で、輸入はアメリカ・日本に次いで第3位の8.3％になっているものの、収支均衡的な構造を有している。

　第4に、日本は輸出ではフランス・イギリスはもとより香港や台湾よりも低い1.0％で世界の第17位である反面、輸入は表の通り世界第2位の9.9％に達し、圧倒的な入超国の地位に甘んじている。

　第5に、フランスやイギリスは入超国ではあるが収支バランスは日本よりはるかに良く、相対的に高い自給率を維持しているものとみられる。

　以上の事実が示すのは、農産物だけでなく不織布マスクのような工業製品においてもドイツは入超国ではあるが、極めて収支均衡的な貿易構造を有し、それらの自給率の一定水準を確保しているのに対し、日本は著しく輸入に傾斜した入超国の地位にあって、低い自給率に甘んじており、国家安全保障の礎を確

保できていないという現実である。しかも、農産物において長らく指摘されてきた輸入元の極端な集中性の問題は不織布マスクにおいても再現されている。すなわち、日本の不織布マスク等の輸入額の77.0％が中国、7.3％がベトナムによって占められており、両者だけで84.3％にも達しているのである[4]。効率性＝コスト重視の新自由主義的グローバリゼーションに基づく極端な貿易構造が互恵性や安全保障の規範を乗り越えて独り歩きする姿がそこにあるといわざるをえない。

### 3）フランスの「植物性タンパク質生産拡大戦略」をめぐって

こうした中でフランス政府が2020年9月に公表した1,000億ユーロ（13兆円程度）の経済復興政策の一環で提案した「植物性タンパク質生産拡大国家戦略」を簡単に紹介してコメントしておきたい[5]。なぜなら、この新たな農業国家戦略は新自由主義的グローバリゼーションがもたらした3つの危機の発現下で、日本が食料自給率向上を考えることの今日的な意義と課題を明らかにしていると思われるからである。

戦略は2年間で1億ユーロ（130億円程度）の予算を投入し、①5,000万ユーロで豆科植物の生産・加工・流通体制構築、②2,000万ユーロで畜産業者の飼料用豆科植物導入支援、③2,000万ユーロで豆科植物研究開発支援、④1,000万ユーロで昆虫のタンパク質開発や国産乾燥豆消費促進を図るという。

2019年から協議してきた内容は、①配合飼料原料の大豆等タンパク質飼料480万トンの輸入（自給率50％）が、新型コロナ禍の影響で困難化したため、食料供給の主権回復が必要だという判断（ドノルマンディー農業・食料相）に加えて、フランスは大豆輸入元であるブラジルの森林破壊[6]に一部責任があるとのマクロン大統領の認識の下に、②豆類作付面積を現在の100万haから2022年に140万ha、そして2030年には200万haへと倍増させ、③もともと高い水準の食料自給率127％（豆類自給率78％：少し前の日本の農水省試算2013年による）をさらに引き上げようというものである。

そのポイントは農業政策に求められる理念を出発点にして、総合性・体系性・一貫性・長期性を具備していることにある。すなわち、①すでに高い食料

自給率の下にありながらも、コロナ禍で脅かされた食料供給の主権回復という強い政策的意思を出発点として、②アマゾンの森林破壊・火災に対する大豆輸入国としての責任を認識し、世界的な気候危機対応へ国際貢献するために（自国ファーストではない）、③大豆作付面積拡大＝耕種部門支援と大豆飼料導入促進＝畜産部門支援をバランスよく位置づけ（日本の飼料用米振興との差違に注意）、消費者をも巻き込んだ乾燥豆消費拡大にも目を配り、④これらを本格的に進めるための研究開発支援を説き、⑤政策実施の短期と長期の工程表を提示しているからである。ここには予算額の多寡にばかり目を奪われた対策論議の次元を超えて、高度の政治的理念に裏打ちされたフランス農業政策の矜持を感じることができるであろう。

## 2．基本計画をめぐるいくつかの論点と課題

　以上の前提的な検討を踏まえ、以下では基本計画のいくつかのトピックスを取り上げながら、基本計画をめぐる論点と今後の課題を明らかにすることにしよう。

### （1）なぜ基本計画は食料自給率向上に失敗してきたか

　もちろん、この問題が解明できれば食料自給率向上が達成される可能性が生まれるわけだから、その解答は容易に得られるものではないことは改めていうまでもない。すでに筆者は多方面からこの問題に接近してきたが、今回は基本計画が提出している1人・1年当たり供給純食料の見通しの2010年度～30年度分を2019年度までの実績（食料需給表）と対比することによって若干の問題提起を行うことにしたい（図総－1）。その含意は基本計画が重要な品目について、食料消費構造の変容への見通しに狂いがあったのではないか、その点の是正に踏み込んだ政策を採用できなかったことを問題にしたいということである。

　その際、前提として確認しておかねばならないのは、2008～09年度間及び2013～14年度間は基礎とした「日本食品標準成分表」の切り替えのため、統計的には接続しない点への配慮が必要だという点である。しかし、熱量合計を除けば栄養成分ではなく、重量ベースの数字のため、この影響は免れているし、

図総－1　1人・1年当たり供給純食料の目標値と実績

（1997年度＝100）

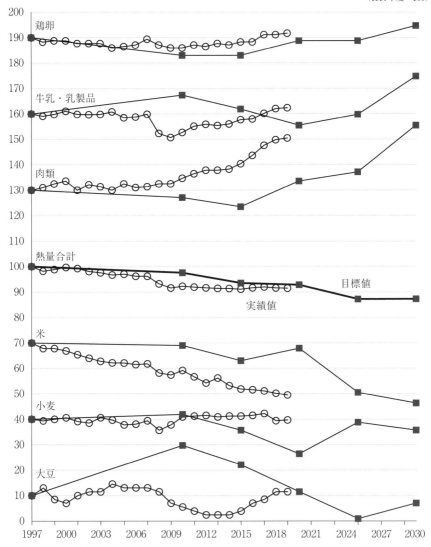

出所：各年の基本計画および「食料需給表」により作図。
注：1）熱量合計は kcal、その他は kg／人・年の数値を1997年を100とする指数で示した。
　　2）2000年の基本計画の2010年度目標値から2020年基本計画の2030年度目標値を5年ごとに示した。
　　3）実績値は2018年度の「食料需給表」の確定値と2019年度の概算値を示したため、基礎となる「日本食品標準成分表」が異なるため、2008〜09年度、2013〜14年度の間は接続しないが、無視しうると判断した。
　　4）品目ごとの折れ線が重ならないようにして見やすくするために、1997年度の始点を熱量合計だけが100とし、他の品目はこれと30の倍数ずつの開差をもつように配置した。

熱量についても連続的な変化が観察されており、影響はないと判断される。

　むしろ、明らかに不連続な、やや大きな変化を示すのは2007～08年度間であって、熱量合計を始め、鶏卵、牛乳・乳製品、米、小麦などに及んでいる。そこには2008年に勃発した世界食料危機による穀物価格の高騰の影響があるが、あくまで一時的なものとみられる。また、2012年にもとうもろこし・大豆国際価格の史上最高値記録といった穀物価格などの高騰があったが、特異な変化は観察されない。

　以上の前提を踏まえて、以下の点を指摘しておきたい。

　第1は、熱量合計と米・大豆はほぼ一貫して実績が目標値を下回る傾向で推移してきた点である。とくに米と大豆は目標値からの乖離が著しく、政策当局の読みは過大な「期待」を示す傾向が強かったといえる。ただし、米では依然としてそうした傾向が継続しているものの、大豆では2014年度以降明らかな消費増大傾向への反転がみられ、2020年度目標値に接近する様相をみせていることが注目される。

　第2に、肉類や鶏卵ではほぼ一貫して実績は目標を上回る形で展開しており、とくに肉類でそれが顕著である点である。また、牛乳・乳製品は2010年度以降に目標の趨勢を上回る反転増加傾向を示して、2017～19年度にはかつての基本計画での目標値を超える水準に到達している点である。すなわち、畜産物については政策当局の読みを超える水準での消費の反転増加傾向が2010年度以降に顕在化していることが注目されるのである。

　第3に、米と並ぶ穀物の小麦は2010年度頃までは目標値を下回る実績水準で推移してきたが、それ以降は微増にはとどまるものの、実績は目標水準を明らかに上回り、高止まりとなっており、明らかに米とは異なる動きを示している点である。

　これらの事実をつなぎ合わせると、どうやら2010年以降に食生活が小麦・大豆と畜産物の消費拡大局面にシフトしつつあるのではないか、つまり、かつての食生活の欧米化傾向の再来がみられるのではないかということになる。反対に政策当局は食用米を中心とした、かつての日本型食生活への回帰に健康な食生活の「理想像」を見出し、それらを支える品目の消費拡大＝国内生産増大に

希望を託する「意欲的な計画目標」を立てる傾向があったのではないかと思われる。

　食生活の欧米化が再来しつつあるという予測をどのように理解するかは独自の研究課題であり、今後の検討に委ねざるをえないが、以下の点だけを指摘しておきたい。

　すなわち、食料消費における世代論的視点（昭和一桁戦前世代・戦後団塊世代・団塊ジュニア世代）の導入の必要性である。1997〜2010年の期間における熱量摂取や畜産物・小麦消費の実績における比較的停滞的な推移は、昭和一桁世代の70歳以上への移行、団塊世代の50〜60歳への移行、団塊ジュニア世代の25〜35歳への移行にともなう人口構成の変化と異なる食料消費スタイルの合成の結果として生じているとみたい。

　図示してはいないが、この期間に顕著に進行した水産物消費の減少は恐らく、一方での団塊ジュニア世代における1人当たり消費量の少なさと、他方での魚食志向の強い昭和一桁世代の高齢化による摂取量の縮小を有力な要因としているとみることができる。

　そして、2010年以降の食生活の欧米化の再来とみられた現象は、一方で、戦後高度成長期に学校給食を通じて欧米的な食生活という「食育」の機会を得て成長した団塊の世代が高齢者世代に接近・突入しながらも、肉食から魚食に移行することなく従来の食習慣を継続することによってもたらされている。ここでは高齢化が肉食から魚食へのシフトをもたらすであろうという一般的な命題が団塊の世代にはそのままの形では適用されないという点が重要である。

　他方で、団塊ジュニア世代が、水産物よりは畜産物の消費増大局面に成長期を過ごし、団塊世代の食習慣を継承するとともに、社会人となる中で欧米化の枠を超え、エスニック化・無国籍化とも称される多様な食事摂取傾向を示し、生産年齢人口の中核を担うようになっていることによってもたらされている。エスニック化・無国籍化という食事の内容はヘルシーという性格を強くもった「欧米化」であることが注意を要する点であろう。

　2030年目標を設定した2020年基本計画はある程度、こうした傾向を理解しているようにもみられるが、だとすれば畜産物の飼料自給基盤についてのより積

極的な位置づけが不可欠ではないか（後述）。

## （2）食料安全保障論の転轍

　次に新型コロナウイルスパンデミックが発生するような状況を踏まえ、今日の時点で食料安全保障の考え方に若干の修正が必要ではないかという点を指摘しておきたい。

　いうまでもなく、基本法第2条第2項に基づいて、わが国の食料安全保障は国内生産と輸入及び備蓄の適切な組み合わせで実施することになっているが、輸入と備蓄について再検討する必要があると思われるからである。

　この点を考えるために、中国の穀物と大豆の需給事情を検討することにしよう。白石和良氏によれば、穀物（口糧としての小麦と米にとうもろこしなどのその他の穀物）に豆類（大豆など）、イモ類を加えた食糧ベースの「食料自給率」は2005年の95.6％から2012年に90％を割り込み、2013年には88.7％にまで低下している。しかし、穀物ベースでみた「食料自給率」は2005年の100.9％から2009年に100％を割り込んで99.6％となり（2008年の世界食料危機は中国の大量の穀物買い付けによって引き起こされた点に注意）、2014年には96.7％にまで低下しているという[7]。食糧ベースの自給率は中国独自の概念であるし、穀物ベースの自給率についても算出の仕方が日本の「食料需給表」とは少し異なってはいるが、大局的には実態を捉えた自給率とみてよいだろう。

　先に表総-1において金額ベースでみた農産物貿易収支では大幅な入超国になっている中国であるが、数量ベースでみた「食料自給率」は低下傾向が看取されるものの、依然として高い水準を保っている点は十分に注目されてよい。なぜなら、国連の推計で2000年に12億9,055万人だった人口は、2020年には14億3,932万人へとわずか20年で1億4,877万人も増加してしまうような人口大国の中国にとって、高い水準の「食料自給率」を維持しておくことは国家安全保障上の不可欠の課題である。実際、国内におけるわずかな穀物不作でもそれをカバーすべく国際市場で調達すべき数量はとてつもなく大きく、調達そのものが容易ではない上に、価格高騰を惹起することから財政的な負担も巨大にならざるをえないからである。

表総－3から以下の点を指摘しておきたい。

第1に、中国は食料を輸入できる経済発展水準に到達したという点である。すなわち、もはや農業を収奪して、工業発展の原資を調達する経済発展方式は採用できず、工業製品貿易で確保した外貨によって、国内生産ではカバーできない必要不可欠な農産物を輸入する経済発展段階にあるということである。

第2に、しかしながら人口大国という条件から食料自給率は可能な限り高い水準に維持しなくてはならない。ここから、毎年の消費量に見合った生産量の確保が至上命題となる点である。実際、2017／18年度まで穀物（米・小麦・とうもろこしのみの合計）の国内生産量は消費量を大きく超えていたが、2018／19年度からは消費量が生産量を超える局面に入り、そのギャップは2020／21年度には3,970万トンに達すると予測されている。注意を要するのは、こうしたギャップは飼料用を中心とするとうもろこしが2017／18年度から始まり、食用を中心とする小麦と米でも2020／21年度には予測され、生産と消費の単年度需給の逼迫が飼料用から食用にまで拡大する可能性が出てきたことである。

第3に、他方で単年度需給の逼迫を緩和する目的で準備される期末在庫は在庫率水準（期末在庫／（消費量＋輸出量））をみれば明らかなように、2016／17年度では米の69.1％から小麦の96.0％まで極めて高い水準が維持されている。その際に注目すべきなのは、米の例で明らかなように、毎年の生産量が消費量を上回っていても輸出量を超過する輸入量が確保され、期末在庫率の増加が企図されていることである。こうして米では2019／20年度に78.8％の期末在庫率へと9.7％の増加が見込まれている。とくに重要だと認識されている小麦では2016／17年度の96.0％から2019／20年度には119.4％にまで、年間消費量を超える在庫の積み上げが実施されていることは驚きですらあるといってよい[8]。

これらの事実は、人口大国の中国が穀物において、①高い穀物自給率、②高い期末在庫率に加えて、③積極的な輸入増加という三点セットで食料の国家安全保障に備えていることを示している。もちろん、採油用と搾りかすの飼料用に振り向けられる大豆では増加しつつあるとはいえ国内生産が消費需要に追い付かず、輸入量が増加する中で穀物に比べればかなり低い期末在庫率に甘んじざるをえない現実もある。とはいえ、そこには農産物の国際貿易をめぐる新た

表総−3　中国の穀物・大豆の需給事情の推移

(単位：100万トン)

| 作物 | 年度 | 2016／17 | 2017／18 | 2018／19 | 2019／20 見込み | 2020／21 予測値 | 2018／19 日本(参考) |
|---|---|---|---|---|---|---|---|
| 穀物 | 生産量 | 544.7 | 542.3 | 537.1 | 541.1 | 543.3 | 8.52 |
| | 消費量 | 515.8 | 526.5 | 541.9 | 549.2 | 583.0 | 30.85 |
| | うち飼料用 | 202.0 | 204.5 | 211.0 | 212.0 | 241.0 | 13.00 |
| | 輸出量 | 1.7 | 2.4 | 3.8 | 3.7 | 3.4 | 0.36 |
| | 輸入量 | 12.2 | 12.9 | 10.9 | 15.6 | 37.5 | 22.41 |
| | 期末在庫量 | 436.4 | 462.7 | 465.0 | 468.7 | 463.0 | 4.58 |
| | 期末在庫率% | 84.6 | 87.9 | 85.8 | 84.8 | 79.0 | 14.7 |
| 小麦 | 生産量 | 133.3 | 134.3 | 131.4 | 133.6 | 134.3 | 0.86 |
| | 消費量 | 119.0 | 121.0 | 125.0 | 126.0 | 145.0 | 6.45 |
| | うち飼料用 | 17.0 | 17.5 | 20.0 | 19.0 | 35.0 | 0.70 |
| | 輸出量 | 0.8 | 1.0 | 1.0 | 1.1 | 1.0 | 0.29 |
| | 輸入量 | 4.4 | 3.9 | 3.2 | 5.4 | 10.5 | 5.73 |
| | 期末在庫量 | 114.9 | 131.2 | 139.8 | 151.7 | 150.4 | 1.08 |
| | 期末在庫率% | 96.0 | 107.5 | 110.9 | 119.4 | 103.0 | 16.0 |
| 米 | 生産量 | 147.8 | 148.9 | 148.5 | 146.7 | 148.3 | 7.66 |
| | 消費量 | 141.8 | 142.5 | 142.9 | 145.2 | 149.0 | 8.40 |
| | うち飼料用 | − | − | − | − | − | − |
| | 輸出量 | 0.8 | 1.4 | 2.8 | 2.6 | 2.4 | 0.07 |
| | 輸入量 | 5.3 | 5.5 | 3.2 | 2.6 | 3.0 | 0.63 |
| | 期末在庫量 | 98.5 | 109.0 | 115.0 | 116.5 | 116.4 | 2.05 |
| | 期末在庫率% | 69.1 | 75.8 | 78.9 | 78.8 | 76.6 | 24.2 |
| とうもろこし | 生産量 | 263.6 | 259.1 | 257.2 | 260.8 | 260.7 | 0.00 |
| | 消費量 | 255.0 | 263.0 | 274.0 | 278.0 | 289.0 | 16.00 |
| | うち飼料用 | 185.0 | 187.0 | 191.0 | 193.0 | 206.0 | 12.30 |
| | 輸出量 | 0.1 | 0.0 | 0.0 | 0.0 | 0.0 | 0.00 |
| | 輸入量 | 2.5 | 3.5 | 4.5 | 7.6 | 24.0 | 16.05 |
| | 期末在庫量 | 223.0 | 222.5 | 210.2 | 200.5 | 196.2 | 1.45 |
| | 期末在庫率% | 87.4 | 84.6 | 76.7 | 72.1 | 67.9 | 9.10 |
| 大豆 | 生産量 | 13.6 | 15.3 | 16.0 | 18.1 | 19.6 | − |
| | 消費量 | 103.5 | 106.3 | 102.0 | 109.2 | 116.7 | − |
| | うち搾油用 | 88.0 | 90.0 | 85.0 | 91.5 | 98.0 | − |
| | 輸出量 | 0.1 | 0.1 | 0.1 | 0.1 | 0.1 | − |
| | 輸入量 | 93.5 | 94.1 | 82.5 | 98.5 | 100.0 | − |
| | 期末在庫量 | 20.7 | 23.1 | 19.5 | 26.8 | 29.6 | − |
| | 期末在庫率% | 19.9 | 21.7 | 19.1 | 24.5 | 25.3 | − |

出所：USDA, WASDE 2021.3による。
注：穀物は小麦・米・とうもろこしの単純合計による（大麦・ソルゴー等の雑穀を含まない）。

な状況が出現しつつあることを看過してはならないだろう。

　それは従来の農産物輸出国の強い立場、農産物輸入国の弱い立場という図式に重大な変化が生まれているからである。新型コロナウイルスの発生源についての武漢における第三者による調査を主張したオーストラリアに対して、中国はこれを拒否する手段として同国からの大麦とワインの輸入に対して関税などの引き上げを行い[9]、大量の農産物輸入を外交交渉における武器として利用する立場を鮮明にした。農産物輸出国にとって大量の輸入相手国を喪失することは、他に有力な輸入国を見出しえない場合に重大な経済的損失になることが明白だからである。

　以上のことから、今日においては食料安全保障論における概念の転換の必要性を指摘することができる。

　そこでは、第1に、単純な農産物の輸入確保というフローの経済の視点での効率性重視ではなく、しっかりとした期末在庫＝備蓄を確保するストックの経済の視点での安定性・安全性重視へ舵を切り替える中で、輸入＝フローを位置づけることが重要である。WTOで日本政府が主張してきた「食料輸入国の立場」は「弱い立場」論に立脚してきたが、農産物輸入大国中国の登場はそうした国際戦略に再考を迫るものとなり始めている。

　中国に比べると著しく低い28％程度の穀物自給率水準に止まりながら、在庫率水準は表総−3に参考として示したように、穀物14.7％、小麦16.0％、米24.2％、とうもろこし9.1％とUSDAによって評価されている日本のお寒い現実を直視することが求められよう。日本もまた中国ほどではないにしても人口大国（世界11位）であることを忘れてはならないのである。

　第2に、基本計画では食料安全保障論は圧倒的に食料不足＝不測の事態の視点から語られてきたが、2010年の基本計画で初めて提出された「総合的食料安全保障」は「平時の安全保障」と「不測時の安全保障」の両者からなるものであった。今日では前者の重要性が飛躍的に高まっていると考えるべきであろう。2020年基本計画は総合的な食料安全保障論を採用してはいるが、議論はあくまで不測時の安全保障から始まっている。転換が必要である。

　第3に、今回の新型コロナ禍の下での食料需給の複雑性について真摯な検証

が必要だという点である。コロナ感染症第1波の初期に瞬間的に食料逼迫が発生したかにみえたが、長期的に支配している事態は先述のように「需要の蒸発」という特殊な現象であった。とくに集中的に現れた食用米過剰は中食・外食の特異な地位（食品ロス問題）の問題性を浮き彫りにしたし、格差と分断の深化の下での特異な日本的飢餓の「顕在化」＝過剰と不足の併存は子ども食堂・大学生への農産物支援といった形でローカルな食料自給の重要性を明らかにしたといえる。

## （3）飼料用米政策は食用米政策から独立化すべき

　2015年基本計画におけるハイライトの1つは、2013年に11万トンの実績しかなかった飼料用米の生産を2025年度に110万トンへと10倍化する野心的な目標を掲げたことにあった。ただし、11万トンとは初めから飼料用米として生産されたものの数量であって、実際には備蓄米とMA米の49万トンの流用も合わせると60万トン（配合飼料メーカー55万トン＋畜産農家5万トン）が飼料用に仕向けられていた。

　その当時の農水省の飼料用米に関する説明文書では「家畜の生理や畜産物に影響を与えることなく給与可能と見込まれる量」として450万トンの試算が示され、約1,000万トンの飼料用とうもろこし輸入量の代替が示唆されていた。最新の2021年2月の「飼料用米の推進について」農水省政策統括官においてもこの方向は継承されており、試算としてはさらに「調製や給与方法等を工夫して利用すべき水準」として877万トン、「様々な影響に対し、調製や給与方法を十分に注意して利用しなければならない水準」として1,130万トンが追加されているのは周知のことである。先の60万トンの実績数字とこれらの給与可能性の数字を重ね合わせてみれば、備蓄米やMAを除いた本来の飼料用米の利用可能性は技術的な改善の余地を含むとしてもかなり大きいことが明らかである。

　また、この文書によれば、2019年度の供給量は飼料用米39万トン＋政府所有米穀（備蓄米・MA米）61万トンの合計100万トン（配合飼料メーカー86万トン＋畜産農家14万トン）であるが、飼料用米として配合飼料メーカーに供給されているのは27万トンにとどまっている。他方で、配合飼料メーカー側で2021年度

に受け入れ可能と回答している飼料用米数量は約130万トンに達していることから明らかなように、配合飼料メーカーという実需者の使用可能な数量に対して、現実の飼料用米の供給量は全く追いついていないのが実態である。

　実需者が求めているのは、①配合飼料原料であるとうもろこしと同等、またはそれ以下の価格での供給であり、②実需者の需要に応じた安定的な供給であることもよく知られている。しかし、現在、まがりなりにも飼料用米が配合飼料メーカーに供給され、その数量が増加傾向にあることからすれば、価格の引き下げが依然として重要な努力目標であることは疑いないとしても、最大の問題は②にあるといえる。つまり、家畜飼養者からすれば安定した配合飼料の確保は家畜飼養の出発点であるからである。

　以上の指摘から導かれることは、上述したような畜産物需要の増加が見通される今日の局面において、飼料用米は国産の濃厚飼料原料としての有力な地位を占めており、長期的な増産方針を確立し、安定的な供給体制を構築することが最大の課題だということである。こうした観点からすれば、2020年基本計画は重大なミスリードをした。2015年基本計画の2025年度目標110万トンを、2030年度目標70万トンへと引き下げたからである。目標年次が5年後にもかかわらず、水準が36％も低下したことの意味は大きい。一方では、畜産経営における飼料用米利用のインセンティブを大きく減じ、配合飼料メーカーにおける飼料工場の設備投資計画の抑制に働いただけでなく、他方では水田農業経営における飼料用米作付の不安定化を助長することになったからである。

　このうちの後者は基本計画策定直後から顕在化してしまった。2020年産の主食用米の作付面積拡大が見込まれる中で農水省は営農計画書の提出締め切りを2度も延長して9月15日までとし、主食用米から飼料用米への作付変更を迫った。2021年6月末の食用米の民間在庫量見通しが適正水準の200万トンの「危険ライン」を超えることが見通され、米価暴落の「危険性」が予測されたことから飼料用米への切り替えによって切り抜けようとしたからに他ならない。こうした方向は2020年産が作況指数99に止まったにもかかわらず、新型コロナ禍による食用米需要の外食を中心とした「蒸発」によって需要減が進むと見通されるにもかかわらず、2021年産米における食用米作付意向が依然として根強い

中で強力に推進されてはいるが先行きは不透明である。

　ここでの問題は長期的に安定した増産傾向を確保することが求められる飼料用米に対して、主食用米の価格維持のための需給調整の安全弁として作付の恣意的かつ短期的な増減を強いてきたことである。2013年には備蓄用米確保の、2018年には生産調整転換の犠牲を飼料用米に負わせたことから、作付面積の減少をもたらした。今回は2020年基本計画で飼料用米の生産努力目標の引き下げを提案しておきながら、計画決定直後から食用米からの強力な切り替えによる飼料用米の作付拡大を図るといった錯綜した提案をしているわけであり、現場の生産者にすんなりと受け入れてもらえるかどうかについては予断を許さない。

## （4）「地域の農業」から「地域農業」への視点のシフト

　最後に地域農業問題という視点の重要性にふれておきたい。基本法や基本計画には「地域の農業」という用語法や見方は存在していても、「地域農業」という視点は存在していないといってよい。

　地域の農業とは「地域に存在する多様な農業生産の総体や個別の農業生産」を指すものである。例えば愛知県安城市（＝地域）の農業とは土地利用型農業（米・麦・大豆）、果樹農業（梨・イチジク）、施設野菜農業（キュウリ・チンゲンサイ）のそれぞれやそれらの併存状態を指し示すものである。これに対して地域農業とは「地域における統一的な土地利用方式を基礎とした耕畜連携の農業生産方式」を指しており、安城市の地域農業とは複数の集落を基礎とした地区単位で効率的な農業を実現したものとして理念的に理解することができる。その具体的な姿は、土地利用型農業・露地果樹作・施設野菜作の地域的な棲み分けが担い手の多様な類型（専業・高齢・生きがい農業＋市民農園）との組み合わせで実現されており、和牛を中心とした畜産との耕畜連携を実現している姿と具体的に描くことができるであろう（図総－2参照）。

　日本農業の発展過程は、①水田農業を基軸とする「地域農業」を出発点として、②農業近代化の過程で「地域の農業」へ分業化・自立化され、③水田転作の拡大・恒常化の中で新たな「地域農業」の形に再編されてきた。

　①の段階は水利共同体としての集落が基礎となって水稲連作方式の土地利用

図総－2　愛知県安城市の第2次集落営農事業（1994年〜）推進パンフレット

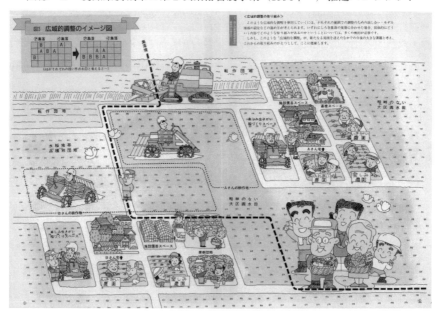

方式＝地域農業システムが存在し、これと独立した農業経営は存在しなかった。個別農業経営は同質性をもって地域農業に従属し、埋め込まれる形で存在していた（金沢夏樹のいう稲作の独往性）。②の段階は1920年代から始まる農業近代化の過程であり、稲作＋αの形で始まった副業化が複合化を経て専門化を遂げ、稲作からは自立した果樹・野菜・畜産・酪農の展開によって、地域に多様な農業経営が併存・独立的に存在する形に再編された。

　③は1970年代に始まる水田転作の恒常化の時代であり、地域の農業は3つの方向に再編された。すなわち、a. 土地利用型農業での発展＝水田における米・麦・大豆作、b. 耕種部門における専業化の進展＝野菜・果樹の露地作から施設作への展開、c. 酪農・肉用牛経営による牧草・デントコーンなどの飼料作（水田の畑地的土地利用）がそれである。これらは新たな「地域農業」の形を形成している。aは水田的利用と田畑輪換的利用の組み合わせによる新しい地域的土地利用方式＝地域農業の形成を意味している。bは事実上、水田の畑作的土

地利用により、「産地化」という形での地域農業を実現するものである。cは酪農・肉用牛経営の自立化・独立化＝地域の農業の一形態であって、必ずしも地域農業化を意味するものではない（採卵鶏・ブロイラーはaやbとは切断され、輸入飼料依存へ傾斜）。

　こうした過程を経て、今日の時点で求められる新たな地域農業の形は上述のaとcの再結合になるのではないか（bは独自に存在）。すなわち、農地の過半を占める水田の田畑輪換的な土地利用を軸とした地域農業の「新構築」＝米＋麦・大豆の2年3作体系の実現がそれである。その際の新たな課題とは、①飼料用米という穀物を通じた畜産飼料供給を水田的土地利用に組み込み、耕畜連携を地域的・全国的なレベルで実現することによって中小家畜での地域農業の実現を図ること、②WCS用稲という飼料作物を通じた畜産飼料供給を水田的土地利用に組み込み、酪農・肉用牛経営における耕畜連携を地域的レベルで実現する＝大家畜での地域農業実現、③水田放牧を通じた牧草利用の形での土地利用型農業への和牛繁殖の取り込み＝水田農業における集落営農による複合型和牛繁殖経営の成立がそれである。

　規模拡大と法人化を通じた個別農業経営の発展に「地域の農業」の発展を託すのではなく、新たな「地域農業」の再構築を軸として農業の発展を図ることこそが今日的な課題に他ならない。この点を簡単に例示してみよう。豚熱（CSF）対策を野生イノシシ対策（捕獲＋経口ワクチン散布）と豚舎へのウイルス侵入防止（飼養豚への予防的ワクチン接種）だけで構想するのは不十分である。そもそも飼養豚とは異なって、野生イノシシの行動を完全にコントロールすることは困難だからである。そこで、一方では畜舎周辺の里山・放棄畑への大家畜放牧による野生鳥獣との棲み分けを実現して、野生イノシシの畜舎への接近を抑制するとともに、他方では集落縁辺部の放棄水田での飼料用米・稲WCS導入、牧草栽培と放牧実施などによる、耕種農家の協力を得た耕畜連携＝新たな「地域農業」の実現を図る方向が鍵となるのではないか。

## 3．おわりに―コロナ終息後に基本計画の再検討を―

　新型コロナ感染症は現時点でも依然として終息の時期を見通すことはできな

い。そうした中で基本計画の策定後に農水省では基本計画に基づいて多くの検討会が立ち上げられ、重要課題についての真摯な議論が積み重ねられている。大いに期待したい。しかし、他方では基本計画とは余り整合性のない新たな政策方向が次々に提示されたり、新型コロナ終息後に見通される最低限の状況変化などをも無視して、新型コロナ発生以前のままの発想での議論も散見される。基本計画の目標の真摯な実現を目指そうという立場を堅持するならば、部分的でもよいから新たな情勢下で基本計画を再検討することが必要ではないかと思われる。

## 注

1）食料の安定的供給の確保と多面的機能の発揮（基本法第3条）は農業と農村が果たす2つの機能（経済的機能と外部経済的機能）と理解されるのが一般的だが、筆者はこの両者をメダルの両面の関係として把握すべきだと考えている。谷口信和「総説　高度経済成長と農業基本法の政策体系」『戦後日本の食料・農業・農村　第3巻（Ⅰ）』農林統計協会、2019年、p.58。

2）細川昌彦「いまだ「訪日客6,000万人」を掲げる愚、欠けている安全保障の視点」『日経ビジネス』2020年7月28日。

3）一社　日本衛生材料工業連合会「マスクの統計データ」2020年7月28日、による。

4）田中鮎夢「RIETI　第30回「不織布マスクの輸出入：パンデミックの下でのマスク不足にどう対処すべきか」」2020年4月2日、による。

5）JETRO ビジネス短信「植物性タンパク質生産拡大戦略」発表、食料供給の主権回復を目指す"2020年12月9日：日本農業新聞「フランス　飼料用豆類増産へ　コロナ響き輸入難しく」2021年1月9日、などによる。

6）2019年7月から9月にかけてブラジルのアマゾンなどで多発した森林火災は好調な大豆輸出などを支える森林への火入れによる農地化が有力な原因とされている。ブラジル国立宇宙研究所によると、2020年6月にアマゾン熱帯雨林の2,248カ所で火災が確認され、前の年と比べ20％増加している。政府報告では、同年6月は過去13年間の同月比で最高値を記録したという。Greenpeace Japan の2020年7月29日の記事などによる。

7）白石和良「中国の「食糧安全保障政策」の概要と実態」Science Portal China 科学技術トピック第111号（2015年12月24日）、による。食料自給率の定義自体に議論の余地はあるが、統計的な情報に制約がある中で大局的には自給率の実態に最も近づいた検討がなされているものと判断される。

8）小麦の場合には消費拡大が進むパンやパスタの原料としての硬質小麦に国内生産が十分に対応できないために輸入が増加する一方、在庫で品質劣化した軟質

小麦が飼料用に回されるといった構造から、在庫水準が高くなっているという側面もある。

9）中国はオーストラリアに対して、2020年5月に大麦への80.5％の追加関税、11月にワインへの最大212.1％の暫定関税（保証金）を課すことを決定した。もちろん、公式にはWTO協定に基づくアンチダンピング措置（不当廉売阻止）ではあるが、オーストラリアにとって最大の貿易相手国である中国の対応は、新型コロナウイルスの発生源特定に関するオーストラリアの対応への反発が背景にあることはいうまでもない。2020年11月27日のロイター・時事の報道及びJETROビジネス短信、2020年12月17日、などによる。

## 参考文献

〔1〕谷口信和「食料・農業・農村基本計画における食料自給率向上の意義―基本計画をめぐる特集によせて」『農村と都市をむすぶ』2019年10月号、pp.7-18。

〔2〕谷口信和「農政の羅針盤の地位を失いつつある基本法と基本計画」『農業と経済』2020年3月臨時増刊号、pp.20-28。

〔3〕谷口信和「2020年新基本計画をどうみるか―二度目の悲劇に終わらせてはならない」『農村と都市をむすぶ』2020年6月号、pp.4-23。

〔4〕谷口信和「新基本計画の彼方に日本農業の可能性を見つけよう」『協同組合研究誌　にじ』2020・秋号、No. 673、pp.4-13。

〔5〕安藤光義「食料・農業・農村基本計画を検証する」『農業・農協問題研究』2020.7、第72号、pp.2-13。

〔6〕植田展大「構造再編が進む日本農業と2020年の食料・農業・農村基本計画」『農林金融』2021.1、pp.31-51。

〔7〕石田一喜「人手不足に直面する地域の「受援力」向上を目指して」『農林金融』2021.2、pp.60-78。

〔2021年3月27日　記〕

第Ⅰ部　コロナ・気候危機下の世界の食料と農業

# 第1章　日本―2つの国土強靭化資源の強化―

矢 口 芳 生

## 1．食料の現場で予想される懸念と対策

　グローバル化の進展等を背景に地球温暖化や感染症パンデミックは深刻化し、これに伴い食料・農業分野でも世界的に様々な不安要素を生み出している。食料輸入大国の日本としては、海外の動向にも注意が必要だ。

　食料の輸出入制限等で需給不安が生じている。ロシアの小麦の輸出規制、ルーマニア・ウクライナ・カザフスタンでも小麦等の輸出制限、インドでは米と小麦の輸出停止、ベトナムは米の輸出を禁止し、ミャンマー・カンボジアでも米の輸出制限を行った。また、サプライチェーンの混乱・崩壊（契約ビジネスの困難）、フードチェーンの停止・人手不足、物流の機能不全等で食料流通網に混乱が生じた。

　農業生産にも影響がでている。海外季節労働者に依存する国々は、労働力不足で収穫作業に滞りの兆しがある。地球温暖化・異常気象、その影響なのか、サバクトビバッタ大群の猛威や中国の洪水被害等のなか、家畜の感染症が供給不安に拍車をかける。中国ではアフリカ豚熱で供給力が低下し、ミャンマー・フィリピン・ベトナムでも流行している。そして、これらの生産と流通の影響の延長線上では、失業や収入減で食費の切りつめといった状況も推測される。

　食料不安・危機への対策の必要性が強調されている。2020年3月31日、FAO（国連食糧農業機関）・WHO（世界保健機関）・WTO（世界貿易機関）は、「今こそ結束し、責任を持って行動し、食料安全保障・食品安全・栄養の向上、世

界中の人々の公共福祉の改善という共通の目標を守り抜く」との共同声明を出した[1]。4 月21日には、G20農業大臣臨時テレビ会議が行われ、「フード・サプライチェーンの機能維持」や「不当な農業貿易関連措置の回避」等が確認された[2]。さらに 7 月16日には、FAO と OECD（経済協力開発機構）は、「コロナ禍により農業の中期的見通しは不透明」であり、「持続可能な食料システムを構築することに引き続き投資することが必要」と強調した[3]。

　日本においても、コロナ禍は船便・空輸便の遅延・途絶で輸入食料に影響が出ている。カロリーベース食料自給率37〜38％という低さの問題とともに、その影響等については、今後も引き続き注意を払わなければならない。

　対策の基本は、食料・農業・農村基本法の第 2 条に謳われているとおりだ。「国内の農業生産の増大を図ることを基本とし、これと輸入及び備蓄とを適切に組み合わせて行われなければならない」のであり、「国民が最低限度必要とする食料は、凶作、輸入の途絶等の不測の要因により国内における需給が相当の期間著しくひっ迫し、又はひっ迫するおそれがある場合においても、国民生活の安定及び国民経済の円滑な運営に著しい支障を生じないよう、供給の確保が図られなければならない」。

　輸入制限等に備えるために、国産への切り替え、飼料等の十分な在庫・備蓄量の確保も必要だ。このほかにも、国民 1 人 1 人が毎日に 1 杯分の食べ物を廃棄しているに等しい日本の612万トン（2017年度）の食品ロス[4]、この状況も改善しなければならない。

## 2．農業と農村の現場で今起きていること

　農業・農村への影響も大きい。学校の一斉休校で学校給食の需要が減少したこと、外出制限や観光客の減少でレストラン等の高級食材の需要が減少したこと、また、外食の減少に伴い外食向け農産物の需要も減少したこと等、不安が広がっている。このほかにも、観光農園の売り上げの減少、外国人技能実習生に依存する地域での労力不足による農業生産への影響、イベントの自粛・減少による農産物販売の減少、サプライチェーンの混乱で復興用等の資材（肥料・飼料等も）の供給不足、等の影響がでている。

　その一方で、ネット販売が増大して農業収入の減少を抑えていること、占める割合こそ少ないが家庭向け需要が増大したこと、自給自足への関心が高まるとともに都市での植物工場や家庭菜園への関心が高まる等、明るい面もみられる。また、農村への関心が高まってきたこと（ただし復旧遅れで離農増加もみられる）、輸入制限で国産ものの価値が高まってきたこと等も新たな動きである。

　明るい面がみられるが、農業生産基盤（食料自給力：担い手・農地・農業技術）の後退に歯止めがかからない。むしろ、コロナ禍を契機に離農が一機に進む可能性がある。国内農業を支える農業技術は高度なものを備えているものの、人口減少のなか農業技術を使う担い手の不足・高齢化、農業展開の場となる農地の減少と耕作放棄地の増大、そして農村の荒廃を押しとどめる決定的な要素も見当たらない。

　農業担い手の不足・高齢化は、農業生産の低迷だけでなく、地域資源の管理にマイナスの影響を生み出している。適正・健全な農業生産があってこそ、地域資源の適正・健全な状態を維持できる。しかし、農地・森林をはじめ地域資源の荒廃が止まらない。そのためか、水害・洪水被害等が頻繁に生じるようになった。

　農業・農村のもつ食料供給機能と多面的機能の役割の重要性を改めて確認したい。国内の農業生産基盤が後退し、食料自給率の傾向的低下に歯止めがかからず、水害・洪水防止・減災等の多面的機能も後退している。日本独特の食料農業構造、すなわち潜在的な農業危機（大量の輸入農産物による低農産物価格のもとで国内農業生産基盤の脆弱化）と潜在的な食料危機（低い食料自給率のもとで海外の農産物価格と供給量の動向に依存化）とが併存する構造が深刻化し、食料供給機能と多面的機能の役割が後退している。

　今、農業・農村の現場では、活気のない異常な状況もみられる。農村調査で現場に入ると、青年・壮年世代は、「日々の暮らしが忙しく、また忙しくしないと暮らせないのが現実」という物理的・精神的な余裕のなさ、何かをやろうという余裕がない。さらに、「諦めが先に立ち、頑張っても何も変わらない」という空しさも漂う。それでも、青・壮年世代がいれば、これはこれでまだ救いがある。

老年世代になると、「年金等により暮らしは何とかなる」「体力も気力も限界で、年金と生きがい仕事で日々楽しく暮らす」という心境、楽観にある。こうしたところに“よそ者”が来れば、「日常が乱れる」との意識をもつ地域住民も少なくない。

2019年度「国民生活に関する世論調査」をみると[5]、現在の生活に「満足」し、「充実感を感じる」とする人が7割を超し、なかでも18～29歳から40歳代で高い。食・住生活や耐久消費財の面で、約8割の人が「満足」と答えているが、所得・収入や資産・貯蓄の面では、「満足」と「不満」が拮抗している。

一方、日常生活で悩みや不安を「感じている」人が6割を超え、なかでも40歳代から60歳代に多く、「感じていない」人は18～29歳、70歳以上に多い。また、「時間のゆとりがある」人は約7割に達し、とくに60歳代、70歳以上に多く、「ゆとりがない」人は30歳代から50歳代に多い。

社会一般には、今の暮らしに「満足」していても、青・壮年世代は「日々の暮らしが忙しく」、「ゆとり」もない。「ゆとり」のある人は老年世代という状況である。青・壮年世代は“ゆとりなし”と“満足”の両面をもち、老年世代は“楽観”の面をもっていることが見て取れる。

これは現代の世相の一面を表しているが、この“満足感”や“楽観”は、確信的背景に裏打ちされたものであろうか。社会一般との意識の格差、すなわち農村・中山間地域にみられる“ゆとりなし”や“諦め感”とはその底流においてどのような違いがあるのであろうか。再考の余地がある。

## 3．食料・農業・農村政策に追加すべき基本的課題

コロナ禍があろうとなかろうと、2020年3月に策定された「食料・農業・農村基本計画」の着実な実現が求められる。食料農業基盤の強化、食料自給率・自給力の向上のために、さらに、追加すべき基本的課題がある[6]。

**第一に、**農村・農家の生活意識の尊重と兼業・IJUターン（移住）者（以下「IJU者」と略記）・定年帰農の促進である。農村や農家（とくに兼業農家・小規模農家）がたえず意識し立ち返り、薄れてきた生活意識であるとはいえ、農村で暮らす原点ともいうべき観点の再考である[7]。その意識・観点に立脚した兼

業・IJU ターン・定年帰農の促進と支援策の整備が、次の理由から必要なのではないか。

①兼業農家の二面性：農業以外の兼業収入は農家所得・家計費を補填し、反対に農業は他就業の低賃金を農業所得や現物で補填できる。農家は、物財費水準までは農業生産を継続して自家飯米や野菜を確保し、農地保有・農業生産が集落の一員としての地位・発言力を維持している。こうしたことが、結果として地域資源の保全管理、農村コミュニティの維持につながる。

②土地基盤整備、機械化・化学化・装置化、稲作技術の平易化・平準化等、農業技術の発展は、農作物の栽培を容易にし、収入増大のための兼業を可能にした。これにより、兼業農家は地域の資源管理や農村コミュニティの維持にも貢献している。

兼業農家は、農業所得及び兼業収入により〝豊かな暮らし〟ができる。農業所得もしくは兼業収入によって、家計費の不足の補填が可能である。他就業の低賃金、解雇のリスク等や農業の先行き不安等を考慮すれば、直ちに農地貸付や離農、反対に農業専業化という単純な選択にはならない。むしろ、農家の兼業・〝2 足のワラジ〟の生活は、さらに強固になるという〝ソロバン勘定〟、〝生活防衛意識〟が働くことの考慮も必要だ。

このように、農村・農家の生活及び生活意識を尊重することが、農村・農家の安定感、地域の資源管理や防災・減災の促進につながる。農村・農家のそうした生活や意識も薄れ IJU ターンも望めない地域では、今後、地域資源の管理に、したがって防災・減災上も大きな影響がでてくる可能性がある。兼業・IJU ターン・定年帰農の促進・定着を支援するための新たな対策が必要なのではないか。

農地確保の観点からいえば、耕作放棄田の防災・減災兼用（貯水田）利用も今後考慮に入れるべきではないか。つまり、耕作放棄地も含めた〝田んぼダム〟の再考である。同時に、耕作放棄地をそのままにせず、自然に戻す計画的な方策、国土強靭化につながる方策の構築が必要である。

**第二に**、上記の 1 つの具体的な対応策として、〝共生農業システム〟の構築を促すことの重要性である。農政は、「農業の成長産業化」を掲げて大規模化

に主眼を置いてきたが、大規模農家だけで地域は回らない。農地や水利施設等、「個」だけでカバーできない資源がある。国土強靭化の一環としても農林業の「面」的強化を図るべきだ。

　とくに水田地帯では、優れた農業担い手とともに、この周辺を支える人々が存在しなければ、地域社会も農業も地域資源管理もうまくいかない。兼業農家や小規模農家も、農業・地域の担い手として位置づけ、それぞれが役割分担のもと協力しあって地域農業を運営する"共生"の道こそ、農業と農村の持続可能性[8]は確保されるのではないか。地域には、所有者等が集団または団体を形成して管理を行うこと、地域ごとに農地所有者の集団的な活動によって農地の利用関係を形成するという発想がある[9]。これを重視すべきだ。

　集落や集落営農等がもつ社会的機能にも着目し、地域資源の面的カバー、国土強靭化にプラスに作用する仕組み、すなわち、地域に居住する〈農外主業の自給的農家・土地持ち非農家・兼業農家・プロ農家〉が役割分担のもとに協力し合い地域の農業を運営・管理する共生農業システム[10]を構築していくこと、適者共存・共生の地域農業システム（持続可能な地域農業システム）をつくりあげることである。これを促進・定着させるための支援策の整備・充実が必要だ。

　**第三に**、コロナ禍のなか関心の高まる農業・農村において、IJU者の農業担い手としての新たな位置づけとともに、その現状・実態把握のための調査と総合的支援体制の整備の必要性である。「出入国管理及び難民認定法」（「入管法」）の改正のもと、外国人移住者にも注意を払うべきだ。

　地域の担い手・人口の減少と高齢化が進行しているなかで、IJU者への地域社会の担い手としての理解や、新たな位置づけが必要になっている。十分な準備の上で移住し農業を始めた人もいるが、彼らの経済的貧困にも目を向けるべき状況がある。農村の新たな貧困問題といえるかもしれない。外国人技能実習生も含め、移住者の現状・実態を徹底的に調査[11]し、総合的支援策を整備すべきである。

　**第四に**、地域の特性を理解し、地域の多様な主体の適切な協働・パートナーシップ・ネットワークやガバナンス等により、地域の価値や住民満足度、持続可能性を確保・向上させるという「地域経営」の視点が必要である[12]。

　地域経営の視点から農村や中小地方都市をみれば、海外進出しにくい、地域に残るべくして残った伝統地場産業や農林水産業があり、その発展的な具体化が求められる。地域産品のブランド化と輸出の促進、フードチェーンの取り組みもその一環であったはずだ。これらに地方公共団体が介入すべきではないが、傍観者では何も前には進まない。

　地域自らが「プラン・目標」をもち、地域の多様な主体の適切な協働・パートナーシップ・ネットワークやガバナンス等により伝統地場産業や農林水産業等の復興をどのように図るかが今ほど大切なときはない。今後は、数多くある地域プランを統合・集約し、地域SDGs（Sustainable Development Goals：持続可能な開発目標）、地域農業SDGsの構築とその行程管理が必要なのではないか[13]。

　**第五**に、国と地方公共団体における責任と役割の強化についてである。地方公共団体も農業・農村の「努力目標」を高いレベルに引き上げ、工程管理も行ってはどうか。今後、国も地方公共団体も「努力目標」のレベルから脱して、「国及び地方公共団体の責務等を明らかにする」（基本法第1条）とともに、「施策を策定し、及び実施する責務を有する」（第8条）のであり、国と地方は「施策を講ずるにつき、相協力する」（第37条）ことを徹底すべきではないだろうか。ちなみに「責務」とは責任と義務のことである。

　今後、各地域は明確な食料農業の方針と目標をもって取り組むべきだ。さらに、地域や農業の持続可能性の確保の水準と手立ての明確化も必要で、上記のように、地域SDGs、地域農業SDGsの構築とその工程管理が必要だ。都道府県別、地域毎に特徴ある作物に力を入れることは推奨されることだが、地域の食料自給率・自給力・地域資源維持管理との関係も考慮して選択すべきである。

## 4．2つの国土強靭化資源

　コロナ禍は、グローバル化等がもたらしたパンデミックであるという問題提起もしている。感染症の山が過ぎ去ればその反省もなく、さらに急速なデジタル化等による急速なグローバル化が進み、多くの人々の一層の貧困化を伴いつつ経済的・社会的格差の拡大が加速するのではないか。

　そのなかに食料・農業・農村問題も存在している。上記のとおり、農業・農村、とりわけ中山間地域の荒廃はこれまでになく加速するのではないだろうか。世間や農業・農村にみられる"満足感"や"楽観"、そして"諦め感"は、いつまで続くのであろうか。そうした意識を打ち砕く災害が、ここ10年間をとってみても激甚化している。

　国土交通省によれば、2019年度の水害による被害額は、1961年の統計開始以来最悪だといわれる[14]。住宅、インフラなどの被害額は2兆1,476億円（暫定値）で、うち台風19号の被害が1兆8,600億円と大半を占めた。こうした被害は年々増大しており、2010年が2,000億円程度であったが、2011年の東日本大震災の特殊年を除けば、2013年4,000億円、2016年4,500億円、2018年には1兆4,000億円であった。

　また、農林水産関係被害額も同様に増大傾向にある[15]。自然災害等による被害額は、2000年933億円、2013年2,008億円、2016年4,358億円、2018年6,282億円、2019年は4,883億円であった。

　自給基盤（担い手・農地・農業技術）の確保は食料供給という面だけではなく、農林業・農村がもつ多面的機能、とくに"田んぼダム"は防災・減災にも何かしらの貢献をしている。森林の管理から始まり流域管理、"田んぼダム"による貯水・洪水防止機能等の重要性が検証されている[16]。

　食料自給の最低限を確保し、防災・減災等の多面的機能の向上において、"諦め感"を捨てつつ確信的な"満足感"や"楽観"をもてるようにするためには、「自給基盤」と「地域資源」という2つの国土強靱化資源を確保し、適正に維持管理することが不可欠である。農業と農村ともいえる2つの国土強靱化資源は、「社会的共通資本」[17]であり、国民共通の財産であり、その適正な維持管理は国民共通の仕事である。この原点・認識に立ち返るべきだ。

## 注

1）「ニュース」FAOウェブサイト〈http://www.fao.org/japan/news/detail/en/c/1277117/〉2020.10.11閲覧。
2）「G20農業大臣臨時テレビ会議の結果概要について」農林水産省ウェブサイト

〈https://www.maff.go.jp/j/press/kokusai/kikou/200422.html〉2020.10.11閲覧。

3 ）「ニュースルーム」OECD ウェブサイト 〈https://www.oecd.org/tokyo/ newsroom/rising-uncertainties-from-covid-19-cloud-medium-term-agricultural-prospects-japanese-version.htm〉2020.10.11閲覧。

4 ）「食品ロス量（平成29年度推計値）の公表について」農林水産省ウェブサイト 〈https://www.maff.go.jp/j/press/shokusan/kankyoi/200414.html〉2020.10.11閲覧。

5 ）「国民生活に関する世論調査」内閣府ウェブサイト 〈https://survey.gov-online.go.jp/r01/r01-life/index.html〉2020.9.1閲覧。

6 ） 次の拙稿でも論じたので参照されたい。矢口芳生「食料自給率・自給力からみた基本計画の検証」『日本農業年報　65集』農林統計出版、2019、pp.23-42。

7 ） 矢口芳生『農家の将来─TPP と農業・農政の論点』農林統計出版、2013、pp.47-48。

8 ）「持続可能性」の概念等は、矢口芳生『持続可能な社会論』農林統計出版、2018 を参照されたい。

9 ） 関谷俊作「農用地利用増進法の生まれるまで」『農用地の集団的利用』農政調査委員会、1981、pp.7-8。

10） 「共生農業システム」に関しては、矢口芳生『農と村とその将来─規制緩和農政を超えて』農林統計出版、2015、pp.81-106。

11） 農林水産業「新規就農者調査」や全国農業会議所「新規就農者の就農実態に関する調査結果」等があるが、生活・農業経営実態まで含めた体系的で詳細な調査が必要である。新規就農者に関する文献として、堀口健治・堀部篤編著『就農への道─多様な選択と定着への支援』農文協、2019がある。

12） 矢口芳生「『地域経営学』の社会的・学術的背景と到達点」及び「地域経営学の役割と意義」、ともに『福知山公立大学研究紀要別冊』（「地域経営学とは何か─福知山公立大学の挑戦」）第 1 号、2018.3、pp.5-49及び pp.169-185。

13） たとえば、矢口芳生「SDGs 汎用モデルの構築─京都府与謝野町を例に」『福知山公立大学研究紀要』 4 巻 1 号、2020.3、pp.255-298。

14） 「19年の水害被害2.1兆円、統計上最悪　台風19号が大半」『日本経済新聞』（2020.8.21 電子版）〈https://www.nikkei.com/article/DGXMZO62929030R20C20A8CR8000/〉2020.10.13閲覧。

15） 「台風接近数が20年で1.5倍に　激甚化への備え急務」『農業共済新聞』2020年 9 月 1 週号、 2 面。

16） 増本隆夫「広域水田地帯の洪水防止機能の評価と将来の流域水管理への利活用（Ⅰ・Ⅱ）」『水利科学』315・316号、2010、pp.23-38、67-77；吉川夏樹ほか「田んぼダム実施流域における洪水緩和機能の評価」『農業農村工学会論文集』261号、2009.6、pp.41-48；宮津進ほか「田んぼダムによる内水氾濫被害軽減効果の評価モデルの開発と適用」『農業農村工学会論文集』282号、2012.12、pp.15-24；宮

津進ほか「輪中水田地帯における田んぼダムの洪水緩和機能の経済評価」『土木学会論文集Ｂ１（水工学）』69巻4号、2113、pp.I_1531-1536等を参照。

17）故・宇沢弘文博士が定立した「社会的共通資本」とは、市民・国民の基本的権利の充足に関わり、私的管理の形態をとらずに社会的に管理され、ここから生み出されるサービスは社会的基準により分配されるもので、「農業・農村」はこの重要な構成要素のひとつである（宇沢弘文『社会的共通資本』岩波新書、2000参照）。また、一般的な「社会資本」の場合にしても（たとえば道路・港湾等の産業基盤施設や公営住宅・学校等の生活基盤施設等）、経済活動の基礎となり、財・サービスの生産に間接的に貢献するものであるため、市場機構をとおしては十分な供給が保証されないため「公共」が投資している。

〔2020年10月28日　記〕

# 第2章　ヨーロッパに見るコロナ禍の農業・食料事情

石　井　圭　一

## 1．はじめに

　2020年11月18日現在、EUにおける新型コロナウィルス感染者数は1,112万人、死亡者数27.6千人にのぼる（図2－1）。10万人当たり感染者数は最も低いフィ

図2－1　欧州[1]における感染者数の推移

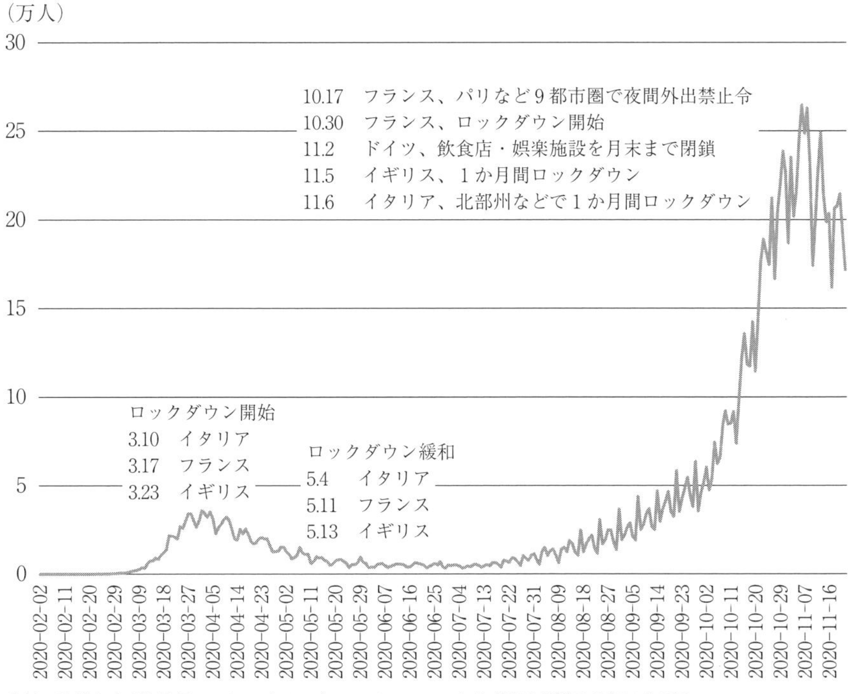

（万人）

- 10.17　フランス、パリなど9都市圏で夜間外出禁止令
- 10.30　フランス、ロックダウン開始
- 11.2　ドイツ、飲食店・娯楽施設を月末まで閉鎖
- 11.5　イギリス、1か月間ロックダウン
- 11.6　イタリア、北部州などで1か月間ロックダウン

ロックダウン開始
- 3.10　イタリア
- 3.17　フランス
- 3.23　イギリス

ロックダウン緩和
- 5.4　イタリア
- 5.11　フランス
- 5.13　イギリス

資料：欧州疾病予防管理センター（ECDC）データベース、および朝日新聞2020年11月26日。
注：EU、EEA加盟国およびイギリス。

ンランドで54.5人、最も多いルクセンブルク1,242人である。4〜5月にかけて
主要国で実施された「ロックダウン」、すなわち、特定の活動以外を目的とし
た外出の禁止や商店、レストラン等の閉店が罰則付きで義務付けられる行政措
置がイギリス、イタリア、フランスなどの主要国で再び導入された。フランス
やスペインで全土を対象にしたロックダウンが実施されたほか、イギリス、ド
イツ、イタリアなどの主要国においても地域を限定し、レストランやバー、ス
ポーツジム、プール、映画館、劇場等の文化・娯楽施設の閉鎖や集会の人数制
限など強い行動制約を課している。

　例えば、10月30日から12月1日間、2度目のロックダウンが実施されたフラ
ンスでは、移動の理由を証明する書類の携帯が義務付けられ、違反した場合に
は135ユーロの罰金が科される。許容される移動は、(1) 通勤、大学への通学
のための移動、(2) 必需品の購入のための移動、(3) 通院、医薬品の購入、(4)
介助や託児、不可欠な家族の事情、(5) 運動やペットの散歩など自宅から1
km以内、1時間以内の移動、(6) 行政庁への出頭、公共業務である。

　3月17日から5月11日に行われた第1次ロックダウンでは教育機関が全面的
に閉鎖された。第2次ロックダウンでは保育施設や小学校をはじめ厳格な予防
措置を講じた上で活動は継続され、大学などの高等教育機関では一部例外を除
きオンライン講義による教育が実施される。可能な事業所ではすべて在宅勤務
が求められるが、第1次ロックダウンの際に制限された建設業や製造業におけ
る活動、郵便局や行政の窓口業務、食料品分野では卸売業やマルシェなどの活
動が可能である。小売業は従来と同様に生活必需品を取り扱う商店が営業でき、
大規模小売店舗 (400m²以上) にあっては中小事業者との公平性の観点から生
活必需品に限って営業できる。

　ロックダウンに伴い各国は事業継続支援、雇用維持支援、税制優遇等を講じ
経済への影響の緩和策を講じた。いくつか挙げておく[1]。中小企業を対象とし
た政府保証つき貸付制度 (上限500万ポンド、うち80％を政府保証) (イギリス)、
感染等による自主隔離や看護に伴う従業員の休業について法定傷病手当の支給
(イギリス)、個人事業主と零細企業への緊急支援 (従業員5人まで9,000ユーロ、
10人まで1万5,000ユーロ) (ドイツ)、経済安定化基金を造成し債務保証や公的融

資（ドイツ）、従業員の休業手当（賃金の70％相当）の政府負担（フランス）、独立自営業や零細事業者向け給付（1,500ユーロ、事業継続が困難な場合に2,000ユーロの追加）（フランス）、企業向け銀行融資の促進のための貸付保証（フランス）、事業資産課税の減免や自治体の税収損失分を補填（イギリス）、事業継続が困難な中小企業を対象とした水道、ガス、電気、家賃の請求の停止やおよび税金と社会保障税の徴収猶予（フランス）など、多様な経済支援が実施されてきた。

　欧州では新型コロナウイルスの感染者数、死者数ともに日本のそれらを凌駕し、感染拡大の終息に向けた経済活動の停止がもたらす影響は甚大である。以下ではかかる状況下において食料消費はどう変わり、食料生産はどう適応していくのかたどってみたい。

## 2．ロックダウン期間の食料消費と食料問題

　短期的には、ロックダウンによる移動制限と商業施設の閉鎖により家庭内消費が増大し、外食需要が大きく減少した。日本においても4月7日から5月25日の間に発出された緊急事態宣言下の消費者の行動に類似する。他方で輸出国としての顔を持つEU諸国では全世界的、とりわけ先進国を中心に同時的に経済活動が著しく低下したことで輸出の減少に見舞われた。

　また、ロックダウンの実施により世帯レベルで備蓄する動きがあり、主食となる食材が短期的に売り上げ増加、パスタ、米、小麦粉、ジャガイモ、缶詰類、ロングライフ牛乳、オレンジジュース、トマトソース、オリーブオイルなどに及んだ。

　需要の減少に最も大きな影響を受けたのはワインである。EUにおけるカフェ・レストラン等の外食機会におけるワインの消費は約30％であり、外出制限や営業制限により大きな影響を受けた[2]。家庭内消費が増えたとはいえ相殺するほどの需要増には遠い。レストランやバーで消費される高価格のワインは家庭には入りにくく、在宅消費で広がるのは値ごろ感のあるワインとなる。フランスの統計情報機関INSEEによると、2019年フランスの食料消費の29％が家庭外における支出であり2000年はその27％が失われると見られている[3]。

　日本においても緊急事態制限が発出され、学校の休講や在宅勤務が続き、自

宅内で過ごす期間が大いに増加した。その際には小麦粉やパンケーキミックス、パスタなどの小麦製品が品切れとなる事態も発生した。家庭で食事を作る時間が増えたからである。ロックダウン下の欧州各国では同様のことがさらに強度をもって現れた。図２－２、図２－３はそれぞれ、フランスにおけるロックダウン期間前後の大規模小売店の売上げ高の対前年比、および基礎的な食料品の購入額の対前年比である。スーパーマーケットやハイパーマーケットなどの大規模小売店ではロックダウン開始直前の買いだめ需要に始まり、大きく売り上げを伸ばしたことがわかる。ロックダウン期間中に９％、ロックダウン期間をはさんだ９～22週に12%の売り上げ増となった。野外のマルシェがロックダウンの１週間後に閉鎖されたこともあり、食品需要の多くは大規模小売店に集まる結果となった。

　ロックダウン期間中、家庭外での食事は週当たり1.5億食が失われたと見積

図２－２　フランスの大規模小売店舗の売り上げ対前年比（2020年第８～27週）

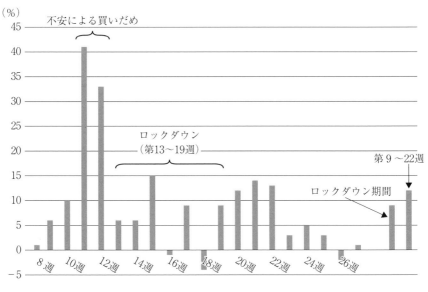

資料：FranceAgriMer, L'impact de la crise de la COVID-19 surla consommation alimentaire en France : paren-
　　　thèse, accélérateur ou élément de rupture de tendances ? Les études, 2020.

図 2 - 3　基礎的食料の消費額（対前年比）

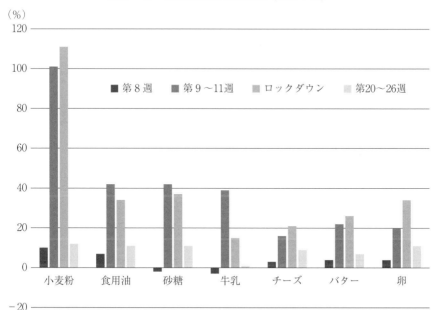

資料：FranceAgriMer, L'impact de la crise de la COVID-19 surla consommation alimentaire en France : paren-
　　　thèse, accélérateur ou élément de rupture de tendances ? Les études, 2020.

　もられている。この間、家庭内消費のため、小麦粉の購入額がロックダウン直
前の買いだめ期とロックダウン中に前年の 2 倍を超える購入額となったほか、
食用油、砂糖が40％前後の増加、牛乳・乳製品も大きく伸びた。主食となるパ
スタ、米、保存の効くパンが大きく購入額を伸ばした一方、小麦粉とともに酵
母（前年比148％増）や製菓用食品（51％増）などが伸びており、パン類を自宅
で焼いた世帯が増えたことがわかる。
　他方、フランスではコロナ禍の困窮世帯に対して食料を提供するため 4 月に
3,900万ユーロ、 7 月に5,500万ユーロを追加投入、フードバンク等食料援助を
行う非営利団体に交付した。団体によれば年末までに800万人が食料援助を必
要とするという。政府財源により直接食料を調達し配布するほか、食料クーポ
ン券を配布し団体のボランティアが手薄になる夏季にも援助が届くようにした。
なお、フランス政府は 5 月半ば、困窮世帯に対し150ユーロ、子供 1 人につき

100ユーロの給付を実施、400万世帯に対して8.8億ユーロを投入した。

　首都圏選出の国会議員の一部は食料クーポンを本格的に創設し困窮者の食糧支援と農業分野の立て直しを図る提案を行っている。食料クーポンにより地域の農産物の購入に充てられれば困窮世帯に対して品質の高い食品、とりわけ、チーズをはじめロックダウンの際に余剰となり、廃棄を伴った農産物の需要確保につながることを期待する[4]。

## 3. 農業支援に講じられた措置

　欧州委員会、すなわちEUの行政当局は各国からの拠出金に基づき財政運営を行うため、新型コロナウイルス感染拡大により疲弊した経済を直接、支援する財源をもたない。そこで、EUとして取り組む新型コロナウイルス対策は移動制限やワクチン開発と完成後のその配布などの総合調整であり、欧州疾病予防管理センターを介した感染拡大の抑制や各国公衆衛生システムの加盟間調整、協調である。例えば、ウイルス検査の陽性率と10万人当たり感染者数の推移から感染拡大のリスクを「緑（低リスク）」「橙（中リスク）」「赤（高リスク）」に分類し移動制限を講じる判断基準を域内で共有する。

　経済政策の第1は各国が経済支援を行う上で必要な競争政策上の障害を取り除くことである。一般にEUは、共通市場において公正な競争を促す観点から、加盟各国が特定の事業者や生産物・製品について域内に補助金を交付することに大きな制約を課している。各国の財政支援には特例を設けこの制約を解かなければならない。コロナ禍のもとこれを緩和し危機対策を促そうとしたのが2020年3月19日公布の時限的枠組み（Temporary Framework）であり、これにより加盟国政府が一定の要件のもと補助金、利子補給、債務保証等を実施できる。

　第2は失業リスクの軽減を目的に一時的支援措置（SURE）として、加盟国向けに貸し付けを行う。とりわけ、旧東欧諸国、南欧諸国向けの財源供与である。この財源の調達には1,000億ユーロ規模のEU債を発行した。

　第3は構造基金など種々の予算枠の使途をコロナ対策に拡張し、加盟国に配分される財源を柔軟に活用できることとした。このうち、農村振興政策におけ

るコロナ禍支援対策は加盟国に対して使途制限や策定済みの計画からの逸脱を許容することで、加盟国の財源活用を促す。主要国でロックダウンが実施されていた4月には、農業者や農村振興政策の対象者に対して経常的な費用を補填するため20万ユーロを限度に融資を可能とし、6月には農村振興関連規則を改正、加盟国に配分された農村振興財源残額の柔軟な活用を促すこととした。規則改正では生産者に対しては7,000ユーロを限度に、加工、販売、農産物等の開発に関する中小事業者に対しては5万ユーロを限度に助成できる。いわば、加盟国で実施された移動制限や店舗、屋外市場、飲食店等の閉鎖により、手元資金の枯渇に直面する生産者、事業者に対する一時金の給付である。

　第4は共通農業政策のもと市場関連規則が定める緊急時対応である。共通政策の傘のもとにある農業分野においてはEU関連法規の解釈により直接的な支援策をEUレベルで講じることができる。直接支払いの申請期限を1か月延長（例年の申請期限は5月15日）、直接支払給付額の前払いを拡大して実施することとした。農業者を始めとした事業者に対するキャッシュフローの供給である。

　加えて、品目別の需給調整である。第1にロックダウン下の需要減少に伴う措置として、酪農・畜産分野における民間在庫助成を脱脂粉乳、バター、チーズ、牛肉、羊肉、ヤギ肉を対象に発動、90〜180日間の在庫管理費用の一部の助成を開始した。ちなみに、チーズの場合地理的表示等の有無を問わず保存が可能なすべてのチーズを対象に、15.57ユーロ／トンに1日当たり0.4ユーロ／トンを加算、25トンのチーズを100日間保管する場合、25t×(15.57€／t＋0.4€／t×100)＝1,389€となる。申請期間は5月7日〜6月30日であった。また、11月にはワインの民間在庫助成が開始、6か月保管（2020年11月1日〜翌年4月30日）、8か月保管（〜翌年6月30日）について100リットル当たり0.04ユーロ／日、それぞれ100リットル当たり7.24ユーロ、9.68ユーロの助成がある。

　第2に、ワイン、果実・野菜、オリーブオイル、養蜂の分野における需給調整支援である。これにより果実・野菜部門では政府公認の生産者団体による需給調整（取り扱い数量の5％を限度）がEUの助成のもとで実施可能となる。例えば、ロックダウンが開始された3月下旬には旬を迎えたイチゴやアスパラガスの価格が早々に暴落、生産者団体は危機的状況と訴えている[5]。また従来、

野菜と牛乳を対象に学校給食支援プログラムが実施されてきたが、加盟国は配分額の範囲内で予算を組み替えてコロナ禍の需要拡大策として充当できる。第3に牛乳、花卉、馬鈴薯についてEU競争規則の適用除外とし、需要不足による価格低落を軽減することを目的として、6か月を限度に生産者団体による生産計画の実施（牛乳）、花卉や馬鈴薯の分野において出荷制限等の措置を可能とした。これはEUの農産物市場関連規則が定める緊急時における市場安定策（EU規則第1308／2013号第222条）に基づく。

　以上が概ね、EUが講じるコロナ禍の農業支援である。共通農業政策のもと直接実施する支援策、および各加盟国が独自財源を用いて行う事業者向け経済支援について競争政策上の制約の緩和である。このため、各国が行う支援策は一様ではない。その例として、フランスにおいて講じられた主な農業支援を見てみよう。特に生産者側から強い対策の要求があったのは園芸部門とワイン部門である。

　園芸部門では、小売店や野外市場の閉鎖措置により数週間にわたり生産は停止、生産物の廃棄が迫られる一方、雇用は維持しなければならない。加えて年間の売り上げが最も多い春先に大きな減収となった。上述の従業員の休業手当（賃金の70％相当）の政府負担、独立自営業や零細事業者向け給付、公的融資や社会保険料の減免などの中小事業者向け支援措置[6]とは別に、廃棄により発生する損害の一部補填のために2,500万ユーロが投じられた。

　また、季節労働者の移動は食料供給網の維持に不可欠であり、移動に伴う一時的な住居の費用の補填として600万ユーロを投入、ロックダウン実施期間に農業分野の季節労働者や雇用労働者で所得が減少した者を対象に、住居費補助として4か月を限度に150ユーロ／月を支給することとした。労働契約の形態等を問わず、農業部門の事業体の季節労働者を対象とし、住宅は民宿、貸別荘、民泊（une chambre chez l'habitat）、キャンピングで構わない。

　ワイン分野では園芸部門と同様に、要件を満たせば中小事業者向け支援措置の対象となるが、加えてワインの販売不振対策として、より大規模な支援策が講じられた。対象はブドウ生産者、醸造協同組合、醸造を行う卸売業者である。第1弾は5月11日、余剰量の処理のため蒸留によるアルコール生産に1.4億ユー

ロ（20万キロリットル）、売上の減少に応じて事業者の社会保険料の減免、5月29日には3,000万ユーロの追加支援策として、在庫保管費の助成、蒸留業者に対する助成が加わった。第2段は8月、5,600万ユーロの蒸留による処理、および在庫保管費の助成の追加策として2,000万ユーロを投じることとした。そして、第3弾が11月に始まる上述のEUによる在庫保管助成である。

## 4．おわりに―ロックダウンを経験した欧州諸国の食と農―

　新型コロナウイルス感染拡大に伴う農業分野の影響はロックダウンによる家庭内消費の拡大の一方で、飲食店向け需要の激減、さらに嗜好品を中心とした輸出需要の減少である。穀物のように基礎的かつ低付加価値の農産物を除けば、ワインをはじめとした高付加価値型の農産物輸出の不振は短期では済まない。ワインはフランスやイタリアでは品目別第1位の農産物であり、生産から流通まですそ野の広い業界である。

　フランスの農水産物機構（FranceAgriMer）が実施した食料消費行動に関する分析によれば、ロックダウンを経た消費行動や食料消費に関する見方は、2016年に行われた調査分析で確認された傾向を変えるものではないと言う。食品について考慮すべき点として「健康」「満足感」「自然」が重視される傾向、透明性や持続性、無駄の削減、動物性たんぱく質の削減、世界の食生活やフェアトレードへの関心の一方で回顧的な食生活や地産地消への関心、実用性の探求の一方で調理への関心が挙げられ、多様でありまた時に互いに相反する価値観が共存する。この中で特にロックダウンを経て強く表れたのが「国産」と「近接性（地産地消）」であるという。危機的な状況が過ぎた後、消費者の考えと行動が一致するとは限らない。が、このことは農業政策が向かう方向には影響をもとう。

　欧州全体では熱帯農産物を除けば、食料自給は十分達成されている。残すところの主要農産物は大豆である。しかし、コロナ禍にみる非常事態では困窮者向けの食糧支援が大規模に講じられる一方、確実で透明で持続的な食料調達を自国農業に求める機会になった。食料安全保障はEU加盟国の食料政策のあらためて重要なキーワードとなったはずである。

## 注

1） JILPT 調査部「新型コロナ対策に関する諸外国の動向」2020年4月13日更新版。
2） EC（2020）, Short-term outlook for EU agricultural markets in 2020. European Commission, DG Agriculture and Rural Development, Brussels.
3） FranceAgriMer, L'impact de la crise de la COVID sur la consommation alimentaire en France : parenthèse, accélérateur ou élément de rupture de tendances ? Les études, septembre 2020.
4） Le Parisien Covid-19 : le gouvernement débloque 55 millions de plus pour l'aide alimentaire. 1[er] juillet 2010.（https://www.leparisien.fr/economie/covid-19-le-gouvernement-debloque-55-millions-de-plus-pour-l-aide-alimentaire-01-07-2020-8345370.php）
5） Terre-net, Le cri d'alarme des producteurs de fraises et d'asperges. 2020.3.23.（https://www.terre-net.fr/actualite-agricole/economie-social/article/le-cri-d-alarme-des-producteurs-de-fraises-et-d-asperges-202-167579.html）
6） 藤本玲「部分的失業制度の特例措置で遡及支給も可能に」労働政策研究・研修機構、2020年4月（https://www.jil.go.jp/foreign/labor_system/2020/04/france.html）

〔2010年11月30日　記〕

# 第3章　コロナ禍の下でのアメリカとアメリカ農業

服 部 信 司

## Ｉ　コロナ禍のアメリカ

## 1．アメリカ―コロナ感染者数が世界一――

　2020年11月27日時点での、アメリカのコロナ感染者数は1,320万人、死亡者数は26.5万人（表3－1）。いずれも世界一である。

　世界全体の感染者数は6,165万人、アメリカは、実にその21.4％を占める。第2位はインドで935万人（世界全体の15.2％）、第3位ブラジル624万人（10.1％）、第4位ロシア219万7,000人（3.6％）、第5位フランス219万5,000人（3.6％）となっている。

表3－1　世界主要国のコロナ感染者数（2020.11/27）

（単位：万人、％）

| 国 | 感染者数 | 死亡者数 |
|---|---|---|
| アメリカ | 1,320　（21.4）<br>（100） | 26.5　（18.4）<br>（2.0） |
| インド | 935　（15.2）<br>（100） | 13.6　（9.4）<br>（1.5） |
| ブラジル | 624　（10.1）<br>（100） | 17.2　（11.9）<br>（2.8） |
| ロシア | 219.7　（3.6）<br>（100） | 3.8　（2.6）<br>（1.7） |
| フランス | 219.5　（3.6）<br>（100） | 5.2　（3.6）<br>（2.4） |
| 全世界 | 6,165　（100）<br>（100） | 144　（100）<br>（2.6） |

資料：ウィキペディア

　2位インド、3位ブラジルが、いずれも途上国であるなかで、先進国の中で、先頭を行くとみられているアメリカが、コロナ感染者数第1位に位置しているのである。

## 2．アメリカの州別コロナ感染者数

　アメリカの州別のコロナ感染者数を見ると、同じ11月27日時点で、第1位テキサス州（主要都市：ダラス、オースチン）123万人、第2位カリフォルニア州（同、サンフランシスコ、ロサンゼルス）119万人、第3位フロリダ州（タンパ）97.9万人、第4位イリノイ州（シカゴ）70.6万人、第5位ニューヨーク州（ニューヨーク）63.3万人である（表3－2）。大都市を有する州が、感染者数トップ5州を占めている。

　コロナウイルスは、人の吐く息から他の人に感染していくから、コロナウイルス感染者は、人口が多く、人同士の接触が多い大都市において大規模に発生してきたのである。

表3－2　アメリカ主要州：コロナ感染者数・死亡者数（2020.11/27）

（単位：万人、％）

| 州 | 主要都市 | コロナ感染者数 | | 死亡者数 | |
|---|---|---|---|---|---|
| テキサス | ダラス、オースチン | 123<br>(100) | (9.3) | 2.2<br>(1.8) | (8.3) |
| カリフォルニア | サンフランシスコ、<br>ロサンゼルス | 119<br>(100) | (9.0) | 1.9<br>(1.6) | (7.2) |
| フロリダ | タンパ | 97.9<br>(100) | (7.4) | 1.8<br>(1.8) | (6.8) |
| イリノイ | シカゴ | 70.6<br>(100) | (5.4) | 1.1<br>(1.6) | (4.2) |
| ニューヨーク | ニューヨーク | 63.3<br>(100) | (4.8) | 3.4<br>(5.4) | (12.8) |
| アメリカ全国 | | 1,320<br>(100) | (100) | 26.5<br>(2.0) | (100) |

資料：ウィキペディア、原拠：ニューヨーク・タイムズ

## 3．なぜ、アメリカはコロナ感染者数・世界一なのか

### （1）トランプ政権のコロナ軽視・無視─マスク着用・社会的距離を促さず─

　その第1の理由は、トランプ政権のコロナ対応の姿勢にある。

　トランプ政権は、長い間、コロナを無視ないし軽視してきた。その間、「マスクの着用」「手洗い」や「社会的距離を取ること」を促すことをしなかった。コロナには特効薬や予防薬がないというなかで、誰にでも簡単にできる「マスクの着用」や「手洗い」を政権担当者が国民に求めることは、最も基本的でかつ必要なコロナ対処策であった。日本ではこれが行われ、コロナによる被害は最低水準に抑えられてきた。アメリカでは、これが、かなりの間、行われてこなかったのである。

### （2）病院が身近ではない

　政権のコロナに対する姿勢とともに、もう1つ重要なアメリカにおけるコロナ拡大の背景がある。それは、"アメリカの大衆にとって、病院が身近ではない"という事情である。

　日本のように、体に発熱やだるさなど何かおかしいことがあれば、すぐに、かかりつけの医者に行き診てもらう、というのではない。おかしなことが「何か」ではなく、決定的になって初めて医者にかかる、というのがアメリカ大衆の一般的な医者・病院との関係だとみられる。

　こうした「病院が身近ではない」という状況の背景には、次の3つの要因がある、と考えられる。

#### 1）高い医療費

　アメリカの国民1人当たりの年間の医療費（2014年）は9,402ドル（表3－3）。2014年が利用し得る最も近い時点のデータである。1ドル＝110円で日本円に換算して、103万円となる。日本は34万円。これは2019年の最新のデータである。

　これを比較すれば、アメリカの医療費は日本の3倍である。極めて高い。

#### 2）国民皆保険にあらず

　その最大の理由は、アメリカには、日本のような政府が所管する国民皆保険

表3－3　1人当たり年間の医療費：アメリカと日本

| | ドル | 万円<br>（1ドル＝110円） |
|---|---|---|
| アメリカ（2014） | 9,402 | 103　（3） |
| 日本　　　（2019） | | 34　（1） |

資料：ウィキペディア、厚生労働省

表3－4　アメリカ：保険タイプ別の健康保険カバー率（2018年）

（単位：％）

| 保険タイプ | カバー率 |
|---|---|
| 雇用関係に基づく保険 | 55.1 |
| 公的保険：メディケア（連邦政府が所管する高齢者と障碍者向けの公的医療制度） | 17.8 |
| 公的保険：メディケイド（連邦政府と州政府が共同で行っている医療扶助事業） | 17.9 |
| 民間保険 | 14.4 |
| 無保険 | 8.5 |
| 合　　計 | 113.7[1] |

資料：USGPO, Economic Report of the President, Feb. 2020, p.174.
注：個人保険と多種の団体健保の重複のため、合計は113.7％であり、100％にならない。

制度がないことである。

　そこで、アメリカにおける健康保険の状況：保険タイプ別の健康保険カバー率（2018年）を見てみよう（表3－4）。

　企業や団体などが所管し行う「雇用関係に基づく保険」が、全体の55.1％をカバーしている。

　公的保険には、（1）連邦政府が所管する高齢者と障碍者向けの公的医療制度（メディケア）と（2）連邦政府と州政府が共同で行う医療扶助事業（メディケイド）の2つがある。

　メディケアは17.8％、メディケイドは17.9％をカバーしている。合計すれば、全体の約37％をカバーしていることになる。

　その他の民間保険が14.4％をカバーする。

### 3）3,000万人の無保険者が存在

　他方、無保険者が8.5％存在する。約3,000万人の無保険者が、これに該当す

るわけである。

　3,000万人といえば、アメリカの総人口（3億2,820万人）の9.1％に当たる。ア
メリカの総人口の9％＝約1割が無保険者である。その数は、小さいものでは
ないといえよう。

　こうしたことを背景にして、2020年11月のアメリカ大統領選挙が行われ、バ
イデン候補が勝利したのである。

## 4．コロナ禍の大統領選挙—バイデン候補勝利とその背景—
### （1）アメリカ大統領選挙の仕組み

　アメリカの大統領選挙においては、各州に割り当てられた選挙人を、その州
において最も多い得票を得た候補者が総取りする。

　各州の選挙人は、その州の下院議員数＋上院議員数である。下院議員数は、
州の人口に対応する。州の人口が多ければ、その州の下院議員も多くなる。上
院議員は、州の人口に関係なく、各州2人である。

　例えば、州の人口が最も多いカリフォルニア州の場合、下院議員数55プラス
上院議員数2、合計57人の選挙人数となる。

　アメリカの大統領選は、この選挙人の獲得選なのである。

　この選挙人の総数は538。従って、その半分以上の270人（票）を得れば、勝
利を収めることになる。

### （2）バイデン候補：激戦を制す

　バイデン候補が2020年11月3日のアメリカ大統領選に勝利したわけであるが、
その内容を確認しておこう。

　まず、投票率についてである。

#### 1）史上最高の投票率66.7％

　投票率は66.7％。投票者数1億5,980万人。2008年オバマ大統領誕生時の投票
率65％を上回る史上最高の投票率である。

　今回の選挙から、18歳と19歳の若者に投票権が与えられたこと、激しい選挙
戦を前提に、共和・民主の両党が、ともに、いまだ選挙人登録をしていない多

くの人々の選挙人登録を進めたことの結果である。

　アメリカでは、日本とは異なり、年齢が18歳以上になったからといって、自動的に選挙権が与えられるわけではない。本人が選挙人登録をして初めて、選挙権が得られるのである。

### 2）得票差は600万票、得票率の差は約4％ポイント

　得票数は、バイデン7,985万票（51.1％）に対し、トランプ7,380万票（47.2％）（表3－5）。

　得票率は、バイデン51.1％、トランプ47.2％。得票差は600万票、得票率の差は4％ポイントであり、激戦であった。

　バイデン氏は、激戦を勝ち切ったのである。

### 3）獲得選挙人数

　獲得選挙人はバイデン氏306人、トランプ氏232人である（表3－5）。

　バイデン氏、トランプ氏以外にも、候補者はいるが、その獲得票数はごく少数なので、公表される獲得選挙人数の中には、示されていない。得票数についても、同じである。

### 4）現職大統領の落選は20年前のジョージ H.W. ブッシュ大統領以来

　アメリカの大統領は、2期8年まで務めることができる。1期目の大統領にとっては、再選が重要な課題となる。いうまでもなく、2期目の大統領選において、現職大統領は、その知名度の高さから言って有利である。

　1980年代初めのロナルド・レーガン大統領からオバマ前大統領まで、この40年間に5人の大統領が登場した。41代ジョージ H.W. ブッシュ大統領だけが在任期間4年だった。他の4人は、すべて大統領を2期務め、その在任機関8年であった（表3－6）。

　そうしたなかで、トランプ大統領の落選は、20年前のジョージ H.W. ブッシュ

表3－5　アメリカ大統領選の結果

| 候補者 | 選挙人獲得数（人） | 得票数（万票） | 得票率（％） |
|---|---|---|---|
| バイデン（民主党） | 306（56.9） | 7,985 | 51.1 |
| トランプ（共和党） | 232（43.1） | 7,380 | 47.2 |

表3－6 1980年代以降のアメリカ歴代大統領

| 代 | 氏 名 | 政 党 | 期 | 副大統領 | 在任期間 | 在任年数 |
|---|---|---|---|---|---|---|
| 40 | ロナルド・レーガン | 共和党 | 49 | ジョージ・W.ブッシュ | 1981.1/20－1985.1/20 | 8年 |
| | | | 50 | | 1985.1/20－1989.1/20 | |
| 41 | ジョージ・H.W.ブッシュ | 共和党 | 51 | ダン・クエール | 1989.1/20－1993.1/20 | 4年 |
| 42 | ビル・クリントン | 民主党 | 52 | アル・ゴア | 1993.1/20－1997.1/20 | 8年 |
| | | | 53 | | 1997.1/20－2001.1/20 | |
| 43 | ジョージ・W.ブッシュ | 共和党 | 54 | デイック・チエイニー | 2001.1/20－2005.1/20 | 8年 |
| | | | 55 | | 2005.1/20－2009.1/20 | |
| 44 | バラク・オバマ | 民主党 | 56 | ジョー・バイデン | 2009.1/20－2013.1/20 | 8年 |
| | | | 57 | | 2013.1/20－2017.1/20 | |
| 45 | ドナルド・トランプ | 共和党 | 58 | マイク・ペンス | 2017.1/20－現職 | |

大統領以来の現職落選となったわけである。

## （3）今次選挙戦・最大の争点：トランプ政権のコロナウイルス対策

### 1）アメリカ：世界1位のコロナウイルス感染者数

　アメリカのコロナ感染者数は、投票2日前の11月1日に920万人、死者23万人（いずれも世界一）に達し、その後も増え続け11月27日には1,320万人、死者も26.5万人に及んでいる。いずれも世界1位である（表3－1）。

　こうした事態の背景には、（1）アメリカには、国民皆保険制度がなく、3,000万人近い無保険者がいる、（2）医療費が高く、気軽に医者にかかりにくいという事情がある。

　そのうえで、トランプ政権がコロナウイルスを軽視・無視したことが、感染者が激増した最大要因であった。

　AP通信の「大統領選挙・有権者調査」によれば、"アメリカが直面している最大の問題"に関して、「コロナの感染」を挙げた有権者は41％で最も多く、その人達の73％がバイデン氏を支持していたのである（表3－7）。

　他方、トランプ支持者の多い「経済と雇用」を挙げた有権者は、28％に留まった。

## 2）トランプとバイデンの選挙活動

　トランプは、選挙戦も、多くの聴衆を大規模な集会場に集め、3密（密集、

表3－7　アメリカ大統領選における有権者の判断

（単位：％）

| 質　　問 | | | 回　　答[1] | |
| --- | --- | --- | --- | --- |
| | | | バイデン支持 | トランプ支持 |
| 自身の性認識 | 男性 | 47 | 46 | 52 |
| | 女性 | 53 | 55 | 44 |
| 学歴 | 非大学卒 | 61 | 49 | 51 |
| | 大卒 | 39 | 57 | 41 |
| 人種など | 白人 | 74 | 43 | 55 |
| | 黒人 | 11 | 90 | 8 |
| | ヒスパニック | 9 | 63 | 35 |
| | その他 | 6 | 58 | 39 |
| 居住地 | 都市部 | 20 | 65 | 33 |
| | 郊外 | 45 | 54 | 44 |
| | 地方 | 35 | 38 | 60 |
| 2016年の投票先 | ヒラリー・クリントン | 38 | 96 | 3 |
| | トランプ | 41 | 6 | 93 |
| | 他の候補者 | 6 | 57 | 28 |
| | 投票せず | 11 | 56 | 41 |
| アメリカが直面している最大の問題 | コロナの感染 | 41 | 73 | 25 |
| | 経済と雇用 | 28 | 16 | 81 |
| | 医療制度改革 | 9 | 65 | 32 |
| | 人種差別 | 7 | 70 | 19 |
| | 法執行機関・警察 | 4 | 17 | 81 |
| | 気候変動 | 4 | 86 | 11 |
| | 移民 | 3 | 12 | 87 |

資料：朝日新聞、「AP通信の大統領選挙・有権者調査」2020年11月15日から。
注：1）民主党・共和党以外の候補者がいるため、合計しても100にならない。

密接、密閉）に近い状態のなかで選挙活動・選挙戦を行った。

これに対し、バイデンは、聴衆を集めることは避けて、ごく少数の人々を相手に抱負を語り、それをオンラインで国民に届けた。

そして、当選すると、バイデンは、次期大統領として、2020年11月10日、全国民にマスクの装着を呼びかけたのである。

## 5．トランプ―2016年の大統領選と同じ「アメリカ第一主義」を掲げる―

トランプの「アメリカ第一主義」とは、具体的には、「国際協調」からの脱却であり、まずは、WHO（世界保健機構）などの国際機関への拠出金を払わないことであった。トランプは、それを実行したのである。

## Ⅱ　前回2016年選挙との比較―ラストベルト3州をめぐる攻防―

ラストベルト（さびれた工業地帯）とは、アメリカの東北部―5大湖沿岸のオハイオ、ミシガン、ペンシルベニアの3州を指す。

この3州は、自動車・鉄鋼業地帯であるが、1980年代以降、日本やEUからの自動車輸出などでそれらの産業が停滞し、さびれた工業地帯（ラストベルト）に転じた。

前回（2016年）の大統領選挙における民主党のヒラリー・クリントン候補は、女性で高学歴ということで、ラストベルトの労働者層にとって、彼らから、ほど遠い存在であった。

そのため、2016年の選挙において、伝統的に民主党の地盤であったラストベルトの労働者票がトランプに流れた。

民主党ヒラリー・クリントンは、もともとは民主党の地盤であったラストベルト3州を失い、アメリカ全体の総得票数ではトランプを上回りながら、選挙人の数でトランプに敗れたのである。

今回、バイデン候補は、ラストベルト3州のうち、ミシガン、ペンシルベニアの2州を取り戻し、大統領選の勝利に結びつけたのである。

## Ⅲ　予想されるバイデン次期大統領の政策

## 1．コロナ対策の徹底

　バイデン氏は、次期大統領に決定後、11月4日、「マスクの着用」と「社会的距離をとること」を全国民に呼びかけ、「コロナ制御を最優先する」とした（表3-8）。

　さらに、11月9日、コロナの収束に向けて、13人の専門家チームを指名し、チームにコロナ収束に向けての行動計画の作成を指示したのである。

## 2．環境・インフラ部門に4年間で2兆ドル（220兆円）を投資

　環境・インフラ部門に4年間で過去最大規模の2兆ドル（220兆円）を投資するとする。

　そして、トランプ政権が脱退したパリ協定（「2020年以降の温室効果ガス排出削減等のための新たな国際的枠組み」）に復帰すると宣言している。

## 3．所得再分配＝低所得者への減税、高所得者への増税

　バイデン政権は、国内政策の基本に、所得再分配を置き、低所得層への減税

表3-8　予想されるバイデン政権の主な政策

| 項　　目 | 政　策　内　容 |
|---|---|
| 新型コロナ | 大統領就任初日から、制御を最優先する。<br>全米でマスク着用を義務化。「コロナを制御するまで、経済は立てなせない」。 |
| 雇用 | 製造業支援に7,000億ドル（77兆円）を投資し、「5,000万人の雇用を創出する」と主張。 |
| 税制 | 低所得者層に減税する。他方、高得者層・大企業には増税する。 |
| 環境 | 環境・インフラ部門に4年間で過去最大規模の2兆ドル（220兆円）を投資。パリ協定（「2020年以降の温室効果ガス排出削減等のための新たな国際的枠組み」）への復帰を宣言。石油業界にとっては逆風となる。 |
| 通商 | 環太平洋連携協定（TPP）などの新規貿易協定には慎重。トランプ大統領が中国製品に課した制裁関税について見直しもあり得る。 |
| 人種 | 教育や就業機会の平等化。警察改革の推進。 |
| 情報技術 | 民主党内の左派が主張する巨大企業の分割論までは踏み込まない。 |

資料：日本経済新聞、2020年11月11日

と高所得者・大企業への増税を行うとみられている（表3－8）。すでに、バイデン次期大統領は、最低賃金のアップ、法人税の引き上げを表明しているのである。

## 4．製造業への7,000億ドルの投資

製造業に7,000億ドル（77兆円）を投資し、5,000万人の雇用を創出するとする。ラストベルトの再建・復活もその中に含まれるのであろう。

## 5．医療保険改革（オバマケア）の維持・拡充へ

また、バイデン氏は、11月10日、低所得層に保険加入を促す「医療保険制度改革法」（オバマケア）を維持し拡充することを目指すと表明した。

同法の弱体化を進めた現トランプ政権から転換し、オバマケアを推し進めたオバマ路線に回帰する、としたのである。

ところで、国民皆保険制度がないアメリカにおいて、オバマケアは、個人に保険加入を義務付ける一方で、低所得層に補助金を出して、保険に入りやすくしたとされる。また、医療保険会社には、持病を持つ人の保険加入を拒否することを禁じたのである。

その結果、同法が成立した2010年に15％強であった無保険者の割合は、現トランプ政権が発足する前の2016年には、9％弱まで低下していたと言われる。

しかし、それでも、アメリカには、なお人口の9％強に当たる3,000万人近い無保険者が存在する。

バイデン氏は、所得制限を緩めて保険料の補助金を受けられる人を増やしたり、公的保険を選びやすくしたりして、3,000万人近い無保険者をさらに減らしたいと考えているとされる。

アメリカのカイザー・ファミリー財団の2020年10月の世論調査によると、オバマケアに賛成の意見を持つ有権者は55％であり、反対の39％を大幅に上回った。新型コロナウイルスの流行で、アメリカの医療制度の欠点が改めて浮き彫りになったわけである。

アメリカの国内総生産（GDP）に占める医療費は18％に達しており、経済開

発協力機構（OECD）加盟国の平均の2倍に及ぶ。

　他方で、アメリカにおけるコロナ重症化の因子とされる肥満の比率は71％であり、OECD平均を10ポイント以上も上回る。アメリカの健康水準は低いといわざるをえない。国民の関心の高いヘルスケアは、次期政権の命運を握るテーマになるとみられている[1]。

　オバマケアの維持・拡大が、バイデン新政権の国内政策の要とみられるゆえんである。

## 6．トランプの「アメリカ第一」から「国際協調」へ

　トランプ政権は、「アメリカ第一」を掲げ、国際協定〔国連気候変動枠組条約（パリ協定）、イラン核合意〕や国際機関〔世界保健機構（WHO）〕から脱退した。

　これに対し、バイデン政権は、国際協調のもとに、それらの国際協定や国際機関へ復帰する意向とされる。歓迎される政策転換である。

## Ⅳ　コロナ禍のアメリカ農業

### 1．アメリカの農業生産の現状―コロナの影響を受けず―

### （1）穀作地帯：中西部・コーンベルトと大平原・小麦地帯

　アメリカ農業の主作物であるトウモロコシは、生育期に一定量の雨量を必要とするので、その雨量があるミシシッピー川以東の中西部コーンベルトで生産されている。

　大豆はそのトウモロコシと輪作で1年おきに生産される。大豆は、トウモロコシが必要とする栄養分＝窒素を地中に蓄えるからである。

　これに対し、小麦は生育に必要とする水分が少なくてもすむので、ミシシッピー川から西のロッキー山脈に至る大平原・半乾燥地帯において生産されている。

### （2）トウモロコシ

　トウモロコシの2020年度の生産量は、アメリカ農務省によって、3億6,900

表3－9　アメリカの穀作物生産：面積、単収、生産量（2018－2020年度）

（単位：100万トン）

| 年　　度 | 2018 | 2019 | 2020[1] |
|---|---|---|---|
| 小麦　収穫面積<br>100万 ha | 16.03<br>(100) | 15.13<br>(94.3) | 14.87<br>(92.8) |
| 単　　収<br>トン／ha | 3.20<br>(100) | 3.47<br>(102.5) | 3.34<br>(104.3) |
| 生　産　量<br>100万トン | 51.3<br>(100) | 52.6<br>(102.5) | 49.7<br>(96.7) |
| トウモロコシ収穫面積<br>100万 ha | 32.9<br>(100) | 32.9<br>(100) | 33.4<br>(101.5) |
| 単　　収<br>トン／ha | 11.1<br>(100) | 10.5<br>(94.5) | 11.0<br>(99.0) |
| 生　産　量<br>100万トン | 364<br>(100) | 346<br>(95.1) | 369<br>(101.4) |
| 大豆　収穫面積<br>100万 ha | 35.5<br>(100) | 30.3<br>(85.3) | 33.3<br>(93.8) |
| 単　　収<br>トン／ha | 3.40<br>(100) | 3.19<br>(93.8) | 3.41<br>(100.8) |
| 生　産　量<br>100万トン | 121<br>(100) | 96.7<br>(79.9) | 114<br>(94.2) |

資料：USDA, World Agricultural Production, Nov. 2020
注：1）予測（2020年10月9日時点）

万トンと予測されている（表3－9）。これは、2018年度の3億6,400万トン、2019年度の3億4,600万トンをいずれも上回る。トウモロコシ生産にコロナの影響は見られない。

## （3）大豆

　大豆の2020年度の生産量は1億1,400万トンと予測されている（表3－9）。これは、2018年度の1億2,100万トンの94.2％であるが、昨（2019）年度9,670万トンと比べると、18％の増である。大豆生産においても、コロナの影響は見られないといっていい。

## （4）小麦

　2020年度の小麦生産量は4,970万トンと予測されている（表3－9）。

　これは、2018年度5,130万トンの96.7%であるが、収穫面積1,487万 ha が18年度1,603万 ha よりも7.2%減少した必然的結果である。したがって、小麦についても、コロナの影響は見られないといえる。

　このように、アメリカの農業生産には、コロナの影響を見ることはできない。

## 2．農場生活もコロナの影響を受けず

　アメリカの農場居宅は、農場の中にある。

　家は村にあり、田畑は別のところにある、という日本とは異なる。

　日本では、村に一定数の生産者が集まって生活しているから、村において感染者が発生した場合、他人への感染は起こりうる。

　しかし、生産者が、それぞれ農場の中に居を構え、そこで生活しているアメリカの場合は異なる。生産者にとっては、コロナ感染のリスクは極めて低い。

　はじめに見たとおり、アメリカのコロナ感染は、ニューヨークやロサンゼルスなどの大都市で発生し広がっている。

　農業生産地帯―農村地帯は、そこから離れた地域であって、今のところ、感染拡大を免れている。農業生産にコロナの影響がみられないのは、その結果である。


注

1）日本経済新聞、2020年11月11日。


〔2020年11月30日　記〕

# 第4章　コロナ禍の下でのオーストラリア農業

玉 井 哲 也

## 1．オーストラリアの主要農産物の生産と貿易

　オーストラリア農業は年間約600億豪ドルを産出しており、主要産物として
は、牛肉等の食肉、小麦・大麦等の穀物、羊毛、生乳、果実等の園芸作物が挙
げられる。そして、小麦で65％、大麦70％、カノーラ71％、綿花104％、牛肉
73％、羊肉73％、羊毛75％、粗糖84％、乳製品（チーズで46％）というように
多くの主要農産物で輸出比率が高く、輸入が少ないことから、大幅な輸出超過
となっている[1]。これに対して、園芸作物は、生産額では穀物全体に匹敵する
主要農産物だが、果実・ナッツがやや輸出超過、野菜が輸入超過で、園芸作物
全体としてはほぼ貿易収支が均衡している。品目によってはりんごやレタスの
ように輸出入がほぼないもの、トマトやじゃがいものように輸入への依存度が
比較的高いものがある（表4-1、表4-2）。

表4-1　主要作物別の生産額、輸出入額（2016-17～2018-19年度の平均）

（単位：百万豪ドル）

|  | 小麦 | 大麦 | カノーラ | 綿花 | 砂糖 | 果実・ナッツ | 野菜 | 牛肉 | 羊肉 | 豚肉 | 鶏肉 | 羊毛 | 牛乳 |
|---|---|---|---|---|---|---|---|---|---|---|---|---|---|
| 生産額 | 6,416 | 2,651 | 1,956 | 1,774 | 1,403 | 5,080 | 4,125 | 12,329 | 3,904 | 1,237 | 2,729 | 4,109 | 4,113 |
| 輸出額 | 4,814 | 2,186 | 1,538 | 2,159 | 1,830 | 2,172 | 396 | 8,185 | 3,267 | 125 | 64 | 3,416 | 3,167 |
| 輸入額 | 15 | – | 32 | – | 33 | 1,714 | 1,022 | 19 | 3 | 675 | – | 0 | 1,388 |

出典：ABARES, Agricultural Commodity Statistics 2019. 2018-19年度の数値がABARES、2020dに掲載されて
　　　いるものについては、そちらによる。
注：果実・ナッツは、ワイン用ぶどうを除く。羊毛の輸出は、半加工品を除く。牛乳に関しては、生産が生乳、
　　輸出入が乳製品についてのものである。砂糖は、生産についてはサトウキビ、輸出入については粗糖・精糖
　　のものである。

表4－2　園芸作物の生産額、輸出入額（2015－16〜2017－18年度の平均）

（単位：百万豪ドル）

| | オレンジ | みかん | りんご | なし | バナナ | ぶどう | じゃがいも | トマト | タマネギ | にんじん | レタス | きのこ |
|---|---|---|---|---|---|---|---|---|---|---|---|---|
| 生産額 | 428 | 240 | 515 | 101 | 479 | 471 | 560 | 445 | 229 | 224 | 208 | 343 |
| 輸出額 | 228 | 113 | 12 | 18 | − | 19 | 46 | 21 | 23 | 89 | 9 | 6 |
| 輸入額 | 30 | 10 | − | − | − | 47 | 179 | 161 | − | − | − | − |

出典：ABARES, Agricultural Commodity Statistics 2019.
注：オレンジの輸出は、ネーブルとバレンシアのみ。ぶどうは、ワイン用を除き、輸出入は干しぶどうのみ。

## ２．コロナウイルス感染症の感染拡大（コロナ禍）による影響

　オーストラリアにおいても、新型コロナウイルスの新規感染者数が、2020年
３月に増大し、その後７、８月に再び急拡大した。連邦政府、州政府は対応と
して、オーストラリア人と永住資格者以外の入国を原則禁止し、州境での人の
移動を制限し[2]、感染状況に応じてレストランなどの営業の制限や、場所に
よっては外出規制を行うなどの措置をとった。

　オーストラリア農業資源経済科学局（ABARES）によると、農業に関連する
コロナ禍の影響として、食料品の需要減少、価格低下が幅広く見られ、特に、
外出規制や国内外でのレストランの営業制限のため高級食材の販売が影響を受
けた。感染者の発生により農業生産や加工の停止に至るような事態は少なく、
生産資材等の輸入も滞っていないので農産物の生産には基本的に影響はなく、
国内流通も移動制限などによる大きな影響は受けなかった。主要食料は国内需
要を大幅に超える生産量があり、オーストラリア国内の食料供給に問題はない
（ABARES、2020a、2020b及び2020c）。しかし、市民の間では不安や買いだめ
行動が見られ、連邦政府の農業大臣は複数回のプレスリリースで、オーストラ
リアの食料安全保障に問題はないことを強調した[3]。

　そのうえで、ABARESが農業の生産と流通に関して深刻な個別リスクとし
て挙げたのが、海外向け貨物輸送と労働者不足とである（ABARES、2020c）。

　海外向け貨物輸送は、航空便による輸出のことである。オーストラリアは農
産物の輸出入に制限を設けていないので、手続き上は輸出可能だが、航空機で
輸送する水産物や高級肉などの高級食材が影響を受けている。水産物の輸出の
うち76％、ベビーフードの輸出の半分は、空輸によっている。また、空輸され

る農水産物に占める割合はロブスターなど水産物26％、肉類26％、ベビーフード等の加工品26％、園芸作物9％となっている（いずれも金額ベースの2014年から2019年の数値）。通常であれば、航空輸送貨物の8割が旅客便の貨物スペースで運ばれるとされるが、コロナ禍のため国際旅客便が大幅に減少したため、輸送能力不足に陥った（ABARES、2020b）。

労働者不足は、労働集約的な上、季節性が高く、外国人労働力への依存度が大きい園芸農業にとって影響が大きい問題である。コロナ禍の影響を受ける以前の2018年7月から2019年6月までの農業労働力の調査結果（ABARES、2020e）によれば、広面積農場（穀物等と放牧）と酪農場では、恒常的労働者が年間を通じて8割から9割を占め、それ以外も大部分は地域内の者である。これに対し、図4−1に示すように、園芸農場（果実・ナッツ農場及び野菜農場）では、不定期・契約労働者が過半を占め、その中でも海外の労働者が最も多い。

園芸農場の2018−19年度の労働者総数約21万3,000人（うち野菜で4万6,000人、

図4−1　園芸農場の労働者数

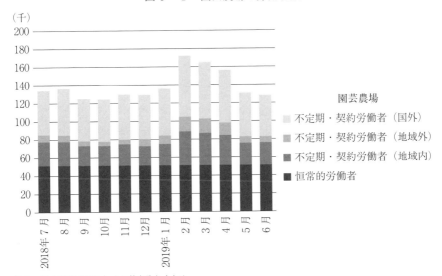

出典：ABARES（2020e）から筆者取りまとめ。
注：1）オリーブ、苗、芝生、切り花を含まない。
　　2）「地域内」は、当該農場が所在するのと同一の地区かそれに隣接する地区に永住することを意味する。
　　3）「恒常的労働者」とはABARES（2020e）が「パートタイム」及び「フルタイム」としている労働形態である。

果実・ナッツで16万7,000人）のうち、短期就労外国人（図4−1の不定期・契約労働者〔国外〕にほぼ相当する）が全体の4割に及ぶ。ワーキング・ホリデー（WHM）[4]による若者が最も多く7万人余り、次いでバヌアツ、フィジーなど太平洋島嶼国の人々に就労機会を供与する季節労働者プログラム（SWP）[5]による短期雇用が1万2,000人弱である[6]（ABARES、2020e）。

　コロナ禍によって外国人の入国が禁止されたため、短期就労外国人労働者は出国していくばかりで入国できず[7]、園芸農業部門で深刻な労働者不足が生じることが懸念され、特に、果実・ナッツの収穫時期を迎える2021年前半のリスクが大きいと考えられている。前節で示したように、他の主要農産物と異なって、園芸作物は国内需要を大きく上回る生産を行ってはいないので、労働力不足により生産量が減少すれば、輸出向けの数量が確保できなくなったり、価格高騰などによって国内消費者に影響が及ぶことも考えられる。

## 3．コロナ禍に対する対策・対応
### （1）国際航空便輸出への支援

　オーストラリア連邦政府は、コロナ禍対応として、2020年3月に1,900億豪ドル近くの経済刺激策を打ち出した。労働者・家計への手当支給、雇用維持のための企業支援、事業継続のための融資・免税などである[8]。この経済刺激策の一環として、特に地方部とその産業に向けた支援対策「COVID-19 Relief and Recovery Fund」（以下、「ファンド」）が開始された。その内容は、地方部の観光業への支援や先住民の芸術活動への支援などを含んでおり、順次拡大している。

　前節で言及した海外向け貨物輸送能力の不足に対応するべく、ファンドにより、国際貨物輸送支援方式（IFAM）が導入された。高付加価値農水産物（ロブスター、高級牛肉、乳製品、果実等）の航空機による輸出について、航空貨物便の運用費用に対して補助を行うものである。帰路の便で、医薬品、医療機器、個人用防護具など感染症対策のための物資を運ぶこととされている。

　IFAMは2020年4月1日から、当初1.1億豪ドルの支援額で、中国、日本、香港、シンガポール及びUAE市場向けを重点に、メルボルン、シドニー、ブ

リスベン及びパース発の便に焦点を当てて緊急措置として開始された。その後の支援額追加により、順次期間も延長され、2020年10月末現在、総額6.69億豪ドルで2021年半ばまで継続することとなっており、2020年10月30日現在でIFAMの出発便としては、週1回以上飛ぶ便が24件が運行されている。これまでの実績では、上記のほかに出発地としてアデレード等が、目的地として韓国、タイ、ロサンゼルス等が加わっており、2020年4月から12月初めまでで66の海外輸出先に16万トンの輸送が実施済みないし実施予定とされている[9]。

## （2）労働力不足に対する対応

### 1）外国人労働力確保

　先に述べたように園芸農業では、恒常的にWHM及びSWPの外国人労働者に頼っているが、彼らはビザの滞在期間が満了すれば出国してしまう。

　連邦政府は、コロナ禍を受け、外国人の新たな入国を禁止した一方で、既に入国している外国人労働者の滞在期間を延ばす措置をとった。2020年4月4日、連邦政府はSWPを暫定変更し、農業分野で働くSWP労働者の滞在期限を本来の9か月から12か月に延長した。WHMについては、農業及び食品加工業で働く者は、同一の雇用者の下での労働期間が6か月以下とされている制限を免除し、また、これら業界で働き続ける者にはビザの更新の特例を設けた[10]。

　続いて行ったのは、外国人入国禁止の例外として、新たな外国人労働者を入国させることである。2020年8月4日、検疫隔離期間14日間を設けた上で、マンゴー産業について試行としてのSWPを実施することとされ[11]、この試行SWPによる労働者162名が9月初めに北部準州に到着した。8月末にはSWPを正式に再開することが連邦政府により決定され、正式再開後は、バヌアツから161人が10月前半に北部準州に、トンガから151人が11月初めにクイーンズランド州に到着した[12]。

　さらに、2020－21年度予算案には、ビザ申請の拡大を図るため、一定の条件の下で、SWPやWHMについて、ビザ申請手数料の免除・返還を行うことが盛り込まれた[13]。

　他方、全国農業者連盟（NFF）や観光業者は2020年10月22日、連邦政府の約

30人の政治家に書簡を送り、WHMについても入国を許可するよう要請した。新型コロナウイルスの感染の少ない国から、事前の感染確認検査を行い入国後の隔離期間を設けた上で、最初は旅程もあらかじめ決めた形で、2020年末にもWHMのバックパッカーを受け入れ、その後徐々に拡大していくことを提案している[14]。

### 2）国内の労働者の動員

　コロナ禍のため国内で失業率が上昇している状況から、増大した求職者や学生を農業労働力として動員しようという対策である。

　連邦政府の2020－21年度予算案で、農業季節労働者の不足に対処すべく、6週間以上の農業労働等をするために一時転居する求職者に資金援助する措置（Relocation Assistance to Take Up a Job）に1,740万豪ドルが割当てられた。オーストラリア人なら1人当たり最大6,000豪ドルまで、一般労働が可能なビザ保有者なら2,000豪ドルまで受給できる[15]。加えて、季節労働をする若者はYouth Allowance（若者手当。18〜24歳の学生及び16〜21歳で求職中の者に支給される。支給額は受給者の状態によって異なり、2週間で503.2〜856豪ドル〔コロナ禍対応による上乗せ250豪ドルを含む〕。この金額は2020年末まで有効[16]）やAB-STUDY（先住民就学手当。先住民の学生に支給される）の仕組みを一部変更した。農場で2021年末までに年間15,000豪ドルの仕事をする若者は、これら手当の受給資格者に含めることとされ、その経費として1,630万豪ドルが盛り込まれた[17]。以上の措置が2020年11月1日から実施された。

## 4．おわりに

　オーストラリア農業は、生産、流通、輸出とも、コロナ禍による深刻な影響を被らず、国内消費者も海外の輸入国もオーストラリア産農産物の入手に大きな支障を来すことはなさそうである。ただし、高級品目の輸出、園芸農業における外国人労働力に関しては問題が大きい。それぞれ政府が対策に乗り出しており、輸出支援についてはIFAMが一定の成果を上げ、2021年半ばまで継続されることが決まっている。労働力についても、内外から労働力を確保すべく

対策が実施されているが、十分な対応と言えるか懸念の声もあるところ、NFF
が求めるようなさらなる対策が講じられるか、そして園芸農業部門で労働力需
要がピークとなる2021年前半の状況がどうなるか、その動向が注目される。

## 注

1 ）輸出割合はいずれも数量ベースで2016 - 17 ～ 2018 - 19年度の平均。綿花の輸出
　　割合が100％を超えるのは、干ばつのため2018 - 19年度の生産量が激減したこと
　　と、在庫からの輸出があることによる。

2 ）入国禁止措置は2020年 3 月20日に導入され、解除される見通しが立っていない。
　　州境検疫措置については「Australian Interstate Quarantine」のページが州ごと
　　の情報を掲載（2020年10月27日参照）
　　（https://www.interstatequarantine.org.au/state-and-territory-border-closures/）

3 ）2020年 4 月17日付け及び2020年 6 月24日付け
　　（https://minister.awe.gov.au/littleproud/media-releases/abares-food-security-
　　covid-19）
　　（https://minister.awe.gov.au/littleproud/media-releases/australias-food-security-
　　continues-be-among-worlds-best）

4 ）ワーキング・ホリデー（Working Holiday Maker）制度は、二国・地域間の取決
　　め等に基づき、相互の文化や一般的な生活様式を理解する機会を相手国・地域
　　の青少年に対して提供し二国・地域間の相互理解を深めることを趣旨として、青
　　少年に対し、休暇目的の入国及び滞在期間中における旅行・滞在資金を補うた
　　めの付随的な就労を認める制度である。オーストラリアは、原則として18～30
　　歳の青少年を対象に、滞在期間を原則として12か月まで認め、一定期間までの
　　就労や勉学ができるビザを付与している。地方部で農牧業、漁業、鉱業等の仕
　　事をした場合には 2 度目、 3 度目のビザ取得（延長）も可能である。

5 ）季節労働者プログラム（Seasonal Worker Programme）は、太平洋島嶼国の経
　　済発展とオーストラリア内での季節的労働力不足に対応すべく、農業部門と指
　　定地域での宿泊業・観光業の雇用労働者として、島嶼国の人々を受け入れるも
　　ので、2012年から開始された。対象となる島嶼国は、フィジー、キリバツ、ナ
　　ウル、パプアニューギニア、サモア、ソロモン諸島、東チモール、トンガ、ツ
　　バル、バヌアツである。ビザの期間は 9 か月だが、 5 か月以上の間を空ければ、
　　再取得が可能である。

6 ）ほかに、短期不足技能（Temporary Skill Shortage）ビザという仕組みもあるが、
　　高い技能の持ち主が対象とされており、これにより農場労働に従事している人
　　数は少ない。また、季節的でない恒常的な労働力不足に対応する太平洋島嶼国
　　労働制度（Pacific Labour Scheme）もあるが少数である。

7 ）内務省の資料によると、ワーキング・ホリデーのオーストラリア国内滞在者数は、2019年 6 月19日現在で135,263人であったのが、2020年 6 月20日現在には85,691人と、大幅に減少している。

8 ）JETRO、2020年 3 月25日付け「ビジネス短信」（https://www.jetro.go.jp/biznews/2020/03/1650a 3 f71283e74a.html）

9 ）Austrade のホームページ等（2020年11月 4 日参照）（https://www.austrade.gov.au/news/news/international-freight-assistance-mechanism）

10）教育・技能・雇用省のホームページ（https://www.employment.gov.au/seasonal-worker-programme）（2020年10月28日参照）、2020年 4 月 3 日付け、農業大臣、インフラ・輸送・地域開発大臣、移民・市民権・多文化事項大臣の合同プレスリリース（https://minister.awe.gov.au/littleproud/media-releases/agricultural-workforce）による。
2020年 8 月14日付け ABC ニュースによると 4 月以後、内務省は、WHM で401人、SWP で3,550人の延長を認めたとしている（https://www.abc.net.au/news/2020-08-13/backpacker-proposal-from-farm-groups/12551428）。

11）2020年 8 月 4 日付け、農業大臣、移民大臣代理、雇用大臣、北部特別地域上院議員の合同プレスリリース（https://minister.awe.gov.au/littleproud/media-releases/seasonal-pacific-worker-pilot-programme-trialled-top-end）及び2020年 9 月 3 日付け、農業大臣、北部準州選出上院議員の合同プレスリリース（https://minister.awe.gov.au/littleproud/media-releases/vanuatu-mango-pickers）

12）2020年 8 月21日付け、外務大臣、農業大臣、雇用・技能・小規模事業大臣、人口・都市インフラ大臣、国際開発・太平洋大臣の合同プレスリリース（https://www.foreignminister.gov.au/minister/marise-payne/media-release/seasonal-and-pacific-workers-help-fill-labour-gaps）、2020年10月13日付け、農業大臣、北部準州選出上院議員の合同プレスリリース（https://minister.awe.gov.au/littleproud/media-releases/vanuatu-answers-call-for-more-top-end-mango-pickers）及び2020年11月 9 日付け、外務大臣、国際開発・太平洋大臣の合同プレスリリース（https://www.foreignminister.gov.au/minister/marise-payne/media-release/tongan-workers-arrive-support-queenslands-horticultural-producers）

13）2020年10月12日付け、貿易・観光・投資大臣、移民等大臣代行の合同プレスリリース（https://www.dfat.gov.au/news/news/supporting-tourism-and-agriculture-through-visa-application-charge-changes）

14）https://nff.org.au/media-release/farmers-and-tourism-operators-say-bring-back-backpackers/（2020年10月18日参照）

15）2020年10月 9 日付け農業大臣、雇用等大臣、人口等大臣の合同プレスリリース（https://minister.awe.gov.au/littleproud/media-releases/vital-labour-support-for-australian-farmers）

16）https://www.servicesaustralia.gov.au/individuals/services/centrelink/youth-allowance-job-seekers（2020年10月 8 日参照）

17）2020年10月 6 日付け、農業大臣プレスリリース（https://minister.awe.gov.au/littleproud/media-releases/budget-2020-21-backing-farmers-supporting-disaster-recovery-protecting-australians）、2020年10月 7 日付け、FarmOnline 紙（https://www.farmonline.com.au/story/6958360/young-people-doing-seasonal-work-will-get-youth-allowance-quicker/?cs=5373）、及び（連邦政府のウェブサイトの2020－21年度予算解説（2020年10月28日参照）（https://www.servicesaustralia.gov.au/organisations/about-us/budget/budget-2020-21）

## 参考文献

〔 1 〕ABARES（2020a）, Analysis of Australian food security and the COVID-19 pandemic.

〔 2 〕ABARES（2020b）, Impacts of COVID-19 on Australian agriculture, forestry and fisheries trade.

〔 3 〕ABARES（2020c）, Australian agricultural trade and the COVID-19 pandemic.

〔 4 〕ABARES（2020d）, Agricultural commodities, September quarter.

〔 5 〕ABARES（2020e）, Labour use on Australian farms 2018-19.（2020年 9 月17日ウェブ上で公開）（https://www.agriculture.gov.au/abares/research-topics/labour）

〔2020年11月12日　記〕

# 第 5 章　コロナウイルス感染拡大の中国の農産物流通への影響と課題

于　蓉蓉、菅沼圭輔

## 1．はじめに―都市部での一時的な買い争い・買いだめ現象の発生―

　WHO の集計によると、中国における新型コロナウイルス（COVID-19）の新規感染者の累計は2020年 8 月末までで 8 万9,270人であった。 1 日の新規感染者数が最初に100人を超えた 1 月22日から100人を下回った 3 月30日までの68日間の新規感染者数の累計は 8 万2,160人であったから、全体の92%がこの期間に集中していたことになる[1]。

　2020年の春節（旧正月）の休日は 1 月24日から30日の 7 日間であったが、その頃から、感染が拡大したことになる。この公衆衛生上の一大事件に対して、武漢市を含む中国の多くの地域では都市・農村の封鎖と道路封鎖により人の移動を制限する緊急措置が取られた。当初は物流が影響を受け、一部の地域では、野菜の供給途絶などの問題が生じた。野菜の供給不足は一時的とはいえ社会的混乱を引き起こし、感染被害の大きかった武漢や北京、成都といった一線・二線の大都市では、野菜の買い争い現象が一時発生した[2]。しかし、政府の対応が進むにつれて、市民は野菜などの食品の供給量は十分であることを理解するようになり、混乱もおさまり、買い争い行為も終息した。その後、感染拡大が世界的に広がると、食料輸出を制限する国も増え始めた。一部の市民は食料不足を心配して、再び穀物買いだめに走ったが、すでに物流が回復していたため、それもすぐにおさまった[3]。

　感染者数が急速に増えた 1 月から 4 月までは、年間の市民の食料消費と農業の生産活動において次のような特徴的な時期である。第 1 は春節という一年で

最も食料消費が増える休日を含んでいる。第2に春節休みに対応して食品製造・流通業は前年に収穫された穀物とその加工品を大量に出荷し、揚子江以南の産地の青果物や、揚子江以北の産地の温室野菜が都市の卸売市場に向けて大量に出荷される。第3に3月は水稲やトウモロコシといった主要穀物の作付準備が各地で始まり、種子・化学肥料・農薬が全国の農村に供給される時期である。

　本章ではこうした食料消費・農業の繁忙期に、新型コロナウイルス感染拡大とそれに対処するための移動制限措置が農業・畜産業および食品流通に与えた影響とそれに対する中国政府の対応を整理し、そこから分かってきた農産物流通の課題について、筆者によるインタビュー記録を踏まえて検討する。

## 2．移動制限に伴う農業・畜産業への影響と対策

　2020年6月に国連が出した「食料安全保障と栄養に対するCOVID-19の影響に関する政策概要」は、感染拡大とそれへの対応策が食料システムの減退をもたらすと警告している。中国でも移動制限措置がとられたが、食料安全保障という点から主要穀物の作付時期を迎える農村の現場に対して次のような措置が講じられた[4]。

　第1は穀物などの主要食料の作付面積を確保するための措置である。共産党中央委員会の感染拡大対策指導小組は、適期を外さずに農作業を行い、主要食料の作付面積を確保し、さらに水稲の二期作面積を拡大することを指示した。農業農村部は今年の食糧生産目標6億5,000万トンを達成するために、生産目標を各省政府に割り当て、それを義務的目標として作付面積の確保に努めさせた。

　第2に、東北地方のトウモロコシや大豆さらに全国の穀物主産地における水稲と小麦に対する生産者直接補助や最低価格買付制度等の諸政策を継続すること、さらにインディカ稲の最低支持価格を引き上げることを公表し、農家の不安を払しょくした。

　第3に、農業生産資材の供給保証のために、化学肥料、農薬、種子等のメーカーの操業再開を促し、地方政府には農村の現場までの供給ルートを確保し、さらに作付作業のための農業機械の通行、農民の圃場への移動を認めるように

指示した。

　畜産業の受けた影響も大きく、種畜・ヒナや飼料の供給ネットワークの断絶が生じた。家禽関連では各地の家禽取引市場の閉鎖、飼料やヒナそして生体の出荷輸送制限、さらに食肉処理工場の操業停止が進み、さらには飼育中の家禽の殺処分まで発生した[5]。養豚業は、2018年のアフリカ豚熱の大流行から回復しつつあったが、今回の感染拡大により再び規模縮小を余儀なくされた養豚場も発生した[6]。こうした事態に対して中国政府は、輸送ルートの確保と関連企業の操業再開を指示した。2020年2月4日に農業農村部は通知を出して、子豚やヒナや種畜を輸送する車両、飼料輸送や家畜輸送車両の交通を妨げてはならないこと、屠畜場を閉鎖してはならないこと、農村や道路の封鎖をしてはならないこと、企業の業務再開を支援すること等を指示した。そこで、多くの地域では専用のルートを開通させ、家畜の出荷用の輸送車両は登録、消毒、検温、検疫証明書所持の検査を行ったうえで通行させることになった[7]。

## 3．感染拡大が都市の食料消費に及ぼした影響と販売不振問題の解決

　都市部の買い争い・買いだめ問題に対して、中国政府は生産と市場への供給確保に重点を置いて対処した。このうち野菜生産については、2020年1月29日に農業農村部が通知を出して、地方政府が当地の冬季・春季の野菜作付状況を踏まえて、葉物野菜や生育期間が短い野菜の生産拡大を促し、単収を増やすための技術指導等を強化することを指示した[8]。

　メディア対策も買い争い現象の終息に寄与した。主要メディアは食品の供給状況についてタイムリーな報道を行っていた。ただ、SNSでは、感染拡大の初期において一部のセルフメディアが過熱し、市民の不安をあおるような状況になってしまった。そこで、主要メディアは批判を展開し、セルフメディアが正しい情報発信をするように誘導した[9]。

　同時に課題となったのは、消費の減退に伴って発生した食品や農産物の販売不振問題への対処であった。図5－1には2019年6月から2020年8月までの消費財小売額の総額と分野別の対前年同期比の増減率を示した。この消費財小売

図5－1　消費財小売額の推移（対前年同期比％）

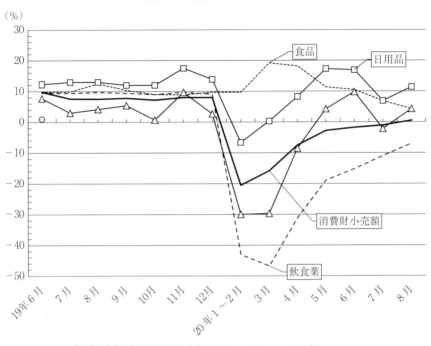

資料：国家統計局「社会消費品零售総額主要数拠」（http://www.stats.gov.cn/tjsj/）。

総額には、ネット通販の商品売上額と飲食業の売上額が含まれている。図を見ると、2020年1月から4月の期間、食品は前年より10％余り増えているが、その他はマイナスになっており、特に飲食業の売上の減少幅は40％から50％に達している。

　こうした消費の減退がもたらした農産物の販売不振に対して、政府は民間のAI・IT技術を利用して生産者と小売業や消費者のマッチングを進めた。

　第1は農産物の販売不振情況の把握に関する対応である。農業農村部ではチャイナブリック社という農業ビッグ・データ技術の企業と連携して農産物滞貨情報の検索プラットフォームを構築した。第2に地方政府に指示して管轄地域内の流通企業への助成金給付や利子補填、政府負担による備蓄などの方法で、域内の産地から農産物を仕入れさせ商品在庫を確保させた。さらに、情報技術を利用して、大型の卸売市場やスーパーマーケット、インターネット通販サイ

トと農業経営者のマッチングとネットワーク上で進めた[10]。中国農産品市場協会は2020年３月30日までに、102.16万トン、55.15億元分の農産物滞貨を買い取り、インターネットで販売した[11]。第３に民間企業によりインターネット上での農産物の販売ルートが開拓された。在庫の販路開拓のためにアリババ・グループが開設した通販サイトのタオバオでは10億元の農民支援基金を設立して、主産地の在庫を買い取り、在庫情報をネットで発信して特売を行った[12]。

## ４．明らかになった農産物流通の問題点

　筆者が2020年７月に実施した各地の30歳代の知人へのインタビューから経済成長と都市化が進んだ中国の農産物流通の課題が明らかになってくる。以下で見るように、都市・農村の封鎖や道路封鎖の都市消費者の生鮮食品購入への影響は、全国各地からの広域流通の最終点にある大都市と周辺を産地に囲まれたローカルなマーケットに依拠する地方都市とで状況は大きく異なる。

　一線の大都市である湖北省武漢市在住の女性によると、2020年１月23日に武漢市が全面封鎖されたが、市内では行動が自由であったという。この時期に一度買い争い現象が発生した。民間のスーパーマーケットの食品価格は高騰する一方で、国有企業のスーパーマーケットでは価格は安定していたものの、品切れが発生していた。２月に入ると、大多数の住宅団地（コミュニティ）が次々と封鎖され、市民の活動範囲は団地内に限られた。政府は不定期に無料で大根、ジャガイモを中心とした日持ちのする野菜や果物を無償で配給し、同時に各団地には政府が派遣した野菜卸売商が常駐した。商人は武漢卸売市場から野菜を仕入れていたが、その店では政府の配給野菜にはない葉物野菜が購入できたという。３月になると、住民は工夫して多くの野菜購入のルートを切り開いた。例えば、グループで大型スーパーに注文を出して野菜や肉を予約購入し、スーパーに団地の入り口まで届けてもらい、団地内の有志が各家庭の注文書に従って個別に配達した。青果物や肉といった食品の価格は確かに上がっていたが、供給が途絶することは無かったという。

　同じく大都市である北京市の女性によると、北京市では2020年２月になると、アプリケーションソフトを使ってインターネットで生産者から直接購入しても、

商品を都市まで運ぶことができなくなってしまったという。野菜購入サイトでも前日に野菜や肉を予約する必要があったが、さらに、ある時期には配達員の予約までしなければならなくなり、翌日の配達員を予約できなければ、野菜を予約できなくなってしまった。感染拡大期において配達業がハイリスクの職業になり、人手不足が生じた事情が背景にある。

　三線・四線の地方都市として吉林省白山市、山東省済寧市、江蘇省如皋市、遼寧省阜新市に在住する4名の男女に話しを聞いた。地方都市では現在でも春節前に年越しのために食品を買いだめする習慣が残っており、さらに感染拡大後にも大型の自由市場（中国語は農貿市場）は営業を続けていた。また周辺の農村に農家の親戚・知り合いのある市民も多く、自家用車や友人の車を借りて知人の農家が貯蔵している野菜を購入でき、野菜不足に陥ることは無かったという。四線都市の山東省済寧市泗水県の野菜卸売商は、通常は済寧市の自由市場で野菜を仕入れて、自分の家の冷蔵施設に野菜を保管し、県内の住民や飲食店に野菜を販売している。ところが春節の時期に政府から営業停止の指示があり、野菜を販売できず、すでに納品を済ませていた飲食店からの返品もあった。その間も、得意客がこっそりと買いに来てくれていたが、2月中旬に営業再開が認められ3月になってようやく在庫を売り切ったという。

　このように見ると、感染拡大後の移動制限措置により市民の消費生活は影響を受けたが、周辺に産地のある地方都市では、人的ネットワークを含めたローカルなマーケットが機能し続け、こうした危機への対応力の強さを見せた。北京市や武漢市のような大都市では、IT技術を利用した多様な購入ルートが存在し、コミュニティでの相互協力が危機の影響を緩和したとはいえ、遠隔産地とを結ぶ広域流通システムの脆さに翻弄されたといえる。

　広域流通に存在するリスクに直面して、中国政府は改めて生鮮農産物のコールド・チェーンの整備計画を進めること、特に大規模農場や農民協同組合のある産地に冷蔵保管設備を整備することを提起している[14]。民間においてもアリババ・グループのスーパーチェーンで宅配も行う Hema Xian sheng（盒馬鮮生）や生鮮品の販売サイトを運営する Miss Fresh（毎日優鮮）が独自のコールド・チェーンを整備しているが、社会的な流通基盤の整備が改めて求められている

のである。


注

1）WHO Coronavirus Disease（COVID-19）Dashboard（https://covid19.who.int/
table）（2020年 9 月21日最終アクセス）。なお、本章で参照とした Web 上の資料
の最終閲覧日はすべて2020年 9 月21日である。
2）経済専門メディア・グループの第一財経は全国の337都市を「商業施設の充実度」
「都市のハブとしての機能性」「市民の活性度」「生活様式の多様性」「将来の可
能性」といった指標を基に、一線から五線の 5 段階にランク付けしている。こ
のランキングは2016年から毎年更新されている（日本貿易振興機構 JETRO「ビ
ジネス短信」2020年 6 月 4 日による）。
3）「国務院聯防聯控機制疫情期間糧食供給保障工作情況挙行発布会」、中国網・網
上直播（www.china.com.cn）、2020年 4 月 4 日。
4）3）に同じ。
5）「家禽産業受当前疫情影響分析及対策建議」中国飼料行業信息網（www.
feedtrade.com.cn）、2020年 2 月10日。
6）「関注：新冠疫情対生猪養殖業的影響分析」捜猪網（www.soozhu.com）、2020年
2 月28日。
7）以上は「農業農村部弁公庁関於維護畜牧業正常産銷秩序保障肉蛋奶市場供応的
緊急通知」、2020年 2 月 4 日および「政府促進対屠宰飼料相関行業複工、幇助養
鴨業度過難関」捜狐（www.sohu.com）、2020年 2 月12日による。
8）「農業農村部弁公庁印発緊急通知部署応対疫情抓好蔬菜生産保障供給」中華人民
共和国農業農村部（www.moa.gov.cn）、2020年 1 月29日。
9）「疫情期間、自媒体的克製与修養」捜狐（www.sohu.com）、2020年 2 月20日。
10）「滞銷農産品実時査詢大数拠平台上線運行」人民網（country.people.com.cn）、
2020年 2 月11日。
11）「商務部弁公庁関於進一歩做好疫情防控期間農産産銷対接工作的通知」2020年 2
月14日。
12）「農業農村部組織推動湖北広東暢通農産品産銷対接渠道」中華人民共和国農業農村
部（www.moa.gov.cn）、2020年 4 月 1 日。
13）「淘宝設立10億愛心助農基金」人民網（gongyi.people.com.cn）、2020年 2 月13日。
14）「関於切実支持做好新冠肺炎疫情防控期間農産品穏産保供工作的通知」2020年 2
月14日。


〔2020年10月 1 日　記〕

# 第6章　台湾の農業分野におけるコロナ禍対策

長 谷 美 貴 広

## 1．はじめに

　本稿では台湾の新型コロナ感染防止対策の経過と農業分野における新型コロナ禍対策について述べたい。

　台湾政府は香港を経由した独自の情報ネットワークによって、2019年11月には既に新型コロナ・ウイルスの危険性について認識していた。台湾は2003年のSARS流行時、深刻な経済的打撃を受けたばかりでなく、医療面においては医療関係者の感染が相次ぎ、ついに勤務中の職場逃亡も発生して、まさしく医療崩壊状態に陥った。台湾政府はこのことを教訓として、中国発の新型感染症に対して極めて敏感だったのである[1]。

## 2．感染拡大防止対策とサプライ・チェーン対策

　コロナ禍による混乱は、感染の拡大による社会の混乱、サプライ・チェーンの混乱、消費の停滞による需要ショックに分けられる。台湾において国際的に評価の高かったのは感染拡大防止対策およびサプライ・チェーン混乱の素早い収拾であった。

　感染拡大防止対策から見てみよう。2019年12月30日、武漢市衛生健康委員会が「原因不明の肺炎の治療に関する緊急通知」を正式に発令すると、翌31日、台湾衛生福利部疾病管制署は、中国武漢からの直行便搭乗者に対する検疫を開始した。これは、東南アジア各国が中国のハイリスク地域からの旅客に対する検疫を開始した2020年1月17日、欧州の主要空港が武漢発便の旅客に対する検疫を強化した1月20日よりもかなり早い対応であった。

　1月20日には、衛生福利部部長、陳時中を指揮官とする「嚴重特殊傳染性肺炎中央流行疫情指揮中心」を設置、同23日、中国で武漢市と湖北省の各都市で都市封鎖が行われたのに合わせて、台湾の各航空会社は武漢の往復便12便をすべて運休した。また、中国人観光客の入国停止、台湾に帰国する国民及び入国する居留証保有者は2週間の自宅隔離を罰則付きで義務付けるなどして、5月には感染拡大を沈静化させた[2]。

　サプライ・チェーンの問題については、台湾でもマスクなど医療関係資材をめぐる混乱は発生したが、行政院数位（デジタル）政務委員の唐鳳が、自ら在庫状況確認のための携帯アプリを速やかに開発・リリースして、市中の混乱は短期間で正常化した[3]。

　このように、①新型コロナ・ウイルスの情報を独自のネットワークから早期に入手し、危険性の高さを正確に評価し、速やかな国境措置をとった、②感染情報を速やかに公開するとともに、罰則付きの感染者の外出禁止令を敷いて感染拡大の防止に努めた。③物資の一時的不足については、その代替策について正確で統一的な情報を速やかに公表するなどの対策をとった。これらによって台湾のコロナ対策は国際的にも高く評価されたのである。

## 3．農業分野のコロナ禍対策

　一方、消費需要減少は長期的に続くと予想されている。まず、コロナ禍によって負の影響を受けると予想されている産業分野は、自動車組立産業、航空、観光、飲食業、IC集積回路設計産業である。一方、パネル産業は中国の生産縮小による成長が期待されている[4]。負の影響を受ける産業分野は、コロナ禍により消費が冷え込む分野、防疫のため労働者の過密状態を避ける必要のある分野である。

　農業の場合、観光産業、飲食業との関連、民間の日常的消費の停滞から深刻な影響が予想された。

　台湾農業の問題点として、まず、輸出依存度が高いということがあげられる。表6－1によれば台湾の農林水産物輸出額の占める割合が、2015〜19年までの5カ年平均で農林水産物総生産額中、30.5％を占めているが、コロナ禍の影響

表 6 - 1　農林水産物総輸出額の推移

| 年 | 農琳水産業総生産額 | 輸出総額 | 輸出割合 | 前年同期比 |
|---|---|---|---|---|
| 2015 | 15,787,203 | 4,877,315 | 30.9% | − |
| 16 | 16,097,138 | 4,673,107 | 29.0% | − 4.2 |
| 17 | 17,909,205 | 4,980,778 | 27.8% | 6.6 |
| 18 | 17,442,909 | 5,463,249 | 31.3% | 9.7 |
| 19 | 16,654,284 | 5,578,444 | 33.5% | 2.1 |
| 20 | − | 3,588,096 | − | − 13.8 |
| 平均 | 16,778,148 | 5,114,579 | 30.5% | |

資料：農業統計年報、中華民国中央銀行資料。
注：109年は 9 月末時点の数字。輸出総額は原表では単位は1,000米ドル。
　　農業総生産額は原表では1,000NT＄。米ドル換算の際に、為替レートは対米ドルで、
　　2015年：31.898、2016年：32.318、2017年：30.439、2018年：30.156、2019年：30.925。

として、2020年の輸出総額は、前年同期比で13.8%と大きく減少した。また、農業構造調整の一環として急拡大した休閒（レジャー）農場（2018年末の許可農場数、339農場）が外出自粛のあおりを直接的に受けること、漁業分野は外国人労働力の依存が高く、かれらの一時帰休によって労働力がひっ迫した。

　こうした状況を踏まえて、行政院農業委員会は2020年 2 月 6 日付けで、表 6 − 2 の様な農業分野におけるコロナ禍対策を発表した[5]。

## （1）学校給食への食材供給と生産農家の流通のマッチング支援

　農業委員会は、短期間で新学期から開始される学校給食の食材を供給可能な農家に関する情報を把握した。食材を供給する農家は生産販売履歴追跡システムを導入している有機農家で、外出自粛下で販路確保の難しく、傷みやすい有機栽培の軟弱野菜類を中心に、120トンを確保する。台北市（ 2 か所）、新北市（三重、板橋）、台中市、高雄市、屏東縣にある 7 生鮮市場への、農家グループの共同輸送と共同販売、オークションを活用する。

## （2）短期的な生産・販売問題に関する対策

　武漢肺炎の流行により、中国市場に対するアクセスがブロックされており、国産パイナップルや、釈迦頭（カスタードアップル）の輸出が影響を受ける可

表6－2　台湾の農業分野のコロナ禍対策

| | 対策の概要 | 貸出金利 | 予算額 |
|---|---|---|---|
| 適用對象 | 武漢肺炎の影響を受ける農民（漁業）民間企業、農民グループ、農業企業（輸出事業） | | |
| 新規利用者 | １．優遇ローン制度の創設　（金利0.79～1.68%）<br>２．農漁業経営者特別貸付制度の創設。50.3億元の準備資金、利差補助金対策資金、１億2700万元。２～３年の元本返済猶予。<br>３．休閒農場ローン、漁業ローンの一部（遊漁船、輸送船、ハタ養殖業者）の借り手に助成金を支給するために、さらに1,420万元を提供します。半年間のローン利息。 | | |
| 既利用者 | 返済の困難な者は返済延長を申請することができる。 | | |
| 金融対策<br>措置の内容 | １．返済困難者、返済延長を申請措置。 | 1.29% | 13億元 |
| | ２．休閒農場ローン | 1.29% | 9億元 |
| | ３．農業および食品産業の経営改善ローン | 1.29% | 4億元 |
| | ４．農民組織・農企業および産銷班運営ローン | 1.68% | 5.4億元 |
| | ５．新規参入者営農開始ローン | 0.79% | 7.8億元 |
| | ６．農業機械ローン | 0.79% | 4.8億元 |
| | ７．農家および産銷班運営ローン | 1.29% | 4.5億元 |
| | ８．農業科学技術特区進出業者向け優遇ローン | 1.29% | 1.8億元 |
| | ９．上記のローンの利息差に対する助成金 | － | 1.27億元 |
| | 10．漁業ローン（漁船、娯楽漁船、輸送船、元々中国人乗組員を雇用していた漁船、ハタ養殖業者）およびレジャー農場ローンの利子補助金（半年間） | － | 1,420萬元 |
| | 総計 | － | 51.7億元 |

資料：行政院農業委員会「因應武漢肺炎農業部門輔導方案簡報」

能性がある。対応策として、第１に輸出補助金の増額と輸出刺激策の強化を行う。第２に海外に対する宣伝強化を行い販路拡大を図る。新南向国家の90カ所でパイナップル、釈迦頭の販売促進活動を行うとともに、日本とシンガポールのスーパーマーケットで販売を行う。また、eコマースを活用し、生産販売追跡可能な国内農水産物・畜産物のオンラインショッピング・販売活動を推進し、重点商品の販売促進活動を強化する。

　水産物においても、中国市場の消費が減少しており、養殖の盛んなハタやコノシロ（南洋アゴダシ）の取引量減少が懸念される。そこで、養殖水産物の輸

出に関する対策として、事業者の存続支援のため、無利子の運転資金ローンを創設する。マルチチャネルオペレーターに報酬を与えて販売を強化する。中国・香港以外の国際市場に対する販売を拡大するため、マレーシア、シンガポール、日本などのアジア諸国への配送費助成（40元/kg）、米国、オーストラリア、その他の国々への配送費助成（50元/kg）を行う。

## （3）休閒（レジャー）農場に対する指導施策

　武漢肺炎流行は台湾の休閒農場の観光客の減少を引き起こした。農業委員会は短期的な観光客の減少に対応して、経営に悩む休閒農場の希望に応じて経営コンサルティングを行い各農場の経営の改善点を示すとともに、年2.43％運転資金ローンを半年間金利ゼロで貸与するとともに、その後も当面は1.29％の金利に抑えて貸し付けを行う。

　また、従業員の専門的技能の育成、農場の特色を打ち出し、農業観光商品の一層の品質向上を図るとともに、オンライン情報の整備と、電子チケット発売システムの構築によって、多様な販路を開拓する。

　また、テーマ別のツアーを企画して、多分野にわたるマーケティング・ネットワークを連結し、eチケットを利用した農業観光を促進し、国内外における休閒農場ツアー情報を紹介し、顧客層を開拓する。

## （4）農水産業に対する救済融資の拡大等の財政支援策

　農業委員会では、武漢肺炎の影響を受けた農漁業経営者、農民グループ、農業関連企業（輸出業者）がローンを申請できる制度を開始した。新たな申請者は、0.79〜1.68％の低金利ローンを組むことが可能となる。

　政府はその予算として農民の資金需要50.3億元を見込んでいる。さらに、2〜3年の元本返済繰り延べ期間を設ける。また、休閒農場に対するローン、漁業ローンの借り手（レクリエーション漁船、輸送船、ハタ養殖業者）は、ローン利息に対し、半年間の補助金を受けることができる。

## （5）中国漁船乗組員の一時帰休に対する措置

　漁業においては武漢肺炎のために、中国人の乗組員が一時帰休を余儀なくされ、労働力が不足しているとして、政府労働部の労働開発局と調整して、外国人乗組員の雇用の申請期間を14〜20日短縮し、休漁期の漁船の外国人乗組員を再雇用する。

　また、コロナ禍の影響を受けた鮮魚運搬船、太刀魚運搬船及び、元々、中国本土の船員を雇用していた漁船に対して、支援ローンを提供する。特別貸付ローンの最長期間は3年である。また、その際の貸付利息は、最初の6か月、完全に補助する。

## （6）中長期の生産・販売調整策

　農産物価格安定の立場から、第1に国内市場対策を行う。流通企業の共同購入による購入量の増加と安定的確保、全聯グループなどの大型流通グループの在庫を安定させ販売力を強化し、対面販売の機会減少に対してeコマースを促進する。

　第2に、生産と販売の調整、流通秩序安定、および生産と販売上の異常事態の即時の公表、第3に、食品加工メーカーに対して、原料調達の拡大促進、多様な加工品の生産などを行うよう指導を行う。

　また、家畜や家禽製品の消費量減少の可能性があるものに対して、生産構造および流通構造調整計画に対応して、家畜・家禽製品109件に対して定期的反復調査（パネル調査）を実施し、需給バランスを安定させ、家畜・家禽の過剰生産を速やかに安定させるため、業界団体に促し、過剰生産整理計画の実施を促す。

　水産業に関しては、ハタ、コノシロなどの養殖、その他大規模養殖魚種の計画生産に関する指導を行う。年間総生産量は1〜2％削減を目標とする。池全体の消毒の助成、不採算業者の飼養停止、養魚池の廃止、計画出荷の推進、出荷の集中を回避するための貯蔵施設活用の推進などを行う。

　以上のように、台湾においてはコロナ禍対応として、短期的対策については

市場の混乱を防ぐサプライ・チェーンの管理、長期的対策としては需要ショックに対応する市場開拓、新しい生活様式に対応する非接触型取引として、ｅコマースの利用拡大のための施策、労働力対策、農漁家に対する資金供給、返済の軽減・猶予・過剰生産抑制のための生産調整などを実施している。

## 注

1）『商業週刊』No. 1682、p.50（2020年 2 月、商周集團、台湾）によれば、2003年の台湾の経済成長率は0.91％、約658千人の職が失われた。
2）報道者「武漢肺炎大事記：從全球到台灣、疫情如何發展？」https://www.twreporter.org/a/2019-ncov-epidemic。なお、2020年11月14日時の感染者累計は600名、うち死亡者は 7 名である。
3）中華民国憲法によれば「政務委員」は、旧称「不管部會之政務委員」、いわゆる「無任所大臣」である。唐鳳氏は「サイバー空間におけるデジタル経済取引および『開かれた政府』の発展」を監督する。
4）『商業週刊』No. 1682、p.55（2020年 2 月、商周集團）。
5）「因應武漢肺炎農業部門輔導方案啟動、全民共同守護臺灣農業」https://www.coa.gov.tw/theme_data.php?theme=news&sub_theme=agri&id=8035&print=Y。

〔2020年11月14日　記〕

第Ⅱ部　コロナ禍の下で決定された新基本計画

# 第7章　食料自給率向上は実現できるのか

鈴　木　宣　弘

## 1．輸出規制に耐えられる食料自給率が不可欠

　新型肺炎の世界的蔓延（コロナ・ショック）は、バッタの異常発生による食害の拡大、異常気象の頻発と相まって、食料自給率問題の切実さを再認識させた。物流が寸断され、人の移動も停止し、それが食料生産・供給を減少させ、買い急ぎや輸出規制につながりそれらによる一層の価格高騰が起きて食料危機になることが懸念されている。すでに、FAO（国連食糧農業機関）によれば、2020年3〜6月で輸出規制を実施した国は19カ国にのぼった。

　農業生産・流通については、欧米では移民労働者や日本では海外研修生の不足、港湾での荷役作業遅延、トラック運転手の敬遠、都市封鎖による物流の停止、中国からの業務用野菜などの輸入減、米国からの食肉などの輸入減など、グローバル化したサプライ・チェーン（流通網）に依存する食料経済の脆弱性が浮き彫りになった。

　日本の食料自給率は38％、我々の体を動かすエネルギーの62％を海外に依存している。FTA（自由貿易協定）でよく出てくる原産国ルール（Role of Origin）に照らせば、日本人の体はすでに「国産」ではないとさえいえる。食料輸入がストップしたら、命の危険にさらされかねない。食料の確保は、軍事、エネルギーと並んで、国家存立の重要な3本柱の1つである。

　輸出規制は簡単に起こりうるということが、今回も明白になった。FAO・WHO（世界保健機関）・WTO（世界貿易機関）の事務局長は共同で、輸出規制

の抑制を要請した。しかし、輸出規制は国民の命を守る正当な権利であり、抑制は困難である。

　米国は、自国の農業保護（輸出補助金）は温存しつつ、「安く売ってあげるから非効率な農業はやめたほうがよい」といって世界の農産物貿易自由化を進めて、安価な輸出で他国の農業を縮小させてきた。それによって、基礎食料の生産国が減り、米国等の少数国に依存する市場構造になったため、需給にショックが生じると価格が上がりやすく、それを見て高値期待から投機マネーが入りやすく、不安心理から輸出規制が起きやすくなり、価格高騰が増幅されやすくなってきたこと、高くて買えないどころか、お金を出しても買えなくなってしまったことが2008年の危機を大きくした（図7－1）。つまり、米国の食料貿易自由化戦略の結果として食料危機は発生し、増幅されたのである。

　こういう構造ができているのだから、今行うべきは貿易自由化に歯止めをかけ、各国が自給率向上政策を強化することである（図7－1参照）。自給率向上策は輸入国が自国民を守る正当な権利である。

図7－1　2008年の教訓

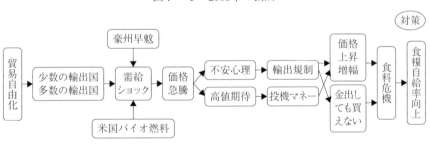

## 2．一層の貿易自由化を求めるショック・ドクトリン

　ところが、FAO・WHO・WTO の共同声明は、輸出規制の抑制と同時に、いっそうの食料貿易自由化も求めている。輸出規制の原因は貿易自由化なのに解決策は貿易自由化だ、とは論理破綻も甚だしい。食料自給率の向上ではなく、一層食料の海外依存を強めよというのだろうか。コロナ・ショックに乗じた「火事場泥棒」的ショック・ドクトリン（災禍に便乗した規制緩和の加速）であり、

看過できない。

　TPP11（米国抜きの TPP ＝環太平洋連携協定）、日欧 EPA（経済連携協定）、日米貿易協定と畳みかける貿易自由化が、危機に弱い社会経済構造を作り出した元凶であると反省し、特に、米国からの一層の要求を受け入れていく日米交渉の第 2 弾はストップすべきである。これを機に貿易自由化が加速し、多くの国の食料自給率がさらに低下するようなことはあってはならない。それなのにコロナ問題の目眩ましのように日英協定まで上乗せした。

　表 7 - 1 に整理したように、貿易自由化の進展と食料自給率の低下には明瞭な関係がある。

## 3.　貿易自由化の犠牲とされ続けている

　食料は国民の命を守る安全保障の要（かなめ）なのに、日本には、そのための国家戦略が欠如しており、自動車などの輸出を伸ばすために、農業を犠牲にするという短絡的な政策が採られてきた（表 7 - 1）。農業を過保護だと国民に刷り込み、農業政策の議論をしようとすると、「農業保護はやめろ」という議論に矮小化して批判されてきた。

　農業を生贄にする展開を進めやすくするには、農業は過保護に守られて弱くなったのだから、規制改革や貿易自由化というショック療法が必要だ、という印象を国民に刷り込むのが都合がよい。この取り組みは長年メディアを総動員して続けられ、残念ながら成功してしまっている。しかし、実態は、日本農業

表 7 - 1　残存輸入数量制限品目（農林水産物）と食料自給率の推移

| 年 | 輸入数量制限品目 | 食料自給率 | 備考 |
|---|---|---|---|
| 1962 | 81 | 76 | |
| 1967 | 73 | 66 | ガット・ケネディ・ラウンド決着 |
| 1970 | 58 | 60 | |
| 1988 | 22 | 50 | 日米農産物交渉決着（牛肉・かんきつ、12品目） |
| 1990 | 17 | 48 | |
| 2001 | 5 | 40 | ドーハ・ラウンド開始 |
| 2019 | 5 | 38 | |

注：1995年以降の 5 品目は、資源管理上の必要から輸入割当が認められている水産品。

は世界的にも最も保護されていない。

　近年は、農業犠牲の構図が強まった。官邸における各省のパワー・バランスが完全に崩れ、農水省の力が削がれ、経産省が官邸を「掌握」していた。「今は"経産省政権"ですから自分たちが所管する自動車（天下り先）の25％の追加関税や輸出数量制限は絶対に阻止したい。代わりに農業が犠牲になるのです」と2018年9月27日に某紙で日米交渉の構図を指摘した。

　大企業利益の徹底した追及の構造は内閣の交代でむしろ強化される。大手人材派遣会社会長で地方は原野に戻せと言うT氏と中小企業社長と名乗るA氏が参謀である。A氏の新monopsony（正しくはoligopsony）論は、企業による労働の買い叩き〈買手寡占〉が問題と言いながら、処方箋は大企業への一層の生産集中による中小経営淘汰を進めるという完全な論理矛盾である。

## 4．畳みかける貿易自由化の現在地

　短絡的な貿易自由化に見直しが必要と認識すべきときに我が国は何をやっているか。今貿易自由化がどのような状況になっているかをおさらいすると、TPPは2016年に署名されたが、推進役であった米国の国内で、「格差社会を助長する」「国家主権が侵害される」「食の安全が脅かされる」などの反対世論が拡大したため、大統領選挙の争点となってすべての大統領候補がTPPからの離脱を公約する事態となり、トランプ大統領が就任直後の2017年、米国は離脱を表明し、TPPは頓挫した。

　それなのに、米国には「スネ夫」なのにアジアには「ジャイアン」になる日本は、米国抜きのTPP11を主導して発効させた。このTPP11の位置づけをよく考えておかなければいけない。コメの輸入枠（米国への特別枠）以外の部分は、何と米国も含めて日本が譲った農と食の譲歩内容を、米国がいないのに、他の11カ国にそのまま譲ってしまっている。だから米国が抜けたのに、日本が受ける食と農に関する打撃は、TPP11で元のTPPとほとんど同じになってしまっているという重大な事実である。

　そして、こういうことをやれば米国も黙っていない。「俺の分どうしてくれるのだ」ということで、米国が2国間交渉を要求してくるのは当然セットだっ

た（TPP11 に米国分も入れてしまったから、日米をやると米国分が「二重」に日本にのしかかる）。TPP11 でほとんど TPP の状態が実現して、それに日米が加わり、日 EU も TPP 以上で加わり、さらに、日英で、英国分も「二重」に加わっているのだから、TPP のときにあれだけみんなで大騒ぎしたのに、すでにそれ以上のものになってしまっているのが今の状況であることを重く受け止めないといけない。

　さらに、RCEP（日中韓＋ ASEAN ＋豪 NZ）も大筋合意された。日本の農産物の関税撤廃率は TPP と日 EU の82％に比し、対中国56％、対韓国49％（韓国の対日本は46％）、対 ASEAN・豪州・ニュージーランドは61％と大幅に低く、日本が目指した RCEP も TPP 水準にするもくろみは回避され、関税については、ある程度柔軟性・互恵性が確保されたと評価できる。

## 5．高められるか食料自給率―「食料国産率」はごまかしか―

　コロナ・ショックで食料自給がクローズアップされる中、新たな食料・農業・農村基本計画では、目標水準を53％とする飼料自給率を反映しない新たな食料自給率目標が設定された。名称は「食料国産率」とすることに落ち着いた。これをめぐって「自給率45％の達成が難しいから、飼料の部分を抜いて数字上、自給率を上げるのが狙いではないか」という声もある。

　従来から用いられている通常の食料自給率は、簡潔に示せば、畜産については、

　食料自給率＝食料国産率×飼料自給率

である。この 2 つを併記することは、飼料の海外依存の影響がどれだけ大きいかを認識させることになる。具体的に農水省の示している2018年の数字で見ると、「食料国産率→食料自給率」で示した場合、全体　46％→37％、畜産物62％→15％、牛乳・乳製品　59％→25％、牛肉　43％→11％、豚肉　48％→6 ％、鶏卵　96％→12％、となる（表 7 － 2 ）。一番差の大きい鶏卵で見るとわかりやすいが、日本の卵は96％の国産率を誇り、よく頑張っているな、と言えるが、飼料の海外依存を考慮すると、海外からの輸入飼料がストップしたら

表7－2　国産食料率と食料自給率の比較（2018年）

|  | 国産食料率<br>（A） | 食料自給率<br>（B） | 飼料自給率<br>（B／A） |
|---|---|---|---|
| 畜　産　物 | 62 | 15 | 24 |
| 牛乳・乳製品 | 59 | 25 | 42 |
| 牛　　　肉 | 43 | 11 | 26 |
| 豚　　　肉 | 48 | 6 | 13 |
| 鶏　　　卵 | 96 | 12 | 13 |

出所：農林水産省公表データ

たいへんなことになるな、もっと飼料を国内で供給できる体制を真剣に整備しないといけないな、ということが実感できる。

　つまり、今後の活用方法としては、特に、酪農・畜産の個別品目について、両者を併記することで、酪農・畜産農家の生産努力を評価する側面と、掛け声は何十年も続いているが、遅々として進まない飼料自給率の向上について、もっと抜本的なテコ入れをしていく流れをつくる必要性を確認する側面との両方を提示する指標にすることではないだろうか（図7－2）。

## 6．カロリーベースと生産額ベースの自給率議論

　現時点で、小麦、大豆、とうもろこしなどの国際相場に大きな上昇はない。コメはかなり上昇している。コメの輸入依存度が大きい途上国には2008年の危機の再来が頭をよぎる。日本は、今もコメは過剰気味なので、かりに小麦などが今後逼迫しても、当面はコメで凌ぎ、いよいよとなれば、新基本計画の不測の事態対応の選択肢にもあるように、もっとも増産しやすいさつまいも（今は高級食材でもあるが）を校庭やゴルフ場にも植えるといった措置が選択肢となる。しかし、これでは「戦時中」になってしまう。

　コロナ・ショックは、カロリーベースと生産額ベースの自給率の重要性の議論にも、「決着」をつけたように筆者には思われる。一部には、「カロリーベースの自給率を重視するのは間違いだ」（元農水省事務次官）と指摘する声もあるが、生産額ベースとカロリーベースも、それぞれのメッセージがある。

　生産額ベースの自給率が比較的高いことは、日本農業が価格（付加価値）の高い品目の生産に努力している経営努力の指標として意味がある。しかし、

「輸入がストップするような不測の事態に国民に必要なカロリーをどれだけ国産で確保できるか」が自給率を考える最重要な視点と考えると、重視されるべきはカロリーベースの自給率である。だから、我が国のカロリーベース自給率に代わる指標として、畜産の飼料も含めた穀物自給率が諸外国では重要な指標になっている。海外では面倒なカロリーベースを計算するよりも簡便な穀物自給率を不測の事態に必要なカロリーが確保できる程度を示す指標として活用している。

　日本では、輸出型の高収益作物に特化したオランダ方式が日本のモデルだともてはやす人達がいるが、本当にそうだろうか。1つの視点は、オランダ方式はEUの中でも特殊だという事実である。「EUの中で不足分を調達できるから、このような形態が可能だ」との指摘もあるが、それなら、他にも、もっと穀物自給率の低い国があってもおかしくないが、実は、EU各国は、EUがあっても不安なので、1国での食料自給に力を入れている。むしろ、オランダが「いびつ」なのである。

　つまり、園芸作物などに特化して儲ければよいというオランダ型農業の最大の欠点は、園芸作物だけでは、不測の事態に国民にカロリーを供給できない点である。日本でも、高収益作物に特化した農業を目指すべきとして、サクランボを事例に持ち出す人がいるが、サクランボも大事だが、我々は「サクランボだけを食べて生きていけない」のであり、畜産のベースとなる飼料も含めた基礎食料の確保が不可欠なのである。

　今回のコロナ・ショックでも、穀物の大輸出国が簡単に輸出制限に出たことは、いくつもの指標を示すことにも意味はあるが、最終的には、カロリーベースないし穀物自給率が危機に備えた最重要指標であることを再認識させたと思われる。

## 7．飼料だけでなく種や労働力も考慮した自給率議論の必要性 —過度の外部依存は持続性のリスク—

　今回のコロナ・ショックは、自給率向上のための具体的課題の議論にも波紋を投げかけた。日本農業が海外からの研修生に支えられている現実、その方々

の来日がストップすることが野菜などを中心に農業生産を大きく減少させる危険が今回あぶり出された。メキシコ（米国西海岸）、カリブ諸国（米国東海岸）、アフリカ諸国（EU）、東欧（EU）などからの労働力に大きく依存する欧米ではもっと深刻である。

　新しい基本計画で出された食料国産率の議論においても、生産要素をどこまで考慮した自給率を考えるかがクローズアップされた。先述の通り、野菜の種子の9割が外国の圃場で生産されていることを考慮すると、自給率80％と思っていた野菜も種まで遡ると自給率8％（0.8×0.1）という衝撃的現実がある。コロナ・ショックで人の移動が制限されたことが、日本の種苗会社が海外圃場で委託生産している現場へ人員が派遣できなくなり、種の品質管理と供給に不安が生じている（https://news.yahoo.co.jp/articles/3c5d16049543c99dac76a1c1c7411eb000f76a3f）。

　同様に、農業労働力の海外依存度を考慮した自給率も考える必要が出てくる（九州大学磯田宏教授）。海外研修生の件は、その身分や待遇のあり方を含め、多くの課題を投げかけている。一時的な「出稼ぎ」的な受入れでなく、教育・医療・その他の社会福祉を含む待遇を充実させ、家族とともに長期に日本に滞在してもらえるような受入れ体制の検討も必要であろう。　新基本計画における飼料や種の海外依存度の議論とコロナ・ショックにより露呈した労働力と種の海外依存の問題が今後の不測の事態に備えた食料自給率の向上の具体的課題をさらに浮き彫りにした。

## 8．新基本計画は流れを変えられるか

　大手人材派遣会社のT会長がK県で、「なぜ、こんなところに人が住むのか、早く引っ越しなさい。こんなところに無理して住んで農業をするから、行政もやらなければならない。これを非効率というのだ。原野に戻せ」と言った。コロナ・ショックは、この方向性、すなわち、地域での暮らしを非効率として原野に戻し、東京や拠点都市に人口を集中させるのが効率的な社会のあり方として推進する方向性が間違っていたことを改めて認識させた。都市部の過密な暮らしは人々を蝕む。

　これからは、国民が日本全国の地域で豊かで健康的に暮らせる社会を取り戻さねばならない。そのためには、地域の基盤となる農林水産業が持続できることが不可欠だ。それは、小規模な家族農業を「淘汰」して、メガ・ギガファームが生き残ることでは実現できない。それでは地域コミュニティが維持できないし、地域の住民や国民に安全安心な食料を量的に確保することもできないことは我々の将来的な食料供給予測でも検証されている。

　すでに、メガ・ギガファームが生産拡大しても、廃業する農家の生産をカバーしきれず、総生産が減少する局面に突入している（表7－3）。今後、「今だけ、金だけ、自分だけ」のオトモダチ企業が儲かっても、多くの家族農業経営がこれ以上潰れたら、地域コミュニティを維持すること、国民に安全・安心な食料を、量的にも質的にも安定的に確保することは到底できない。

　表7－3では、コメの2015年の需要量を100としたとき国内供給は98で自給率は98％と読む。コメ生産は2030年には670万トンになり、稲作付農家数も半減し、地域コミュニティが存続できなくなる地域が続出する可能性がある（最

表7－3　大規模化政策だけでは食料供給も地域も維持できない

| 品目 | 年 | 需要 | | 供給 | | 自給率 | |
|---|---|---|---|---|---|---|---|
| | | 趨勢 | 自由化考慮 | 趨勢 | 自由化考慮 | 趨勢 | 自由化考慮 |
| コメ | 2015 | 100 | 100 | 98 | 98 | 98 | 98 |
| | 2035 | 62 | 62 | 79 | 76 | 127 | 123 |
| 野菜 | 2015 | 100 | 100 | 80 | 80 | 80 | 80 |
| | 2035 | 95 | 97 | 42 | 41 | 44 | 43 |
| 果物 | 2015 | 100 | 100 | 40 | 40 | 40 | 40 |
| | 2035 | 75 | 76 | 25 | 21 | 33 | 28 |
| 酪農 | 2015 | 100 | 100 | 62 | 62 | 62 | 62 |
| | 2035 | 94 | 95 | 28 | 27 | 30 | 28 |
| 牛肉 | 2015 | 100 | 100 | 40 | 40 | 40 | 40 |
| | 2035 | 86 | 92 | 18 | 15 | 21 | 16 |
| 豚肉 | 2015 | 100 | 100 | 51 | 51 | 51 | 51 |
| | 2035 | 131 | 132 | 20 | 15 | 15 | 11 |
| 鶏肉 | 2015 | 100 | 100 | 66 | 66 | 66 | 66 |
| | 2035 | 158 | 162 | 38 | 31 | 24 | 19 |

新の試算値は未公表だが、コメ供給の自由化考慮の2035年の76は66まで大幅に低下し、コメ供給減も加速する可能性が示唆されている）。一方、コメ消費は1人当たり消費の減少と人口減で2030年には600万トン程度になる。なんと、生産減少で地域社会の維持が心配されるのに、それでもコメは70万トンも「余る」。飼料米が重要となるが、牛豚肉の自給率は10％台に突入する危険があり、飼料米を作っても食べる側が激減したら、政策は破綻しかねない。

　こうした中で制定された2020年基本計画の農業構造展望が注目される。2015年計画と2020年計画のスライド（図7−2）を見比べると、一目瞭然なのは、2020年計画の図の右側と左側のうち、2015年計画では、右側がまったく同じで、左側がスッポリ抜け落ちていた。2015年計画は図の左側の「担い手」だけだったが、2020年計画には、農水省の一部部局の反対を抑えて「その他の多様な経営体」が右に加えられ、これらを一体として捉えていることが明瞭に読み取れる。あくまで「担い手」を中心としつつも、規模の大小を問わず、「半農半X」（半自給的な農業とやりたい仕事を両立させる生き方）なども含む多様な農業経営体を、地域を支える重要な経営体として一体的に捉える姿勢が復活した。

　このように、前回の2015年計画は、狭い意味での経済効率の追求に傾斜した大規模・企業化路線の推進が全体を覆うものとなったが、今回の2020年計画は、前々回の2010年計画のよかった点を復活し、長期的・総合的視点から、多様な農業経営の重要性をしっかりと位置付けて、揺れ戻し、ややバランスを回復し、復活した感がある。

　農水省のトップは交代したとはいえ、「官邸農政」が基本的に続く中で、省内の「抵抗勢力」（2015年計画を主導した部局が2020年計画では抵抗する立場に代わった）を抑えて、バランスのとれた基本計画がある程度復活したことは、よい意味で驚きであり、その尽力には敬意を表したい。

　しかし、見極めはこれからである。基本計画が「絵に描いた餅」では何の意味もない。基本計画の精神が本当に実際の政策に具体的に結実するかどうかである。すでに、これまで現場で頑張ってきた農林漁家を非効率な者として、強引に特定企業にビジネスを乗っ取らせることを促進するような法律がどんどんできてしまっている。これをまっとうな方向に引き戻し、自給率向上につなげ

図 7 － 2　基本計画2015年と2020年の比較

## 2015年　基本計画

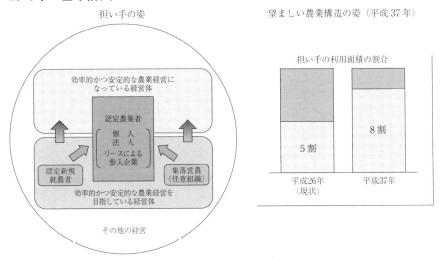

## 2020年　基本計画　望ましい農業構造の姿

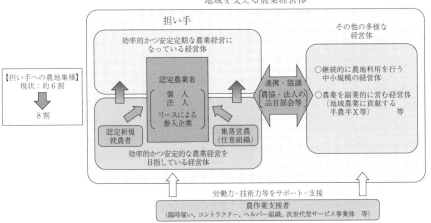

資料：農林水産省

られるか、「復活の基本計画」の真価が問われる。そのためには、食料自給率目標を達成していくための具体的な施策と工程表が詳細に示されるべきである。

## 9．欧米と比較した政策の相違

　農業を貿易自由化の生贄にしやすくするために、農業は過保護だというウソがメディアを通じて国民に刷り込まれてきた。保護をやめれば自給率が上がるかのような議論がある。日本農業が過保護だから自給率が下がった、耕作放棄が増えた、高齢化が進んだ、というのは間違いである。過保護なら、もっと所得が増えて生産が増えているはずだ。逆に、米国は競争力があるから輸出国になっているのではない。多い年には穀物輸出補助だけで1兆円も使う。コストは高くても、自給は当たり前、いかに増産して世界をコントロールするか、という徹底した食料戦略で輸出国になっている。つまり、一般に言われている「日本＝過保護で衰退、欧米＝競争で発展」というのは、むしろ逆である。

　だから、日本の農業が過保護だからTPPなどのショック療法で競争にさらせば強くなって輸出産業になるというのは、前提条件が間違っているから、そんなことをしたら、最後の砦まで失って、息の根を止められてしまいかねない。コロナ・ショックを機に、早くに関税撤廃したトウモロコシ、大豆の自給率が、0％、7％であることを、もう一度直視する必要がある。

　日本のように、農業政策を意図的に農家保護政策に矮小化して批判している場合ではない。客観的データで農業保護過保護論の間違いを国民が確認し、諸外国のように国民の命と地域の暮らしを守る真の安全保障政策としての食料の国家戦略を確立する必要がある。

　政府が価格を決めて農産物を買い取る遅れた農業保護国かのような指摘もあるが、価格支持政策をほぼ廃止したWTO加盟国一の哀れな「優等生」が日本で、他国は現場に必要なものはしたたかに死守している。しばしば、欧米は価格支持から直接支払いに転換した（「価格支持→直接支払い」と表現される）が、実際には、「価格支持＋直接支払い」の方が正確だ。つまり、価格支持政策と直接支払いとの併用によってそれぞれの利点を活用し、価格支持の水準を引き下げた分を、直接支払いに置き換えているのである。特に、EUは国民に理解

されやすいように、環境への配慮や地域振興の「名目」で理由付けを変更して
農業補助金総額を可能な限り維持する工夫を続けているが、「介入価格」によ
る価格支持も堅持していることは意外に見落とされている。

米加欧は穀物や乳製品を支持価格で買い入し援助や輸出に回す。特に米国は、
政府在庫の出口として、援助や輸出信用も活用している。多い年には、輸出信
用（焦げ付くのが明らかな相手国に米国政府が保証人になって食料を信用売りし、
結局、焦げ付いて米国政府が輸出代金を負担する仕組み）でも4,000億円、食料援
助（全額補助の究極の輸出補助金）で1,200億円も支出している。

これと、同じく、実質的な輸出補助金にあたる不足払いによる輸出穀物の差
額補填は、多い年では、コメ、トウモロコシ、小麦の3品目だけの合計で4,000
億円に達している。つまり、これらを足しただけでも、多い年には、約1兆円
の実質的輸出補助金を使って「需要創出」している。海外向けの需要創出だけ
で、これだけの予算を投入しているのは我が国（ほぼゼロ）とは比較にならな
い（表7-4）。

農業所得が補助金漬けかのような指摘もあるが、日本の農家の所得のうち補
助金の占める割合は3割程度なのに対して、EUの農業所得に占める補助金の
割合は英仏が90％以上、スイスではほぼ100％と、日本は先進国で最も低い。「所
得のほとんどが税金でまかなわれているのが産業といえるか」と思われるかも

表7-4 農業所得に占める補助金の割合（A）と農業生産額に対
する農業予算比率（B）

| | A | | | B |
|---|---|---|---|---|
| | 2006年 | 2012年 | 2013年 | 2012年 |
| 日　　本 | 15.6 | 38.2 | 30.2（2016） | 38.2 |
| 米　　国 | 26.4 | 42.5 | 35.2 | 75.4 |
| ス　イ　ス | 94.5 | 112.5 | 104.8 | － |
| フランス | 90.2 | 65.0 | 94.7 | 44.4 |
| ド　イ　ツ | － | 72.9 | 69.7 | 60.6 |
| 英　　国 | 95.2 | 81.9 | 90.5 | 63.2 |

資料：鈴木宣弘、磯田宏、飯國芳明、石井圭一による。
注：日本の漁業のAは18.4％、Bは14.9％（2015年）。「農業粗収益－支払経費＋補助金＝
　　所得」と定義するので、例えば、「販売100－経費110＋補助金20＝所得10」となる場合、
　　補助金÷所得＝20÷10＝200％となる。

表 7 - 5 1時間当たり所得の比較（円）

| 年 | 農畜産業 | 法定最低賃金 | 30人以上企業 | 女子非常勤<br>（10人以上企業） |
|---|---|---|---|---|
| 1980 | 489 | 532 | 1,608 | 492 |
| 1990 | 654 | 515 | 2,293 | 712 |
| 2000 | 604 | 657 | 2,472 | 889 |
| 2010 | 665 | 730 | 1,983 | 979 |
| 2017 | 961 | 848 | 1,981 | 1,074 |

出所：荏開津典生・鈴木宣弘『農業経済学 第5版』（岩波書店、2020年）

しれないが、命を守り、環境を守り、国土・国境を守っている産業を国民みんなで支えるのは欧米では当たり前なのである。それが当たり前でないのが日本である。

こうした状況だから、日本の農家の所得を時給に換算すると平均で961円にしかならない（表7-5）。これでは後継者の確保は困難と言わざるを得ない。

## 10. 国民全体で自分たちの命と暮らしを守る

国の政策を改善する努力は不可欠だが、それ以上に重要なことは、自分たちの力で自分たちの命と暮らしを守る強固なネットワークをつくることである。

国産牛乳供給が滞りかねない危機に直面して、乳業メーカーも動いた。J-milk を通じて各社が共同拠出して産業全体の長期的持続のために個別の利益を排除して酪農生産基盤確保の支援事業を開始した。乳業界は心強い。新しい酪肉近の生乳生産目標の設定にあたり、業界から800万トンという意欲的な数字を提示し、「800万トンを必ず買います」と力強く宣言している。さらに、具体的にどうやって800万トンに近づけていくかの行動計画も提言「力強く成長し信頼される持続可能な産業をめざして」（https://www.j-milk.jp/news/teigen2020.html）で示しており、本来、国が提示すべきことを自分たちでやっていこうという強い意思が感じられる。酪農家とともに頑張る覚悟を乳業界が明確にしていることは励みになる。生産者と関連産業と消費者は「運命共同体」である。

日本の生産者は、自分達こそが国民の命を守ってきたし、これからも守ると

の自覚と誇りと覚悟を持ち、そのことをもっと明確に伝え、消費者との双方向ネットワークを強化して、地域を食いものにしようとする人を跳ね返し、安くても不安な食料の侵入を排除し、自身の経営と地域の暮らしと国民の命を守らねばならない。消費者はそれに応えてほしい。それこそが強い農林水産業である。

消費者も目覚めるときだ。ネットなどのコメントでも、コロナ禍の中で、これを機に生産者とともに自分たちの食と暮らしを守っていこうという機運が高まってきていることがうかがえる。「国内の農家を守ってこそ、日本の家庭は守られます。農民の作った食べ物を食べて人間は生きている。農民が人間を生かしている。農民の生活を保障すると人間の命も保証できる。今は農民の生活が保障されていない」

消費者は単なる消費者でなく、国民全体がもっと食料生産に直接かかわるべきだ。自分たちの食料を確保するために、地域で踏ん張っている多様な農林漁家との双方向ネットワークを強化しよう。地域の伝統的な種もみんなで守ろう。リモートで仕事をするようになったのを機に、半農半Xで、自分も農業をやろう。農業生産を手伝おう。いざというときには、みんなの所得がきちんと支えられる安全弁（セーフティ・ネット）政策もみんなで提案して構築しよう。みんなの命と暮らしと環境を守る食と農はみんなで支えるものである。

国民の命を守り、国土を守るには、どんなときにも安全・安心な食料を安定的に国民に供給できること、それを支える自国の農林水産業が持続できることが不可欠であり、まさに、「農は国の本なり」、国家安全保障の要（かなめ）である。そのために、国民全体で農林水産業を支え、食料自給率を高く維持するのは、世界の常識である。食料自給は独立国家の最低条件である。

〔2020年12月1日 記〕

# 第8章　輸出偏重農政の功罪
## ―5兆円目標の妥当性を評価する―

作山　巧

## 1.　はじめに

　2012年末に発足した第2次安倍政権以降の農業政策は、農林水産物の輸出促進に傾倒してきた。例えば、2013年6月には、「2020年に農林水産物・食品の輸出額を1兆円」とする目標が設定された。その後、期限が2019年に前倒しされたこの目標は未達だったが、2020年3月には、「2030年までに農林水産物・食品の輸出額を5兆円」とする目標が設定された。同年4月には、農林水産物・食品輸出促進法が施行され、農水省内に農林水産物・食品輸出本部が設置された。9月の菅内閣の発足時に決定された「基本方針」では、農政に関する唯一の分野として「農産品の輸出促進」が明記された。また、2015年のTPP関連対策を契機に、輸出促進関連の予算も充実が図られてきた。さらに、農水省は、2021年度の「輸出・国際局」（仮称）の創設を決定した。このように、政策、予算、組織を含むあらゆる面で輸出偏重が際立っている。

　2020年3月に決定された「食料・農業・農村基本計画」では、「輸出拡大の目的は、海外への販路の拡大を通じて農林漁業者の所得向上を図ること」（農林水産省〔9〕、傍点は筆者）とされている。また、同年10月の関係閣僚会議で菅首相は、「農林水産業の成長産業化、なかでも、農産品の輸出拡大によって地方の所得を上げることは、政府の成長戦略、地方創生の重点課題として挙げて取り組んできました。その結果として、8年前の政権交代当時は年間輸出額が約4,500億円でありましたけれども、昨年は9,000億円と倍増いたしました」（首相官邸〔6〕、傍点は筆者）と述べている。しかし、最近の農林水産物の輸出額の増加は輸出促進策によるものなのか、また、それがどれほど農林漁業者の

所得向上につながっているのかについて、政府は証拠を何も示していない。

　本章の目的は、最近の輸出額増加の要因とその農林漁業者の所得への寄与を検証することによって、新たな5兆円目標の妥当性を評価することである。5兆円目標の達成期限は2030年という未来の事象で、その成否は誰にも分からない。他方で、最近の輸出額増加の要因やその農林漁業者の所得への寄与は過去の事象で、適切な分析を行えば一定の証拠が得られる。このため、仮に最近輸出増加が政府の輸出促進策に起因するものでなく、農林漁業者の所得への寄与もわずかであれば、たとえ5兆円目標が達成されたとしても、政策としての意義は乏しい。政府は、政策目的を明確化した上で合理的根拠に基づいて政策を企画する「証拠に基づく政策立案」（EBPM：Evidence-Based Policy Making）を推進しているが、輸出促進策を巡ってはそれが欠如している。本章では、利用可能な証拠に基づいて5兆円目標を検証する。

　本章の構成は、以下のとおりである。次節では、輸入額と対比しつつ、農林水産物輸出額の推移を概観する。第3節では、農林水産物輸出額の変動要因を分析することによって、政府の輸出促進策の効果を検証する。第4節では、輸出目標の対象とされている農林水産物の分類や内訳を分析することによって、農林漁業者所得への寄与について検証する。第5節では、本章の結論を述べる。なお、政府は輸出目標の対象を「農林水産物・食品」としているが、その内訳は農産物、林産物、水産物で「食品」という区分はないことから、本章ではそれを「農林水産物」と呼ぶ。また、本章の分析対象は、輸出目標との関係から原則として農林水産物とするが、紙幅の制約から、第4節の後半では農産物に限定する。更に、加工食品やその原材料となる調製品以外の未加工の農産物を「一次農産物」と呼ぶ。

## 2．輸出額の動向

　本節では、輸入額と対比しつつ、農林水産物輸出額の推移を概観する。

　図8−1には、農林水産物の輸出入額の推移を示した。2019年の輸出額は0.9兆円なのに対して、輸入額は9.5兆円でその10倍もある。また、「輸入額−輸出額」で得られる純輸入額も長期的に増加しており、2019年では8.6兆円となっている。

図8-1　農林水産物の輸出入額の推移

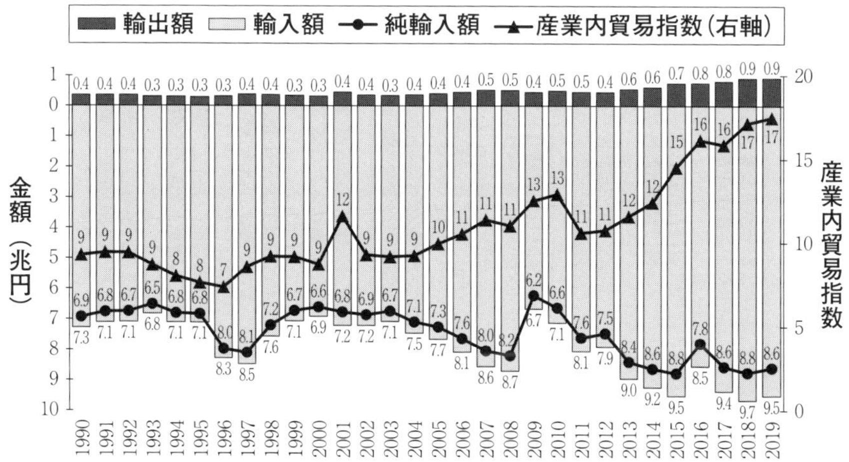

凡例：■ 輸出額　□ 輸入額　—●— 純輸入額　—▲— 産業内貿易指数（右軸）

（縦軸左：金額（兆円）、縦軸右：産業内貿易指数、横軸：1990～2019年）

資料：農林水産省〔11〕〔12〕を基に筆者作成。

このように、絶対額で見ると日本の輸入依存は強まっている。他方で、比率で見ると景色はやや異なる。具体的には、農林水産業のような同一部門内での輸出入は「産業内貿易」と呼ばれ、産業内貿易指数は「1−〔｜輸出額−輸入額｜÷（輸出額＋輸入額）〕×100」と定義される。この指数は、輸出額と輸入額が同額なら100、輸出額と輸入額のどちらかが皆無なら0となることから、農林水産業内での輸出入のバランスを示す指標である。図8-1によれば、1990年代には一桁だった産業内貿易指数は、2000年代半ばから増加に転じ、2010年代に入って急上昇している。つまり、産業内貿易指数を用いた比率で見れば、日本は輸入一辺倒から輸出もする国へと変化しつつある。

　次に、図8-2に示したのは農林水産物輸出額の推移で、菅首相がいうように、2012年の4,497億円から2019年には9,121億円へと倍増した。まず図表の上には、農産物を加工食品、畜産品、穀物等、野菜・果実等、その他農産物に分けた上で、品目別内訳の推移を示した。最近の輸出増加の主因は加工食品で、その輸出額は、2012年から2019年の間に1,305億円から3,271億円へと2.5倍に増加し、農林水産物輸出額に占める割合も29％から36％に上昇した。他方で図表の下には、相手先別内訳の推移を示した。輸出額が最大なのは一貫して香港で、

図8－2　農林水産物輸出額の内訳の推移

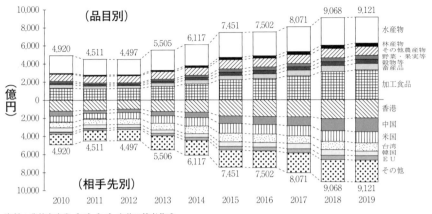

資料：農林水産省〔13〕〔14〕を基に筆者作成。

2018年以降はそれまでの米国に代わって中国が2位となっている。その他にも、台湾、韓国等への輸出額も多く、農林水産物輸出額に占めるアジア諸国の割合は、一貫して7割以上となっている。

　最後に、脱稿後に公表された2020年の動向を付記する。2020年の農林水産物の輸出額は9,223億円で、前年に比べて1.1％増加した。これを品目別に見ると、農産物は、加工食品を中心に図8－2の全ての類型で増加し、合計では対前年比12％の増の6,565億円となった。また林産物は、対前年比3％増の381億円であった。これに対して水産物は、真珠、ホタテ貝、ぶりといった品目の減少によって、対前年比21％減の2,277億円となった。このように、輸出額は前年から増加しており、新型コロナウイルス感染症の世界的な蔓延の影響は比較的軽微だったと言えよう。他方で、「2020年度に1兆円」という元々の目標は達成されておらず、過去3年間の輸出額は伸び悩んでいる。

## 3．輸出増加の要因と政策効果
　本節では、農林水産物輸出額の変動要因を分析することによって、政府の輸出促進策の効果を検証する。
　図8－3には、1990年から2019年の30年間を対象に、日本の農林水産物輸出

図 8 - 3　農林水産物輸出額の変動要因

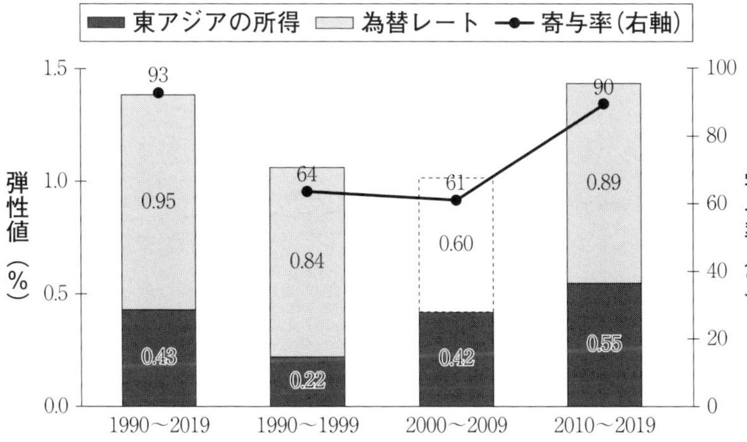

資料：世界銀行〔7〕、総務省〔8〕、農林水産省〔11〕を基に筆者作成。

額の変動要因に関する分析結果を示した。その手法として、国レベルの輸入需要の主な規定要因は、財の相対価格と輸入国の所得であることから、「日本の農林水産物輸出額」（農林水産省〔11〕）を従属変数、「日本円の対ドル為替レート（インターバンク相場のスポット・レート）」（総務省〔8〕）と「日本以外の東アジアの名目 GDP」（世界銀行〔7〕）を独立変数とし、それらを対数変換して回帰式を推計した[1]。その上で、為替レートと東アジアの所得が 1 ％変化した際の農林水産物輸出額の変化率（弾性値）を積み上げ棒グラフで示した。また、回帰式の（自由度修正済み）決定係数は、輸出額の変動のうち為替レートと東アジアの所得で説明される割合であることから、それに100をかけた値を 2 つの独立変数の寄与率としてマーカー付き折れ線グラフで示した。

　図 8 - 3 から得られる知見は次の 2 点である。第 1 に、1990年以降の30年間では、為替レートと東アジアの所得は 1 ％水準で統計的に有意で、その数値が 1 ％増加すると、輸出額はそれぞれ0.95％、0.43％増加する。また、この期間の両変数の寄与率は93％で、輸出額の変動の 9 割以上が為替レートと東アジアの所得で説明できる。第 2 に、10年毎の年代別に見ると、東アジアの所得は、全ての年代において 5 ％水準で統計的に有意なのに対して、為替レートは、

2000年代のみ5％水準で統計的に有意でない（このため白抜きで示した）。また、両変数の寄与率は、為替レートと東アジアの所得が共に統計的に有意な1990年代と2010年代は、それぞれ64％、90％と高いのに対し、為替レートが統計的に有意でない2000年代は61％と相対的に低くなっている。

　以上の分析から、冒頭で紹介した菅首相の発言の問題点が見えてくる。まず、2010年代における農林水産物輸出額の変動の9割以上は、為替レートと東アジアの所得という外生的な要因に起因し、その他の要因は1割未満である。また、2010年代の農林水産物輸出額の大幅な伸びは、為替レートと東アジアの所得への感応度（弾性値）が特に後者で大きく上昇した結果である。つまり、菅首相が誇示した2010年代の農林水産物輸出額の倍増は、大半が為替レートの減価（つまり円安）と東アジアの所得増加という他律的な要因によるもので、政府の輸出促進策の因果効果であるかのように主張するのは根拠が乏しい。

## 4．農林漁業者の所得への寄与

　本節では、輸出目標の対象とされている農林水産物の分類や内訳を分析することによって、農林漁業者の所得への寄与について検証する。

　ここでの問題は、輸出目標の対象である農林水産物の範囲が、主に農水省の所管品目という理由で設定されていることによる[2]。例えば、牛肉やりんごのような一次農産物であれば、輸出の農業者所得への寄与は自明である。他方で、より輸出額が多いアルコール飲料のような加工食品の場合には、その生産者は主に食品企業であり、その原材料には輸入品も含まれている。このため、輸入原材料を用いた加工食品の輸出が増加すると、その原材料である農林水産物の輸入も増加し、競合する国内生産を圧迫することになる。例えば、産業連関表を用いて農林水産物輸出の品目別の波及効果を分析した鎌田ら〔1〕によれば、麦類を原材料として使った製品の都府県からの輸出は、それによる生産誘発効果の15倍もの輸入を誘発する。このように、加工食品の輸出増加は、農林漁業者の所得増加に寄与しないだけでなく、それを阻害することもありえる。

　この点を踏まえて、まず、農林水産物の分類に伴う問題を検討する。図8－4の左図には、農水省の分類に基づく2018年の農林水産物の輸出額割合を示し

図8-4　農林水産物の輸出額割合（2018年）

農水省の分類（品目別）

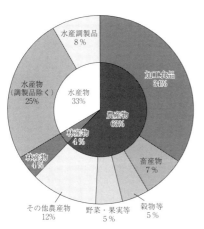

財務省の分類（部別）

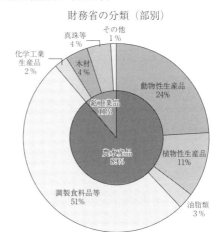

資料：農林水産省〔13〕、山田〔15〕を基に筆者作成。

た。ただし、貿易品目の公式な分類は、「商品の名称及び分類についての統一システムに関する国際条約」（HS条約）に依拠した財務省の実行関税率表（財務省〔3〕）に示されている。同表によれば、日本の貿易品目は9桁ベースで9,000を超える関税番号に分かれており、上位2桁で設定される「類」の区分では、1～24類が農水産品、25～97類が鉱工業品とされる。さらに、複数の類をまとめた「部」では、1～5類が1部の「動物及び動物性生産品」（「動物性生産品」と略称）、6～14類が2部の「植物性生産品」、15類が3部の「動物性又は植物性の油脂及びその分解生産物、調製食用脂並びに動物性又は植物性のろう」（「油脂類」と略称）、16～24類が4部の「調製食料品、飲料、アルコール、食酢、たばこ及び製造たばこ代用品」（「調製食料品等」と略称）となっている。

　このため、図8-4の右図では、2018年の農林水産物の輸出額割合を、財務省の実行関税率表に基づく部別に集計した。これによれば、農林水産物のうち1～4部の農水産品に該当するのは約9割で、残りの約1割を占める木材や真珠等は、国際的な分類では鉱工業品である。次に、農水産品の内訳を見ると、加工食品やその原材料である調製食料品等が51％を占める。これに対して、農

水省の分類である左図では、農産物の一部である加工食品が輸出総額に占める割合は34％とより少ないものの、加工食品に含まれる具体的な細目は公表されていない。つまり、左図の水産物や畜産物等にも、実際には加工食品の原材料が多く含まれており、農水省の分類は、加工食品を少なく見せる一方で、一次農産物を多く見せる効果がある。

　次に、農林水産物の品目の集計単位をめぐる問題について検討する。農水省の輸出実績（農林水産省〔13〕）では、輸出額が多い品目としてアルコール飲料、ソース混合調味料等が挙げられるが、これらは必ずしも単一の品目とは限らず、その集計方法は恣意的である。例えば、2018年に輸出実績があるアルコール飲料には、9桁ベースで25品目が含まれる。つまり、実行関税率表やそれに基づく貿易統計での品目分類の最小単位は9桁で、本来であれば2桁（類）、4桁（項）、6桁（号）、9桁といった関税番号の括りを揃えた数値を公表すべきである。そこで表8－1には、品目の括りを9桁ベースで揃えた上で、2018年の農産物輸出額の上位10品目を示した。

　表8－1から、3つの問題点が指摘できる。第1に、10品目のうち9品目は、関税分類上の4部に属する調製食料品等で、農林漁業者の所得に直結する一次農産物は8位のりんごのみである。第2に、品目名が明らかな3位の清酒、5位の紙巻たばこ、6位のウイスキー、9位のビールには、輸入原材料が用いられている。例えば、紙巻たばこの原料となる国産葉たばこの割合は、2014年度で25％に過ぎない（財務省〔4〕）。第3に、輸入額の1位、2位、4位、7位の品目は、6桁でも9桁でも「その他のもの」で、具体的な内容物は誰にも分からない。輸出品の関税番号は、輸出業者の申告を税関が承認して決まるが、どれにも当てはまらない雑多な品目を収録するのが「バスケット」と呼ばれる「その他のもの」という分類である（山田〔15〕）。これら4品目の輸出額は1,438億円にも達し、農林水産物輸出額の16％を占めるが、内容物が分からない以上、その国産割合も輸出が多い理由も不明である。

## 5．結論

　本章の分析から、政府の輸出促進策は EBPM と対極にあることが明らかに

表8-1 農産物輸出額の上位10品目（2018年）

| 順位 | 関税番号 | 輸出額（億円） | 関税分類 | | | |
|---|---|---|---|---|---|---|
| | | | 2桁 | 4桁 | 6桁 | 9桁 |
| 1 | 2106.90-900 | 798 (8.8) | 各種の調製食料品 | 調製食料品 | その他のもの | その他のもの |
| 2 | 1905.90-900 | 300 (3.3) | 穀物、穀粉、でん粉又はミルクの調製品及びベーカリー製品 | パン、ペーストリー、ケーキ、ビスケットその他のベーカリー製品及び聖さん用ウエハー、医療用に適するオブラート、シーリングウエハー、ライスペーパーその他これらに類する物品 | その他のもの | その他のもの |
| 3 | 2206.00-200 | 222 (2.5) | 飲料、アルコール及び食酢 | | その他の発酵酒並びに発酵酒とアルコールを含有しない飲料との混合物及び発酵酒の混合物 | 清酒 |
| 4 | 2103.90-900 | 194 (2.1) | 各種の調製食料品 | ソース、ソース用の調製品、混合調味料、マスタードの粉及びミール並びに調製したマスタード | その他のもの | その他のもの |
| 5 | 2402.20-000 | 160 (1.8) | たばこ及び製造たばこ代用品 | 葉巻たばこ、シェルート、シガリロ及び紙巻たばこ | 紙巻たばこ | |
| 6 | 2208.30-000 | 150 (1.7) | 飲料、アルコール及び食酢 | エチルアルコール及び蒸留酒、リキュールその他のアルコール飲料 | ウイスキー | |
| 7 | 2202.99-090 | 146 (1.6) | 飲料、アルコール及び食酢 | 水その他のアルコールを含有しない飲料 | その他のもの | その他のもの |
| 8 | 0808.10-000 | 140 (1.5) | 食用の果実及びナット、かんきつ類の果皮並びにメロンの皮 | りんご、梨及びマルメロ | りんご | |
| 9 | 2203.00-000 | 129 (1.4) | 飲料、アルコール及び食酢 | | ビール | |
| 10 | 2104.10-000 | 115 (1.3) | 各種の調製食料品 | スープ、ブロス、スープ用又はブロス用の調製品及び均質混合調製食料品 | スープ、ブロス及びスープ用又はブロス用の調製品 | |

資料：財務省〔2〕〔3〕、農林水産省〔10〕を基に筆者作成。
注：輸出額の欄のカッコ内は、農林水産物輸出額に占める各品目の割合（％）である。

なった。まず、農林水産物輸出額の変動要因に関する分析によれば、最近の輸出額の増加は、主に円安や東アジアの所得の増加という他律的な要因によるもので、輸出促進策の効果とはいいがたい。また、農林水産物の分類や集計単位に関する分析によれば、農林水産物の輸出額の過半は加工食品や調製品であることに加えて、農産物輸出額上位10品目のうち4品目は内容物が不明、他の4品目はアルコール飲料やたばこで、農林漁業者の所得向上への寄与は疑わしい。牛肉やりんごといった一次農産物の輸出が農業者の所得向上に果たす意義はある。しかし、こうした知見を踏まえれば、1兆円目標の効果や未達成に終わった要因を示さずに、5兆円という数字のみを追う空虚さは明らかであろう。

　現行の輸出促進策の最大の問題は、「農林漁業者の所得向上」という目的と、5兆円目標を含む指標とのずれにある。本来の目的を踏まえれば、輸出目標の対象は一次農産物と国産の原材料を用いた加工食品に限定すべきである。他方で、広範な加工食品を輸出目標に加えるのであれば、その輸出増加が農林漁業者の所得向上に寄与するとの証拠を示すべきで、それは鎌田ら〔1〕のように産業連関分析によって十分に可能である。2020年の「基本計画」で、食料自給率に関して5種類の目標が設定されたことに倣って、複数の輸出目標を設定することも一案であろう（作山〔5〕）。そうした冷静な検討を阻んでいるのが、輸出が「スガ案件」と化していることである。政治主導とEBPMは緊張関係にあり、輸出促進策はEBPMが飾り物に過ぎないのかを示す試金石である。

## 注

1）日本の農林水産物輸出額（億円）を $Z_t$、日本円の対ドル為替レート（円／ドル）を $X_t$、日本以外の東アジアの名目GDP（兆ドル）を $Y_t$、暦年の添え字をtとすると、回帰式は $\log Z_t = a + \beta \log X_{t-1} + \gamma \log Y_{t-1} + \varepsilon_t$ であり、$\beta$ と $\gamma$ は、為替レートと東アジアのGDPが1％変化した際の農林水産物輸出額の変化率（弾性値）となる。また、輸出促進策を独立変数に加えることは困難であることから、寄与率の残差をその効果の最大値と解釈した。なお、これらの変数はトレンドを持つことからより精緻な分析が必要で、今後の課題としたい。

2）アルコール飲料とたばこは財務省の所管で、以前は農林水産物の輸出実績の対象外だったが、2009年7月から真珠と共に実績に加えられた。

## 引用文献

〔1〕 鎌田譲・吉本諭・近藤巧・高津朱里「農林水産業・食品産業の輸出が都府県・北海道に及ぼす効果の地域間産業連関分析：2011年産業連関表を用いて」『北海道大学大学院農学研究院邦文紀要』第37巻、1～22ページ

〔2〕 財務省「貿易統計」

〔3〕 財務省「実行関税率表」

〔4〕 財務省「たばこ産業を取り巻く状況」『財政制度等審議会たばこ事業等分科会（第29回）配付資料』（2015年5月29日）

〔5〕 作山巧「農林水産物・食品の輸出促進：前面に出た五兆円目標を検証する」『農村と都市をむすぶ』第70巻第6号、61～70ページ

〔6〕 首相官邸「農林水産物・食品の輸出拡大のための輸入国規制への対応等に関する関係閣僚会議」（2020年10月1日）

〔7〕 世界銀行「World Development Indicators」

〔8〕 総務省「日本統計年鑑」各年版

〔9〕 農林水産省「食料・農業・農村基本計画」（2020年3月31日）

〔10〕 農林水産省「農林水産物の対象範囲」（https://www.maff.go.jp/j/tokei/kouhyou/kokusai/attach/pdf/index-38.pdf）

〔11〕 農林水産省「輸出累年実績」（https://www.maff.go.jp/j/kokusai/kokusei/kaigai_nogyo/k_boeki_tokei/ex_ruinen.html）

〔12〕 農林水産省「輸入累年実績」（https://www.maff.go.jp/j/kokusai/kokusei/kaigai_nogyo/k_boeki_tokei/im_ruinen.html）

〔13〕 農林水産省「農林水産物・食品の輸出実績（品目別）」各年版

〔14〕 農林水産省「農林水産物・食品の輸出実績（国・地域別）」各年版

〔15〕 山田優「農林物輸出『その他のその他』が品目1位のナゾ」『東洋経済オンライン』（2019年4月19日）

〔2020年11月30日　記〕

# 第9章　基本計画における農業政策の批判的検討
## ―構造政策に焦点を当てて―

安 藤 光 義

## 1.　はじめに

　今回の基本計画は「中小・家族経営の重視」という視点が打ち出されたという下馬評があるが、果たしてそれは本当なのか。基本計画の路線転換は本物なのか。農政の潮目は変わったのか。

　ここでは基本計画の中の「農業の持続的な発展に関する施策」の内容を中心に、構造政策に焦点を当てた検討を行う。結論をあらかじめ示せば、文面を読む限り、残念ながら担い手重視という路線に変化はみられないということになる。

　基本計画の方針を記した「第1　食料、農業及び農村に関する施策についての基本的な方針」の「2.　施策の推進に当たっての基本的な視点」の「(3)農業の持続可能性確保に向けた人材の育成・確保と生産基盤の強化に向けた施策の展開」には次のように記されている。

　「農業者の大幅な減少等により、農業の持続性が損なわれる地域が発生する事態が懸念されることから、これを防ぎ、我が国農業が成長産業として発展していくためには、効率的かつ安定的な農業経営が農業生産の相当部分を担う農業構造を確立することが重要である。人・農地プランによる地域農業の点検の加速化と各種施策の一体的な実施による効率的かつ安定的な経営を目指す経営体を含む「担い手」の育成・確保と農地中間管理機構を通じた農地の集積・集約化、また、そのための農業生産基盤整備の効果的な推進が喫緊の課題である。さらに次世代の担い手への農地をはじめとする経営基盤の円滑な継承が必要である」（下線は引用者による）

　このパラグラフのなかに「効率的かつ安定的な農業経営」という言葉が2回も出てくることは、担い手重視が基本路線であることを端的に示している。担い手の育成・確保のために農地の集積・集約化と基盤整備を進めるという施策は数十年前から実施されてきたものであり、それに変化は見られない。ただし、経営継承が真正面から取り上げられた点は大きな進歩であり、高く評価することができる。

## 2．中小・家族経営に対する具体的な施策は何か

　これは「はじめに」の最初に指摘した問題である。基本計画で「中小・家族経営など多様な経営体」が言及された点は大きな変化ではあるが、具体的にどのような施策が用意されるのだろうか。文面を読む限りだが、残念ながら「これぞ」というものを見つけることはできなかった。もっとも私が見落としている可能性もある。誤りがあればご容赦願いたい。

　基本計画における中小・家族経営に対する対応は「産地単位で連携・協働し、統一的な販売戦略や共同販売を通じて持続的に農業生産を行う」（『基本計画』39頁、以下では引用頁のみを記す）というものであり、農業協同組合を通じた産地の再編や梃入れを図ることくらいしか考えられない。野菜・果実の産地の園芸農家はこれでよいのかもしれないが、中小・家族経営の多くを占める稲作農家に対してはどのような施策が講じられるのかについては、基本計画には記されていない。

　「地域社会の維持に重要な役割を果たしている実態に鑑み」（42頁）という認識は正しいが、それに続くのは「生産基盤の強化に取り組むとともに、品目別対策や多面的機能支払制度、中山間地域等直接支払制度等、産業政策と地域政策の両面から支援を行う」（42頁）という一文だけで、中小・家族経営を直接的な対象とする施策は記されていないのである。また、「生産基盤の強化」の意味する内容も漠然としており、これが通常の「農業生産基盤整備」だとすれば新しい支援とは言えない。国土強靭化計画に乗って農業土木予算を獲得したいということなのだろうか。さらに「多面的機能支払制度、中山間地域等直接支払制度」に至っては既存の施策にすぎないし、そもそも両者は農村政策の範

疇ではないか。繰り返しなるが、基本計画における中小・家族経営を対象とした施策とはいったい何なのだろう。

　ここから少し頁をめくると、「①肉用牛・酪農の生産拡大など畜産の競争力強化」の「ア．生産基盤の強化」のところに「中小・家族経営の経営資源の継承」(47頁)が記されているのが1つの発見ではある。これを読み込めば、中小・家族経営については規模拡大を要件とはせず、現状維持であっても経営継承支援の対象とするということになるからである。しかし、それ以外には明確な支援施策を見つけることはできなかった。

　基本計画の文面を読む限りだが、中小・家族経営はやはり政策の対象ではないと言わざるを得ないのである。もし、どうしても評価しなければならないとすれば、基本計画に「書き込んだ」ことそれ自体なのだろう。これを根拠とした施策の立案と予算獲得について農林水産省の今後の頑張りに期待したいところである。

## 3．農地保全に対する危機意識はあっても具体的な施策はない

　担い手の減少が進むなか、農地保全も限界を迎えているという危機意識が基本計画にはあらわれていたように思う。

　「ア．担い手への重点的な支援の実施」では「既存経営基盤では現状以上の農地引受けが困難な担い手も現れている」(39頁)という記述がある。実際に平地農業地域でも、担い手が経営を廃止した場合、残っている担い手がその農地を引き受け切れないケースがみられるようになってきた。中山間地域ではそもそも担い手がいない地域が広がっている。こうした事態に対して効率的かつ安定的な農業経営への農地集積・集約化の推進は意味をなさないのである。

　それではどのような対策を講じればよいのか。だが、基本計画には「地域の農業生産の維持への貢献という観点で、このような担い手への支援の在り方についても検討する」(40頁)とあるだけで具体的な施策は示されていない。農地保全に対して直接支払制度を行うのであれば話は分かりやすいが、そうした展望につながるようなものは影も形もない[1]。中山間地域の農地保全は中小・家族経営によって担われているのだが、具体的な施策はなく、政策的な支援は

期待薄と言わざるを得ない。「検討はしたが財源がなく難しかった」というのが結論なのだろうか。かつての戸別所得補償制度も財源がなく、土地改良事業予算から何とか捻出したような状況だったので、省内での調整はつかないのだろう。「支援の在り方を検討する」は本当に「検討」だけで終わり、中小・家族経営の重視は掛け声だけとなる可能性が高いのである。

　「オ．企業の参入」では「特に担い手が不足している地域においては農地の受け皿として期待される」（42頁）とあり、企業参入に最後の期待を寄せているようだが、農業に参入した企業が担う農地面積は僅かに過ぎず、農地保全の担い手にはなっていないとみるのが妥当ではないか[2]。儲からない農業に参入してくるような営利企業などないことは誰でも分かると思うが、何とかなると思っている人たちが農林水産省の外にいるということなのだろう。そして、そうした意向に農林水産省は抗し切れないのかもしれない。

　本題から話が逸れたが、その結果、「②荒廃農地の発生防止・解消、農地転用許可制度の適切な運用」で「荒廃農地の発生要因や地域、解消状況を詳細に調査・分析するとともに、有機農業や放牧・飼料生産など多様な農地利用方策とそれを実施する仕組みの在り方」（44頁）を総合的に検討し、必要な施策を実施するということになるのだろう。放牧などの粗放的な土地利用への転換を推進していくということだが、これは耕作農地からの撤退を意味する。基本計画に明記されてはいないが、「農地保全からの撤退」も課題として取り上げるというメッセージを読み込むことができるようにも思う。

## 4．認定農業者制度を使いこなしているか
### ―構造展望の貴重な資料としての活用を望む―

　これは基本計画の問題というより、その検討過程に問題はなかったかという指摘である。

　基本計画の参考資料である「農業経営の展望」は「他産業並みの所得を目指し、新技術等を導入した省力的かつ生産性の高い経営モデルを、主な営農類型・地域について例示的に」示し、「都道府県・市町村が作成している農業経営基盤強化促進法に基づく基本方針・基本構想における農業経営の基本的指標

等を作成・見直しする際に、各地域の実態に応じて参考となるように提示」（25
頁）するものである。農業経営基盤強化促進法を根拠に、都道府県・市町村を
通じて効率的かつ安定的な農業経営を育成・確保していく、すなわち、認定農
業者制度を活用していくという方針は間違っていない。だが、今回の基本計画
の検討に際して、認定農業者制度に関わる業務統計等を十分活用したのだろう
か。この点については疑問が残る。

　認定農業者になろうとする者は農業経営改善計画を提出して市町村の認定を
受けなければならない。この農業経営改善計画には現在の経営面積と目標とす
る経営面積が記載されている。当然、これらはデータベースとなって市町村・
都道府県は把握していなければならないし、最終的には農林水産省に集約され、
全国レベルのデータベースが構築されていなければならない。実際、それに類
するデータベースがあるので、現在の担い手への農地集積率は6割という数字
をはじき出すことができているのだと考える。

　そこで農林水産省に確認したいのは、農業経営改善計画に記載されている目
標とする経営面積を市町村レベルで集計し、それを積み上げて都道府県レベル
および全国レベル数字を算出したかどうかである。この数字は果たしてどれく
らいの面積になるのだろうか。この数字を使えば将来的に認定農業者が担うこ
とのできる農地面積は容易に推測できるはずだし、担い手への農地集積8割と
いう目標が本当に実現可能かどうかも簡単に判定できるはずである。農林水産
省のHP上に公開されている会議資料を確認する限り、そうした検討は行われ
なかったようだ。もっとも、制定から30年近くが経過したが、農業経営基盤強
化促進法の業務統計の活用は専ら認定農業者の「数」だけで、このような形で
の戦略的な活用をした経験はないのだから仕方がないのかもしれない。

　認定農業者は「他産業並みの所得」の実現を目標としており、必ずしも農地
保全の担い手とはならない可能性がある。収益性の高い施設園芸や養豚、養鶏
などの施設型畜産が担う農地面積は大きくはないからである[3]。それゆえ、認
定農業者制度を評価する場合、「数」だけでなく、彼らが担う経営面積も重要
なのである。認定農業者の経営面積を把握していなければ、基本方針・基本構
想に記されている効率的かつ安定的な農業経営への農地集積率という数値目標

を管理することはできない。担当部署は何をしていたのだろうか。

　今後、「農業経営の展望」で示された経営モデルを参考にして都道府県・市町村で目標とすべき営農類型が示されることになる。その際、地域の実情を鑑みながら各営農類型の農業経営をいくつ育成・確保するのか示し、担い手への農地集積率がそれと整合的（各営農類型の農業経営の数に経営面積を乗じたものを合計すれば担い手への農地集積面積となる）なものとなるような基本方針・基本計画の策定を都道府県と市町村にはお願いしたい。農業経営基盤強化促進法に則って構造政策を推進するにはこの作業が欠かせない。構造政策の進捗管理のツールとして認定農業者制度を活用してはどうかというのが筆者からの提案である[4]。

　最後は蛇足の確認となる。「農業経営の展望」では「ライフスタイルや地域の活性化等に寄与する取組事例」（49〜54頁）が示された。中小・家族経営も重要というメッセージと理解したが、これらは効率的かつ安定的な農業経営の外枠であり、その経営面積は農地集積率8割の中には含まれないという理解で間違いないか。担い手の定義を曖昧にし、その集積面積を嵩上げするといったことはしないと農林水産省を信じているが、数年後の検証に備えて、念のためここに記しておく。

## 5．人・農地プランの実質化の実際
### ―現場での連携関係の構築が課題―

　基本計画では人・農地プランの実質化の推進を大きな課題として掲げている。2020年3月初めに、北関東のある県を訪ねた時の状況を簡単に紹介することにしたい。

　この県は農業委員と農地利用最適化推進委員を合計すると以前に1.4倍の人数になったとのことである。人・農地プランの実質化に向けて、2018年4月から実態把握調査を始めており、3年間を目途に全筆調査を行う予定である。当初は農家からの申告方式であったが、十分な情報を得ることができなかったため農家台帳を郵送で配布して記入してもらう方式に変更した。市町村によっては農業委員の選挙人名簿の作成とセットで調査を行っており、効果をあげてい

るとのことであった。返信のない農家を農業委員、農地利用最適化推進委員が訪問して回収しているらしい。兼業農家は米の生産調整に関心がないので、水田再生協議会などを通じても情報があがってこないという話であった。米の生産調整の廃止は、地域と行政との関係を疎遠にしてしまうというマイナスの効果を農地集積にもたらしているのである（安藤2019a）。

　人・農地プランでは収集した情報を地図化し、話し合いを行うことになっている。農政課系統と農業委員会系統との連携がうまく行っていない市町村が多いのが懸念されるという話であった。地図の作成までは農業委員会が行い、その先の貸し借りのマッチングは農政課が行っていくという分担関係になっているが、前者の調査結果を後者が話し合いにつなげていくことができるかどうかが問われている。また、重点地区を設定して取り組んでいるのは、全筆調査がうまくいっておらず、市町村全体の情報を集め切れていないことを反映しての対応かもしれないという話があった。重点地区を先導とした横展開が必ずしも図られているわけではないということである。

　農地の貸付け希望は山あいの条件の悪いところが多く、畑は荒れていてもあまり問題視されておらず、中山間地域では荒地の非農地化を進めようという動きがあるとのことであった。どう頑張っても農地は守り切れないというのが現場の判断のようだし、無理やり非農地化を押しとどめるのは難しくなっているようだ。これに対して平地農業地域では農地がゴミ捨て場になることを市町村は懸念しており、非農地化は認めないところが多いという話であった。担い手が経営を縮小・廃止した結果、借り手をみつけることができないという問題も出始めてはいるが、平地農業地域ではまだ担い手に意欲はあり、農地が宙に浮いてしまうといった状況にはなっていないとのことである。

　この県では担い手が米の生産調整の割当てを受けたくないため貸し借りが相対のままとなっている農地が残っているという話であった。一方、経営耕地の交換による集約化を視野に、一部の市町村では小作料の統一を進めているという話を聞くこともできた。少しずつではあるが、現場は頑張って事態を打開しようとしているのである。

　基本計画には「地域の農業者と、地方公共団体、農業委員会、農業協同組合、

土地改良区といったコーディネーター役を担う組織や農地中間管理機構が一体となって人・農地プランの実質化を推進する」（43頁）と記されているが、「一体となって」が本当に実現されるかどうかが課題として立ちはだかっているというのが、この県を訪ねた全体的な印象である。

　また、コロナ禍の下、寄り合いの開催など話し合いが難しくなっており、全国的に人・農地プランの実質化の推進には大きなブレーキがかかっている。残念ながら話し合いを通じた人・農地プランの実質化は進んでいない。

## 6．持続的な発展とは何か—基本的な哲学の欠落—

　基本計画でいうところの「持続的な発展」とは何だろうか。私の読み落としかもしれないが、具体的な定義は示されていないように思う。自分が欲しいものを分かっていなければ欲しいものを手に入れることはできない。もしかするとそんなものは欲しくもなかったのかもしれない。

　持続的な発展の鍵を握っているのは、文面を読む限り、担い手をはじめとする人材の育成・確保にあるというのが農林水産省の認識のようである。この認識は間違いなく正しい。不足しているのは農地ではなく人に局面が移行してきているからである。その場合、決定的に重要なのは経営者の能力開発ではないか。労務管理、資金管理、事業戦略の策定ができる経営者をどれだけ育成することができるかが問われている。量も大切ではあるが、それ以上に質がポイントとなるだろう。制度的に法人化を進めても内実を伴わなければ意味がない。法人化した集落営農が後継者を確保できず、その将来が危ぶまれていることを鑑みれば、法人化はゴールではないことは明白である。青色申告などは、真に求められている経営者にとっては当然のことであって課題にもならない。もっと人材の質に踏み込んだ議論を行うべきではなかったか。

　「就職氷河期世代をはじめとした幅広い世代の就農希望者に対する実践的なリカレント教育」（41頁）の推進は重要な指摘だが、その中味はどのようなものを想定しているのだろう。最近の新規就農者は法人経営への雇用就農が増加しているが、その方向を後押しするような教育なのか、それとも新規独立のための教育なのか。前者の場合、彼らの今後のキャリアパスをどうするかも大き

な課題となるはずである。将来の展望を持てなければ人材は集まらないからである。「農繁期における労働力が確保できるよう、「地域人口の急減に対処するための特定地域づくり事業の推進に関する法律（令和元年法律第64条）の仕組みも活用する」（43頁）とあるが、これだけでは人材といっても賃稼ぎの単純労働者に過ぎず、持続可能なものとはならないだろう。目先の労働力の確保に追われているだけでは困るのである。かつ、今回のコロナ禍の下で都道府県をまたぐような長距離の移動は難しくなり、当初の狙いは現時点では、頓挫しているようにみえる。

　今回の新型コロナウイルス禍は、外国人技能実習生に労働力の量を依存して規模拡大を図ってきた農業経営や産地に大きな打撃を与えたことも忘れてはならない。最終的に求められるのは、高賃金→高能力→高生産性→高賃金→…、という好循環を農業労働力について創り出すことなのである。

　いずれにせよ、農業を担う「人」については、持続的な発展とは何かという視点から、本当に必要な課題をじっくりと考えなければならなかったが、それは今回の基本計画では果たされなかったのである。

　この欠陥は、「自然資本」、「環境保全型の農業」、「有機農業」といった「農業の持続的な発展」にとって決定的な鍵概念（キー・コンセプト）についての記述は、54頁の後半から55頁の前半にかけてわずかにとどまっている点にもあらわれている。基本計画の参考資料の「農業経営の展望」で有機農業のモデル経営は２つしか示されていない。「SDGs」という言葉も55頁という、本当に最後のところに出てくるだけにすぎない。「農業の自然循環機能」を前面に据え、先の３つのキー・コンセプトにして農業の持続的な発展を構成すべきではなかったか。もう少し言うならば、持続的な発展とは何かという基本的な哲学が欠落していたということになるだろう[5]。

## 7．その他の論点—水田農業政策、収入保険制度、土地改良区—

　ここでは構造政策を考えるに際して重要ではあるが、まとまった形で議論をするのが難しかった問題、具体的には、水田農業政策、収入保険制度、土地改良区の３点について簡単な検討を行うことにしたい。

　麦・大豆の生産増大をどのようにして実現するのかは課題として残されている。かつて「麦・大豆の本作化」の時は助成金をかなり支出したことで麦・大豆の作付面積が大きく伸びたが、今回はそうした支援は基本計画には記されていない。助成金の増額のような生産刺激的な施策なくして目標の達成はできないと思うが、どのようにして生産増大を実現するのだろう。米政策改革以降、麦・大豆の作付面積はほとんど伸びていないという実情を農林水産省はどのように評価しているのか。2020年産米の生産過剰に頭を悩ませているようだが、麦・大豆生産に十分な助成金をつけなければ当然のことと認識すべきである。

　「総合的かつ効果的なセーフティネット対策の在り方の検討」（45頁）も今後の論点となる。「米・畑作物の収入減少影響緩和交付金や、野菜価格安定制度など、農業保険以外の制度も踏まえ、総合的かつ効果的なセーフティネット対策の在り方について検討」すると基本計画には記されているが、既存の制度を廃止し、収入保険制度に一元化することが狙いなのかどうかが気になるところである。既存の制度では今回の新型コロナウイルス禍による農業経営への打撃に対応することができない面もあり、収入保険制度への加入が進む可能性があるが、水田農業経営者を中心とした利用者の視点に立った慎重な検討が求められる。

　土地改良区の体制強化において「貸借対照表を活用した施設更新に必要な資金の計画的な積立の促進等」（46頁）が指摘されているが、これは重要なポイントだと考える。分割不能な共有財である水利施設は、農地面積が減少しても縮小するのは困難であり、安定的な農業用水の供給のために収支を確定し、不足金額を明確にすることが不可欠である。この数字に基づいて土地改良区に対する直接支払制度にあたるような施策を実現できるかどうか―土地改良区を国土保全のための交付金の支給対象とすることができるかどうか―が今後の獲得目標となるように思う。

## 8．おわりに―担い手への農地の8割集積は実現可能なのか―

　担い手への農地集積率8割の実現。この数年前にKPI（Key Performance Indicator）として掲げられた目標が基本計画を呪縛し、農政の根本的な転換を妨

げているようにもみえる。

　最新の『食料・農業・農村白書』（令和元年度食料・農業・農政の動向）では、この問題についてどう描いているのだろうか。

　白書に掲載されている担い手への農地集積率の推移をみると（図９−１）、その伸び率は、2013〜14年は1.6％ポイント、2014〜15年は2.0％ポイントに増加するが、2015〜16年は1.7％ポイント、2017〜18年は1.2％ポイント、2018〜19年は1.0％ポイントと次第に小さくなっており、勢いを失っていることは明白である。「これを地域別にみると、農業経営体の多くが担い手である北海道では集積率が９割を超えるほか、水田率や基盤整備率が高く、集落営農の取り組みが盛んである東北、北陸では集積率が高い傾向」（166頁）にあるという白書の説明にあるように、こうした条件に恵まれた地域では既に農地集積が進んでしまっており、残っているのは容易には成果があがらないところばかりとなっているからである。

　また、白書自らが「大都市圏を抱える地域（関東・東海・近畿）や中山間地を抱える地域（近畿、中国四国）の集積率は総じて低い傾向にあります」（166頁）、さらに集落営農についても「依然として３分の２は法人化されておらず、オペレーター不足等のために、解散する集落営農組織も見られます」（172頁）とい

図９−１　担い手への農地集積率

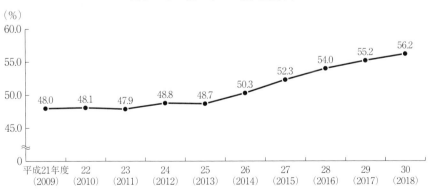

資料：農林水産省作成
注：１）農地バンク以外によるものを含む。
　　２）各年度末時点

う認識に立っているのであれば、「担い手への農地の利用集積率については、令和5（2023）年度までに8割に引き上げる目標」（167頁）の実現は難しいという認識が妥当ではないだろうか。いつまでも実現不可能な目標を掲げるのではなく、現実的な方向に転換すべきではなかったか。基本計画はその1つのチャンスだったが、そうはならなかった。

　いずれにしてもあと3年で、この政策目標が妥当であったかどうか、結果は出ることになる。

## 注

1）CAP では中小経営を支援するための直接支払いが拡充されている。2013年 CAP 改革で導入された再分配支払い Redistributive Payment によって、直接支払いの受給資格のある小規模農家に対して、ある一定面積（最大30ha。平均農場規模が30ha を超える加盟国間では平均規模。これを基準面積と呼ぶ）までの直接支払いの面積単価を最大65％まで増額することができるようになった。任意施策であり、実施するかどうかは加盟国の裁量に任されているが、山岳地域に中小経営を多数抱えるフランス等では実施されている（安藤2016）。この再分配支払いは2020年 CAP 改革で義務化される方向で検討が進められている。

2）「農地を利用して農業経営を行う一般法人数は平成30（2018）年時点で3,286法人となっており、農地のリース方式による参入が自由化された平成21（2009）年以前と比較して、1年当たりの平均参入件数は5倍のペースとなっています」（『令和元年度食料・農業・農村政策の動向』、176-177頁）と記されているが、総計3千強の一般法人にどれだけの面積の農地が集積されているのか、それが担い手への農地集積にどれだけ寄与しているかは記されていない。これは農林水産省、というよりも省外の別の人たちにとって不都合な真実なので触れないようにしているのかもしれない。

3）「山間地域になる程、土地条件に依存しない「超」集約的な施設型作物によってしか農林家の再生産が困難だという構造」（佐藤1994：22-23頁）にあり、高付加価値型農業による地域振興と農地保全の乖離という問題が生じていたことは既に1990年代から指摘されていた（安藤1997、安藤2000）。

4）例えば、安藤（2019b）は、新潟市の認定農業者のデータベースを用いた分析を行っているが、業務データのこうした活用をお願いしたいということである。

5）「みどりの食料システム戦略」の中間とりまとめ案（2021年3月5日）で、2050年までに有機農業を全農地の25％（100万 ha）に拡大するという計画が打ち出されたが、どのようにしてそれを実現していくのか、その道筋ははっきりとは示されていないように思う。

**引用・参考文献**

〔1〕安藤光義（1997）『中山間地域農業の担い手と農地問題（日本の農業201）』農政調査委員会安藤光義（2000）「農村政策の政策体系としての評価」『日本の科学者』35⑾

〔2〕安藤光義（2016）「2013年 CAP 改革の経緯と結果」『農業市場研究』24⑷

〔3〕安藤光義（2019a）「人・農地プランと農地中間管理機構」『農業と経済』85⑾

〔4〕安藤光義（2019b）「平成期の構造政策の展開と帰結」田代洋一・田畑保編著『食料・農業・農村の政策課題』筑波書房

〔5〕佐藤宣子（1994）「中山間地域における農林業構造の変化と農林地の保全問題―大分県での集落調査から―」『農業問題研究』39

〔6〕農林水産省（2020）『令和元年度食料・農業・農村の動向』

〔2020年9月4日　記〕

# 第10章　新規就農者確保と外国人労働力導入の政策課題
## ―茨城県の事例より―

西 川 邦 夫

## 1．はじめに

　農業という産業に対する労働投入量の観点から見ると、新規就農者確保と外国人労働力導入との間には大きな違いはないが、両者の間にはビザ取得等の制度的、受け入れる側の意識や労働主体の勤労観、言語等の文化的な違いが存在する。2020年3月に公表された今期の食料・農業・農村基本計画は、両者を区別する立場をとっている。まずは農業内外で日本人労働力を可能な限り動員し、限界的な供給源として外国人労働力を位置づけているからである。基本計画の記述を箇条書き的に挙げるなら、①第3者継承も含めた円滑な経営継承の促進、②青年層の新規就農と定着促進のための支援体制の充実、③「働き方改革」を通じた多様な人材（就職氷河期世代を含む若者、女性、他産業を退職した人材、高齢者、障害者、生活困窮者等）の確保、④上記の取組を進めてもなお人材が不足する場合は、特定技能制度による外国人材の受け入れ環境の整備を進めるとしてある[1]。

　しかしながら、近年の政策の動きは両者の区別を無くす方向に進んでいる様に思われる。2010年に外国人技能実習生にも労働基準関係法令が適用され、最低賃金や法定労働時間等が保証された。労働基準法の適用外となっている農業においても、同法に準拠することとされている。19年には新規就農を希望する者が農業者の下で研修を行う場合は、農の雇用事業により正規雇用として各種法令の保護下に置かれることになった。新規就農希望者も外国人労働者も、労働者保護の観点から同一の地平で扱われる傾向が強まっているのである。

　実態面でも、新規就農者と外国人労働者を区別する必要性は徐々に希薄化し

ている様に見える。表10－1は、毎年の新規就農者数と外国人労働者数の推移（フロー）を示したものである。第1に、外国人労働者数は新規就農者数の動向と関係なく増加している。2010年から19年にかけて、新規就農者数は5万～6万5,000人の間で変動して特定の傾向は見出し難いのに対して、農業・林業に就業する外国人労働者数は東日本大震災直後の12・13年に落ち込むものの、その後は増加傾向にある。本稿で検討する茨城県の様に、既に外国人労働力の導入が新規就農を凌駕している地域も存在する。第2に、新規就農者数に占める雇用就農者数の割合（②／①）が上昇しているため、新規就農対策を労働者保護の観点から進める根拠が整いつつある。農業経営者を志す青年を支援するという意味での固有の新規就農対策は、制度・実態の両側面から、農業の生産基盤の1つである労働力の確保を目的とする農業労働力政策一般に吸収されつつあるのである[2]。

　一方で、コロナ禍の影響に目を転じると、農業を含む経済危機の焦点になる

表10－1　新規就農者数と外国人労働者数の推移（フロー）

（単位：人）

| | 新規就農者数 | | | | | 外国人労働者数 |
|---|---|---|---|---|---|---|
| | 合計① | 雇用就農者② | 新規自営農業就農者+新規参入者（49歳以下）③ | ②／① | ③／① | |
| 2010年 | 54,570 | 8,040 | 11,850 | 14.7% | 21.7% | 2,314 |
| 11 | 58,120 | 8,920 | 11,640 | 15.3% | 20.0% | 3,646 |
| 12 | 56,480 | 8,490 | 12,710 | 15.0% | 22.5% | 864 |
| 13 | 50,810 | 7,540 | 12,140 | 14.8% | 23.9% | 233 |
| 14 | 57,650 | 7,650 | 15,890 | 13.3% | 27.6% | 873 |
| 15 | 65,030 | 10,430 | 15,050 | 16.0% | 23.1% | 2,235 |
| 16 | 60,150 | 10,680 | 13,880 | 17.8% | 23.1% | 4,000 |
| 17 | 55,670 | 10,520 | 12,800 | 18.9% | 23.0% | 3,472 |
| 18 | 55,810 | 9,820 | 12,230 | 17.6% | 21.9% | 3,941 |
| 19 | | | | | | 4,447 |

資料：農林水産省「新規就農者調査」、厚生労働省「「外国人雇用状況」の届出状況」より作成。
注：1）雇用就農者数には外国人研修生及び技能実習生は含まれない。
　　2）外国人労働者数は農業・林業に従事する者の値。対前年差をフローの値として示した。以上、表10－2も同様。外国人労働者数は帰国者数を反映しているので、新規に来日した外国人労働者数はより多いと考えられる。

のは労働力問題である。前回不況時の2008年リーマン・ショックは、金融梗塞に起因していたために国による大規模金融緩和という明確な処方箋が存在した。しかしながら、今回は感染症流行によるヒトの移動の阻害が経済危機の要因であるにもかかわらず、ヒトを動かす対策は逆に感染症の流行を促進してしまうという矛盾に突き当たるからである。特に国境を越えた労働力移動については、感染症が流行している間は大きな制約が課されると考えられる。

　以上の問題意識に基づきつつ、本稿では農業の労働力不足への対策として期待される新規就農者確保と外国人労働力導入の実態について、主に量的な側面に注目しつつ、中長期的（基本計画）及び短期的（コロナ禍）視点に分けて検討をする。そのうえで、コロナ禍を考慮に入れた今後の農業労働力政策の課題について議論したい。

　本稿で検討の対象とするのは茨城県の事例である[3]。茨城県は2018年において農業産出額が4,508億円と全国第3位であり[4]、青果物を中心として首都圏への食料供給機能を果たしている。また、これまで新規就農者確保と外国人労働力導入の両面から、労働力確保に積極的に取り組んできた。2019年度において、農業における外国人労働者の大半を占める技能実習生の計画認定件数は5,916件と、全国3万2,419件の18.2％を占め第1位となっている[5]。外国人労働力に依存した大規模雇用型経営の事例研究も多くなされてきた[6]、外国人労働力導入の先進地域とすることができる。また、本稿で検討する様に新規就農者数も増加を続けている。本稿では茨城県の事例の検討を通じて、今後の課題を議論することにしたい。

## 2．茨城県における新規就農者確保と外国人労働力導入の実態
### （1）新規就農者確保の動向と茨城県農林振興公社による支援体制

　表10-2は、茨城県における新規就農者数の推移を示したものである。2015年以降、新規就農者数は350～450名程度で推移している。この水準は外国人労働者数のフローの値を下回る年が多く、農業への労働力供給は外国人労働力が新規就農を凌駕していることが確認できる。

　ただし、そのことは新規就農が活発ではないことを意味しない。茨城県にお

表10-2　茨城県における新規就農者数と外国人労働者数の推移

（単位：人）

| | 新規就農者 | | | | | 外国人労働者 | | 技能実習 | | | |
|---|---|---|---|---|---|---|---|---|---|---|---|
| | 計 | 新規学卒就農者 | Uターン就農者 | 新規参入者 | 雇用就農者 | ストック① | フロー | 計② | JA監理団体③ | ②/① | ③/① |
| 2015年 | 346 | 32 | 121 | 31 | 162 | 4,741 | 253 | | 1,200 | | 25.3% |
| 16 | 380 | 24 | 129 | 71 | 156 | 5,682 | 941 | | 1,159 | | 20.4% |
| 17 | 426 | 19 | 145 | 80 | 182 | 6,095 | 413 | 5,497 | 1,161 | 90.2% | 19.0% |
| 18 | 435 | 22 | 145 | 82 | 186 | 6,640 | 545 | 6,192 | 1,159 | 93.3% | 17.5% |
| 19 | | | | | | 6,797 | 157 | 6,378 | 1,256 | 93.8% | 18.5% |

資料：茨城県「就農青少年等調査結果」（平成30年度）、厚生労働省茨城労働局「外国人雇用状況の届出状況について」、JA茨城県中央会提供の資料より作成。
注：1）新規就農者数はフロー、外国人労働者・技能実習生数は断りが無い限りストックの値を示している。
　　2）新規就農者の定義は下記の通り。
　　　①新規学卒就農者：当該年度中に学校を卒業し就農した農家子弟で、翌年度初日現在も就農している者。
　　　②Uターン就農者：当該年度に他産業から転向し就農した農家出身者で、翌年度初日現在も就農している者。主として農業以外の職業に6カ月以上継続して従事していた者。
　　　③新規参入者：当該年度に、（1）農業経営の基盤を全く持たず、新たに農地の借り入れ又は取得した等による就農した非農家出身者で、翌年度初日現在も就農している者。または（2）農家出身の者が実家とは別に農業経営を開始し、翌年度初日現在も就農している者。
　　　④雇用就農者：当該年度に農業法人や、個人の経営体との間で期間の定めのない正規の雇用契約を締結し就農した者で、翌年度初日も就農している者（パートタイマー、アルバイト、外国人技能実習生は除く）。

ける新規就農の特徴を見るために、2014年以前は統計が取られていない雇用就農者を除き、98年度から18年度までの長期的な新規就農者の構成の推移を示したものが図10-1である。この間、茨城県においても新規学卒就農者数は減少してきたが（98年度56人→18年度22人）、Uターン就農者数（72人→145人）と新規参入者数（13人→82人）が大幅に増加し、合計新規就農者数も増加した（141人→249人）ことが分かる。また表示はしていないが、18年の新規参入者の86.6％（71人）が野菜を経営部門としている。首都圏から近接していること、全国でも有数の園芸農業地域であるという点が、茨城県が新規就農者を引き寄せるのに有利な環境を形成してきたと言える。

　有利な環境を実際の新規就農までつなげてきたのが、茨城県農林振興公社を中心とした支援体制である。公社は新規就農相談センターとして、就農希望者からの直接の問い合わせ、また市町村等から転送された相談を県域レベルで集約している。公社には4名の就農相談員が駐在し、就農希望者による就農地・作物等の選択の意思決定を支援する。その後、新規参入の場合は普及センター

図10-1　茨城県における新規就農者数の類型別推移（雇用就農者を除く）

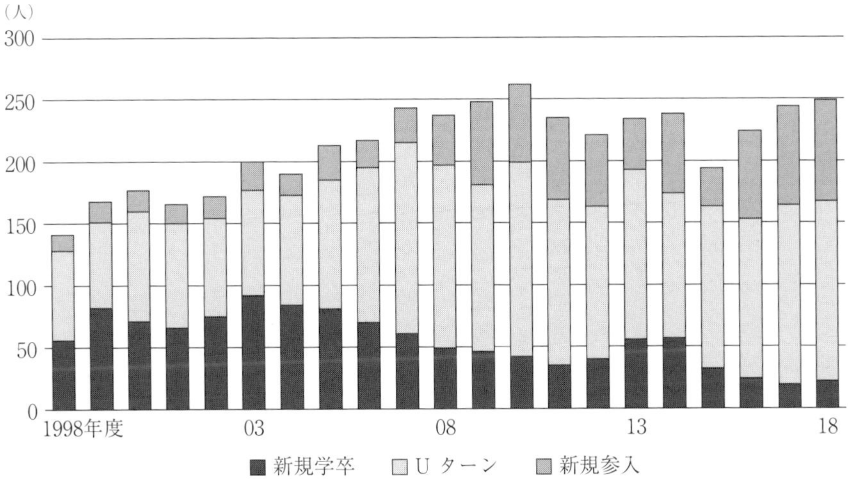

資料：茨城県「就農青少年等調査結果」（平成25・30年度）より作成。
注：2015年度以降は定義変更のため、直接は接続しない。

単位で設置されている地域就農支援協議会に就農希望者を引き継ぐ。協議会は
普及センター（主な担当は経営相談、技術指導等）、農業委員会（農地の斡旋等）、
農協（販路の確保、技術指導等）、農業者代表（助言、指導等、茨城県で「農業三士」
と呼ばれる農業経営士・女性農業士・青年農業士が中心）によって構成される。協
議会の支援の下、普及センターと市町村が中心となって就農計画が作成され、
先進的な農業者や農業法人での1～2年程度の長期研修、農地・資金確保等の
就農準備を経て就農へとつなげていく。他にも、公社では集団による就農相談
会の開催・出展を20年度には県内外で36回計画している。就農相談会が充実し
たのは4～5年前からであり、公社が就農希望者をより積極的に勧誘する方針
に転換したことを示している。

　雇用就農の場合は、農業無料職業紹介所でもある公社が収集している求人情
報をもとに、農業法人等に就農希望者を斡旋している。2020年11月現在、県内
の282事業所が登録し、100程度の求人が出されている。表10-3は、茨城県に
おける07度年以降の新規就農者支援の動向を示したものである。センター、紹
介所ともに相談者数は増加傾向にあり、それに合わせて就農・研修者数、雇用

表10-3　茨城県における新規就農者支援の動向

（単位：人）

| | 新規就農相談センター | | | 無料職業紹介所 | | 農業次世代人材投資資金 | | | | | 農の雇用事業 |
|---|---|---|---|---|---|---|---|---|---|---|---|
| | 相談者数 | 就農・研修者数 | うち雇用就農を除く | 相談者数 | 雇用就農者数 | 合計 | 準備型 | 開始型 | 受給率 | | |
| 2007年度 | 207 | 27 | 27 | | | | | | | | |
| 08 | 293 | 31 | 31 | | | | | | | | 31 |
| 09 | 813 | 57 | 57 | 252 | 13 | | | | | | 38 |
| 10 | 718 | 77 | 77 | 211 | 25 | | | | | | 44 |
| 11 | 551 | 64 | 64 | 197 | 22 | | | | | | 31 |
| 12 | 579 | 60 | 60 | 223 | 30 | 233 | 70 | 163 | 112.7% | | 92 |
| 13 | 597 | 34 | 34 | 225 | 21 | 323 | 75 | 248 | 256.2% | | 153 |
| 14 | 810 | 104 | 104 | 257 | 27 | 363 | 53 | 310 | 85.1% | | 180 |
| 15 | 864 | 98 | 98 | 351 | 26 | 422 | 76 | 346 | 109.4% | | 194 |
| 16 | 951 | 141 | 88 | 475 | 37 | 414 | 57 | 357 | 113.5% | | 249 |
| 17 | 971 | 174 | 115 | 500 | 51 | 387 | 44 | 343 | 78.8% | | 242 |
| 18 | 987 | 185 | 121 | 485 | 53 | 344 | 51 | 293 | 69.5% | | 229 |
| 19 | 990 | 175 | 95 | 460 | 50 | 323 | 33 | 290 | 78.4% | | 158 |

資料：茨城県「就農青少年等調査結果」（平成25・30年度）、農林水産省「農業次世代人材投資事業の交付実績について」「農の雇用事業の実績」より作成。
注：農業次世代人材投資資金の受給率は、準備型が2年間、開始型が5年間支給されることから、下記の式で求めた。
　　受給率＝（準備型／2＋開始型／5）／センターを通じた就農・研修者のうち雇用就農を除く数

就農者数も増加していることが確認できる。公社の活動を通じた新規就農は確実に増加しているのである。

　現在、就農支援関係者の間で懸念されているのが、農林水産省から交付される就農支援のための交付金の利用者が減少していることである。センターを利用した就農・研修者数（雇用就農を除く）のうち、農業次世代人材投資資金の受給率を概算すると、16年度までは概ね100％を上回っていたものが（センター利用者以外にも利用されている状況）から、17年度以降は100％を割っていることが分かる。特に準備型の減少が著しく、最も多かった15年度の76名から19年度の33名へ56.6％減少している。雇用就農者を支援する農の雇用事業の受給者も、16年度の249名から19年度の158名へ36.5％減少している。就農・研修者数の増加にブレーキをかけかねないと言える。

　上記の一因となったのが、2019年度から準備型受給者の研修先が、都道府県が認めた研修機関等に限定され、先進農家が外されたことである。茨城県が定

めた研修機関等の基準には、カリキュラムに沿った研修、研修に必要な施設・
機械等及び指導担当者の存在が必要であると規定されており、県農林大学校等
の各種学校以外で就農希望者を引き受けることは難しくなった。農業者による
引き受けは農の雇用事業によって支援されることとなったが、同事業で求めら
れる正規職員として雇用される際の事務手続きや労働条件・就業環境の整備に
対応できる者は少なく、19年度の受給は１件に過ぎない[7]。県独自のニュー
ファーマー育成研修助成事業（１年間、月額10万円以内）もあるが、予算不足の
ため年度途中から研修を始めた者等に限っているため、19年度で11件の受給に
とどまっている。公社では研修期間中の支援として地域おこし協力隊への募集
も勧めており、就農希望者の状況に応じて制度を選択することで対応している。

## （2）外国人労働力導入の動向と JA 茨城県中央会による支援体制

　表10-２には、外国人労働者数の推移も示した。2019年現在、茨城県で農
業・林業に従事している外国人労働者数は6,797人である。うち、技能実習生
が6,378人と93.8％を占める（②／①）。外国人労働者数は一貫して増加している。
表示はしていないが、地域別に見ると園芸地域に当たる常陸鹿嶋公共職業安定
所管内が2,928人（43.1％）で最も多く、次いで筑西公共職業安定所管内が1,341
人（19.7％）で続く[8]。

　茨城県において、外国人技能実習生の導入に大きな役割を果たしてきたのが
JA グループである。2020年現在、茨城県には監理団体が95団体存在するが[9]、
JA グループによるものは９団体（9.5％）となっている。また表10-２から、
19年において JA 監理団体が受け入れている技能実習生は1,256人であり、茨城
県における外国人労働者数の18.5％を占めていることが分かる（③／①）。

　しかしながら、JA 監理団体が占める割合は、2015年の25.3％から先述した
通り19年には18.5％まで低下した。その要因を検討するため、表10-４で JA
監理団体毎の受入人数の推移を示した。近年の大きな変化は、単位農協が受入
人数を縮小しつつあることである。園芸地域である鹿行地方を中心に、受け入
れを中止もしくは縮小する単位農協が多い。県西地方では現在でも受け入れを
拡大している単位農協も見られる。受け入れを中止した農協の中では、Ｃ農協

表10-4　JA監理団体別外国人技能実習生の受入人数推移

（単位：人）

| 地域 | エコ・リード 県域 | A農協 県央 | B農協 鹿行 | C農協 鹿行 | D農協 鹿行 | E農協 鹿行 | F農協 県南 | G農協 県南 | H農協 県南 | I農協 県西 | J農協 県西 | K農協 県西 | L農協 県西 |
|---|---|---|---|---|---|---|---|---|---|---|---|---|---|
| 2005年 | | 47 | 105 | 144 | 24 | 117 | 17 | 0 | 19 | 17 | 69 | 17 | |
| 06 | | 95 | 245 | 309 | 141 | 193 | 46 | 11 | 76 | 81 | 219 | 51 | |
| 07 | | 97 | 244 | 322 | 145 | 181 | 27 | 8 | 63 | 96 | 228 | 61 | |
| 08 | | 78 | 248 | 338 | 158 | 183 | 54 | 7 | 70 | 108 | 260 | 71 | 17 |
| 09 | | 67 | 231 | 337 | 169 | 171 | 60 | 7 | 69 | 125 | 272 | 69 | 34 |
| 10 | | 62 | 179 | 338 | 172 | 189 | 64 | 2 | 76 | 136 | 280 | 74 | 34 |
| 11 | | 62 | 43 | 225 | 178 | 143 | 47 | | 68 | 148 | 291 | 78 | 59 |
| 12 | | 66 | 26 | 224 | 168 | 168 | 41 | | 78 | 144 | 307 | 80 | 70 |
| 13 | | 68 | 0 | 172 | 176 | 156 | 40 | | 73 | 150 | 317 | 75 | 75 |
| 14 | | 64 | 0 | 160 | 170 | 167 | 40 | | 71 | 158 | 312 | 75 | 79 |
| 15 | 27 | 64 | | 76 | 165 | 153 | 45 | | 77 | 128 | 306 | 71 | 88 |
| 16 | 136 | 65 | | | 161 | 167 | 42 | | 64 | 72 | 293 | 74 | 85 |
| 17 | 251 | 61 | | | 156 | 70 | 50 | | 67 | 40 | 279 | 92 | 95 |
| 18 | 303 | 68 | | | 134 | 87 | 56 | | 54 | 11 | 248 | 93 | 105 |
| 19 | 478 | 73 | | | 136 | | 60 | | 62 | | 241 | 94 | 112 |

資料：JA茨城県中央会提供の資料より作成。
注：各監理団体の受入人数が最も多かった年に着色した。

はJAグループ以外の監理団体へ移行することとし、その数が県全体のJAグループでの受入人数減少に影響している。他の単位農協については、JA茨城県中央会が中心となって設立されたエコ・リード協同組合に移行した[10]。

　エコ・リードは2015年に設立された事業協同組合であり、茨城県全域を事業範囲としている。20年1月現在で、事業を利用する農業者を中心に190名の組合員によって構成されている。エコ・リード設立の第1の目的は、技能実習生の導入に際してのコンプライアンス体制の強化である。問題が発生した場合はJAグループ全体の信用にかかわるものとなるので、JA茨城県中央会に監理団体の機能を集約した方が好ましいという判断となった。ただし、単位農協が実施している既存の受入事業は当面継続し、段階的にエコ・リードへ事業を移行する方針をとっている。法令遵守に万全を期すために人的体制を強化し、JA茨城県中央会の職員2名、エコ・リードの専任職員17名（通訳を含める）で実務を担っている。

　第2の目的は、単位農協単独では送出国・送出機関を拡充することは難しい

ため、県域組織の設立によって新しい安定的な送出ルートを確保することを図るためである。従来、茨城県において受け入れられている技能実習生は中国人が多かったが、同国の経済発展と賃金水準の上昇に伴い実習生の確保が困難になっている。エコ・リードによる技能実習生の受入はベトナム人に重点を置いて行われているが、それは茨城県及び JA 茨城県中央会とベトナム政府の協力関係の中で可能になったものである。2014年に茨城県とベトナム政府との間で農業技術協力に関する覚書、JA 茨城県中央会とベトナム政府との間で農業技能実習生派遣に関する協定が締結され、県域組織によるベトナムからの技能実習生の受け入れが可能になった。20年1月現在、エコ・リードは送出機関8社（ベトナム5社、中国1社、タイ2社）を通じて、477名（ベトナム318名、中国157名、タイ2名）の技能実習生を受け入れるまでに事業を拡大している。また JA グループ全体で見ても、14年には合計1,296名のうち中国人が1,199名（92.5％）を占めていたものが、19年には合計1,256名のうち中国人705名（56.1％）、ベトナム人298名（23.7％）と、技能実習生出身国の多様化が進んだ。第3の目的は、県域を事業範囲とすることで、これまで監理団体を設立してこなかった単位農協管内の農業者も、エコ・リードの組合員となることで技能実習生の導入が可能となることである。

　エコ・リードは2019年に一般監理団体の認可を得、技能実習3号の監理が可能となるとともに、2020年10月現在、特定技能の登録支援機関の申請中である。また、JA 茨城県中央会が事務局となって、監理団体9組合によって外国人農業実習生茨城県 JA 連絡会が活動している。同連絡会は受入事業に関する情報交換とともに、JA 担当者や農業者に対する法令遵守のための研修会を実施している。茨城県においては、JA 茨城県中央会をコントロールタワーとした県域レベルでの受入一元化によって、安定した技能実習生の受け入れが可能となっているのである。

## 3．コロナ禍での動向
### （1）新規就農者確保の動向
　茨城県における公社を中心とした新規就農支援の活動は、コロナ禍の下で一

定程度の縮小を余儀なくされているが、年度後半にかけて徐々に活発化しつつ
ある。2019年度上半期（４～９月）の新規就農相談センターへの相談件数は525
件であり、前年度同期618件に比べて15.0％減少した。相談形態の内訳を見ると、
面接が565件から377件へ33.3％減少する一方で、電話（45件→74件）、Ｅメール
（８件→25件）による相談が増加した。また、ビデオ会議アプリを使用したオン
ライン相談も４月から実施しており、相談件数は49件となっている。農業無料
職業紹介所への相談件数は217件、成立件数は８件であり、こちらも前年度同
期336件、11件より減少している。

　集団による就農相談会の開催・出展は、オンラインへの切り替えや感染症対
策を実施したうえでの対面開催を再開しつつある。表10－５は、就農相談会の
開催・出展状況を示したものである。４・５月は県外で開催された全ての相談
会の開催・出展を取りやめたが、６月以降はオンライン化、出展数・入場人数
の制限等を行ったうえで実施している。その結果、上半期は計画18件に対して
実施８件、実施率は44.4％を維持した。また、県内だけでなく県外の就農相談

表10－５　茨城県農林振興公社が開催・出展する就農相談会の実施
　　　　　状況（2020年度）

| | 計画 | | | 実施② | ②／① |
| | 計① | うち東京開催 | うちオンライン開催 | | （%） |
|---|---|---|---|---|---|
| ４月 | 2 | 2 | 0 | 0 | 0.0 |
| 5 | 2 | 2 | 0 | 0 | 0.0 |
| 6 | 4 | 2 | 0 | 1 | 25.0 |
| 7 | 3 | 2 | 0 | 2 | 66.7 |
| 8 | 3 | 1 | 2 | 1 | 33.3 |
| 9 | 4 | 2 | 2 | 4 | 100.0 |
| ４～９月計 | 18 | 11 | 4 | 8 | 44.4 |
| 10 | 5 | 1 | 0 | | |
| 11 | 3 | 1 | 2 | | |
| 12 | 4 | 1 | 1 | | |
| 1 | 1 | 1 | 1 | | |
| 2 | 3 | 1 | 1 | | |
| 3 | 2 | 2 | 2 | | |
| 20年度計 | 36 | 18 | 11 | | |

資料：茨城県農林振興公社提供の資料より作成。

会への出典も再開しつつある。

　就農相談のオンライン化は別な効果をもたらした。これまで相談者は首都圏からの者によって占められていたが、熊本県や滋賀県等の遠方からの相談が見られるようになったことである。オンライン化による移動距離・時間の短縮は、茨城県が新規就農者をより広域から集める可能性を高めるものと言えよう。

## （2）外国人労働力導入の動向

　外国人労働者の確保については、現在のところ大きな混乱は生じていない。しかしながら、出入国制限の実施により外国人労働者の入国・帰国が滞っており、その影響が徐々に表面化することが予想されている。JA茨城県中央会の調べによると、JAグループで受け入れていた外国人労働者（技能実習生、特定技能、特定活動）の数は、2020年1月末の1,208名から10月12日現在で1,151名まで減少している。また、入国できていない者から帰国できていない者の数を差し引いた、受け入れ側にとっての人手不足の状況は、9月末時点で104名となっている。帰国できていない者が73名なのに対して、入国（新規、一時帰国後）できていない者が177名に達するためである。入国できない者の穴を、帰国できない者の在留資格を「特定活動（6カ月・就労可）」に切り替え、滞在期間を延長することで埋めている状況である。直近は中国人の帰国の動きが活発になる一方で、入国の方はベトナムにおけるビザ発給作業が遅れているために急速な増加は見込めず、労働力不足が強まることが懸念されている。

　農業者レベルでは、第1に今年に入ってからの野菜価格の低迷のために作付面積を縮小した農業者が多かったこと、第2に時間外労働の増加による賃金の増加を受容する技能実習生が多いことによって、労働力不足の影響は表面化していない。しかしながら、大柄なため重量野菜の収穫労働を担ってきた中国人の帰国が増加する中で、秋冬季にかけて農業者レベルでも労働力不足が顕在化することが予想されている。より長期的な問題としては、技能実習生の受け入れローテーションが崩れたことによる影響が懸念されている。これまでは技能実習生の入れ替えを夏場の農閑期に行い、1カ月間の日本語講習を終えてから農作業に従事するという流れを前提に、受入農業者は営農計画を立てていたた

めである。その他、技能実習生来日後の2週間の隔離措置に際して必要になる
交通費や施設確保のための費用が発生すること、技能実習生の資格切り替えの
ための技能検定が受験できないため、「特定活動（4カ月・就労可）」への在留
資格への切り替えが必要となる等、農業者の様々な負担が増えることになる。

　単位農協及び農業者からは、新型コロナウイルス感染防止のために訪問指
導・定期監査の簡素化、在留資格申請書類の簡素化や審査の迅速化、入国に係
る諸審査の迅速化、入国時の隔離措置に伴う施設確保や費用への支援を求める
声が上がっている。それらをもとに、JA茨城県中央会では各方面への要請活
動を強めている。

## 4．おわりに

　本稿では茨城県における新規就農者及び外国人労働力の量的な確保の実態に
ついて、コロナ禍での動向にも触れながら検討した。茨城県においては県域レ
ベルで就農希望者・技能実習生をいったん集約し、市町村・単位農協レベルに
配置していく体制が整備されたことにより、全国有数の園芸地域に対する新規
就農者・外国人労働力の供給が増加してきたことが明らかになった。県域組織
がコントロールタワーとしての役割を果たすことで、コロナ禍でも混乱は回避
され、現場への影響は最小限に食い止められている。また、緊急対応的な就農
相談のオンライン化は、就農希望者の給源をより広範囲とする副次的な効果も
もたらしていた。しかしながら、コロナ禍が長期化していく中で、ヒトが移動
せざるを得ない新規就農・外国人労働力導入による労働力の量的な確保は、今
後徐々に困難となることが懸念される。

　最後に、本稿の検討から得られる政策課題について論じたい。筆者の立場は、
農業労働力政策は日本人か外国人かという点ではなく、経営者を対象としてい
るか労働者を対象としているかによって分けて考えるべきであるというもので
ある。

　第1に、農業労働力政策の重要な柱に外国人労働力を位置づける必要がある。
今期の基本計画では、外国人労働力は日本人の動員では不足した場合に導入す
る限界的な労働力として位置づけられた。しかしながら、制度・実態の両面か
ら日本人と外国人のイコールフィッティングが進みつつあるとともに、コロナ

禍で新規の入国が制約される中では現在の人数をいかにして維持するかという視点も必要となって来るだろう。外国人労働者の日本農業への貢献を正当に評価しつつ、労働者保護の観点からさらなる待遇改善やキャリアアップにつながる政策を用意していく必要があるだろう。なお同様の観点からの対策が必要なのは、日本人の雇用就農者にとっても同様である。

　第2に、農業経営者を養成する新規就農対策は労働者保護とは別の観点から行われるべきであろう。2019年度の農業次世代人材投資資金（準備型）の制度改正は、就農希望者が学生（研修機関に通学）なのか、それとも労働者なのか（農業者によるOJT）によって受給資格を制限した。しかしながら、実際の経営では経営管理も労働も求められる。座学もOJTも必要な農業において、労働者保護の観点から農業者によるOJTを受給対象外としたのは、新規就農へのルートを狭めることになる可能性がある。表10-1では、近年回復しつつあった49歳以下の新規自営農業就農者と新規参入者数が、14年をピークに数、新規就農者全体に占める構成比（③／①）ともに減少していることが確認できる。コロナ禍でヒトの移動が滞ることが予想される中で、受給要件を制限することは新規就農者の確保に必ずしもプラスには働かないであろう。

## 注

1）「食料・農業・農村基本計画」編集委員会編（2020）、pp.40-43を参照。
2）農林水産省による政策目標からも、新規就農対策に対する態度の変化がうかがわれる。例えば前期2015年基本計画の「農業構造の展望」をもとに、農林水産省は年間2万人の青年新規就農者が必要であると強調してきたが（農林水産省（2015）、p.107）、今期基本計画については同様の目標は未見である。また、「青年」の定義も2015年白書の記述では39歳以下を対象としていたのに対して、最新の2020年白書（農林水産省（2020）、p.173）では49歳以下としていた。農業次世代人材投資資金の受給年齢上限が2019年に44歳から49歳に引き上げられたことに対応したものと考えられるが、農林水産省が「青年」としてより年齢が高い農業者を含め、対策の対象を多様化してきていることをうかがわせる。
3）外国人労働力については2020年10月15日にJA茨城県中央会に対して、新規就農については2020年11月26日に茨城県農林振興公社に対して聞き取り調査を行った時点での状況である。
4）農林水産省『生産農業所得統計』（2018年）による。

5）外国人技能実習機構『業務統計』（2019年度）による。なお、2019年10月末の農業における外国人労働者数は35,513人であるので（厚生労働省「「外国人雇用状況」の届出状況」（2020年1月31日公表）），その大半を技能実習生が占めていることになる。

6）例えば、堀口編著（2017）に所収されている軍司論文、安藤論文を参照。

7）農の雇用事業が持つ、雇用就農者の労働条件・就業環境を整備する効果については、堀部（2020），pp.19-20，を参照。また、2019年度に農業次世代人材投資資金は予算削減や所得目安の設定等の様々な改革が実施されたが、その内容と現場への影響については、尾原（2020）を参照。

8）厚生労働省茨城労働局「茨城県の外国人雇用届出状況（令和元年10月末現在）」（2020年1月）による。

9）外国人技能実習機構ホームページ（https://www.otit.go.jp/）（2020年11月22日確認）による。

10）エコ・リードについては、堀口編著（2017）中の軍司論文、pp.209-210も参照。

## 参考文献

〔1〕尾原浩子（2020）「農水省の予算削減による現場の波紋と対応」『農村と都市をむすぶ』2020年2月号、pp.27-34。

〔2〕「食料・農業・農村基本計画」編集委員会編（2020）『食料・農業・農村基本計画（2020年3月閣議決定）』大成出版社。

〔3〕農林水産省（2015）『平成27年版　食料・農業・農村白書』。

〔4〕農林水産省（2020）『令和2年版　食料・農業・農村白書』。

〔5〕堀口健治編著（2017）『日本の労働市場開放の現況と課題―農業における外国人技能実習生の重み―』筑波書房。
　　　―軍司聖詞「タイプ別地域別にみた外国人技能実習生の受入れと農業の結合」、pp.31-62。
　　　―安藤光義「技能実習生導入による農業構造の変化―国内最大規模の技能実習生が働く茨城県八千代町の動き―」、pp.63-79。
　　　―軍司聖詞「派遣労働者を急増させるベトナム―中国に代わるベトナム・急増の背景と受入れの実際―」、pp.204-223。

〔6〕堀部篤（2020）「農の雇用事業の成果と課題」『農村と都市をむすぶ』2020年2月号、pp.18-26。

〔2020年11月30日　記〕

# 第11章　畜産分野における基本計画の目標と国産飼料基盤の強化

鵜　川　洋　樹

　2020年3月に策定された「食料・農業・農村基本計画」（基本計画）の「まえがき」で、政府は「食料・農業・農村基本法」（基本法）の4つの基本理念（食料の安定供給の確保、多面的機能の発揮、農業の持続的発展、農村の振興）の具体化に取り組み、近年は農業の成長産業化に向けた改革として、「農林水産物・食品の輸出や農業所得が増加傾向にあり、若者の新規就農が増加するなど、その成果が着実に現れてきている」と評価している。さらに、今後は海外マーケットの拡大や田園回帰の全国的な広がり、SDGsの効果も期待している。他方、わが国の農業・農村の現実として、「農業者や農村人口の著しい高齢化・減少、これに伴う農地面積の減少という事態に直面しており、今後も、農業者の大幅な減少が見込まれる中で、農業の生産基盤が損なわれ、地域コミュニティの衰退が一層進む地域が発生する事態が懸念される」と指摘している。そして、基本計画は「農業者が減少する中にあっても、各般の改革を強力に進め、国内の需要にも、輸出にも対応できる国内農業の生産基盤の強化を図ることにより、需要の変化に対応した食料を安定的に供給する役割…」の道筋を示すことが重要なテーマであるとしている。

　前稿（鵜川2019）でも触れたように、基本法の4つの理念はわが国にとって極めて適切な内容であり、農林水産物・食品の輸出や若者の新規就農が増加していることも評価できることであるが、こうした「農業の成長産業化に向けた改革」が国内農業の生産基盤の強化につながっていないこと、そして、生産基盤の弱体化が進行していることを直視すべきである。そこには基本法の理念と具体的政策との乖離があり、たとえ個別の政策目標が達成されても理念には少

しも近づかないような実態が現実なのである。この乖離を埋めることが、基本計画の役割と考えられる。

　本章では、こうした視点から畜産分野を対象に基本計画を点検する。具体的には、はじめに畜産分野におけるコロナ禍の影響を概観し、次いで畜産分野の基本計画の枠組みの検討、最後に畜産競争力強化と飼料生産基盤について考察する。

## 1．畜産分野におけるコロナ禍の影響

　新型コロナウイルス（コロナ）に関わる緊急事態宣言が7都府県を対象に2020年4月7日に発出され、4月16日には全国に拡大された。国民生活レベルでは、宣言前から感染拡大防止のための外出自粛が全国に広がり、仕事や学校、外食、旅行、イベントなど幅広い分野に影響があり、農業も例外ではなかった。コロナの影響で人の移動が制限されたことから、農業生産部門では、外国人技能実習生が来日できず労働力不足になるなどの事態もみられたが、ここでは外出自粛の畜産物消費（需要）への影響について概観する。

　外出自粛は巣ごもり需要の増加と飲食・ホテル需要の減少につながり、食料の消費形態との関連では、巣ごもりは家庭内食の増加、飲食・ホテルは外食・業務用需要の減少に結びついた。この両者の違いが典型的に現れたものとして食肉価格があげられる。

　2020年1月から8月までの食肉価格の推移を対前年同月比の数値でみると、豚肉は家庭内食需要の増加により、4月と5月は前年比で120前後と大きく上昇している（図11－1）。実数では枝肉1kgあたり611円と630円と高い。最近年はPED（豚流行性下痢）など豚の感染症が拡大する中で生産量が減少し、豚肉相場は高値が続いていたが、コロナの影響で需要が増加し、一層の高値になり、豚肉生産の経営環境は好調を維持している。

　一方、牛肉（和牛）の対前年比は4月を底に74まで低下し、その後、回復しているが8月になっても90程度に低迷している。4月の実数は枝肉1kgあたり2,026円であり、前年に比べて722円も低くなっている。和牛肉は業務用の中でも高級な飲食店やホテルの需要が多く、外食自粛やインバウンド（海外から

図11-1　食肉価格の対前年同月比（2020年1～8月）

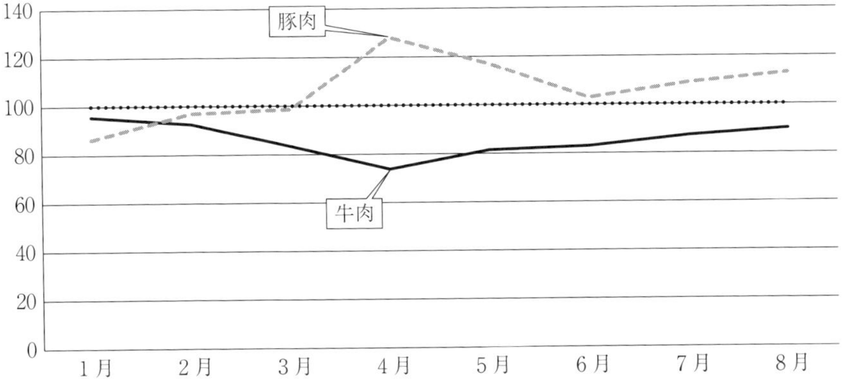

資料：東京都中央卸売市場、牛肉は「和牛去勢A5」規格、豚肉は「上」規格

の来日旅行者）消失の影響が大きく現れている。最近年の和牛肥育経営は、高価格で購入した肥育素牛の出荷時期になっても肥育牛価格（枝肉価格）がそれに見合って上昇しないことから、収益性が低下していた。加えて、コロナの影響で需要が減少し、経営環境はさらに悪化した。ただし、わが国の肉用牛経営には様々な経営安定対策が用意されている。肥育経営には牛マルキン（肉用牛肥育経営安定交付金制度）があり、コロナ対策として農家負担金の納付を免除し、交付金（国費分）を支給することとしている[1]。

　次に酪農経営への影響をみてみよう[2]。ここでは影響の現れ方が異なった日本とアメリカの比較から検討する。コロナの牛乳・乳製品の需要（消費）への影響は、日本では小学校や中学校の休校措置による給食用牛乳の需要消失があり、一方で乳製品の家庭内食増加があげられる。また、アメリカでは、生乳用途の多くをチーズが占めるなかで、ファストフードなど飲食店におけるチーズ需要の激減の影響が大きかった。こうしたコロナの影響について、はじめに、乳価の対前年同月比をみると、日本はほとんど変動がないのに対し、アメリカでは4月から6月にかけて大きく低下している（図11-2）。乳価の契約期間は、日本では年単位であるのに対し、アメリカでは月単位であることから生乳の需給状況が乳価に影響しやすい。そこで、生乳生産量をみると、日本はこの間、前年を上回り増産基調であり、前年を下回ることはなかった（図11-3）。ア

図11-2　乳価の対前年同月比（2020年1～8月）

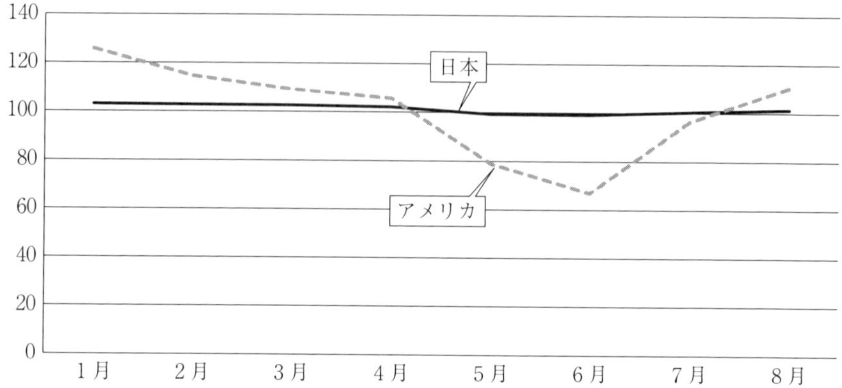

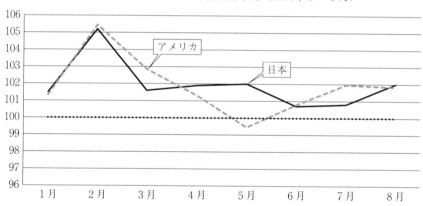

資料：［日本］農林水産省『農業物価指数』「生乳」
　　　［アメリカ］FMMO, Class I Milk Price

図11-3　生乳生産量の対前同月年比（2020年1～8月）

資料：［日本］農林水産省『牛乳乳製品統計』「生乳生産量」
　　　［アメリカ］USDA, Milk Production and All Milk Prices

メリカの生乳生産量も2月までは前年を上回ったが、その後、急減少し5月には前年を下回っている[3]。

　アメリカではチーズの需要減少が生乳生産量の減少に直結し、乳価の低下を招いたと考えられる[4]。一方、日本では需給調整が機能し、学校給食用に計画されていた生乳の用途を乳製品へ変更することができ、生乳廃棄も発生しな

かった。こうした用途変更ができたのは、日本の生産者団体（指定生乳生産者団体、指定事業者）は需給調整機能を持ち、日常的に乳業会社とのやり取りがあり、行政もそれを支援したからである。具体的には、学校給食向け生乳を脱脂粉乳、バター等の加工用へ用途変更することに伴う、生産者への価格差支援と乳業会社に対する支援を行っている[5]。このように日本では既存の制度を活用した需給調整がきめ細かく行われたのに対し、個人契約主体のアメリカでは市場調整型の取引が行われ、生産者への支援は事後的に行われている。

　このように、畜産分野におけるコロナの影響は牛肉価格の低下や学校給食用牛乳需要の消失などがあるが、生産者団体の機能や行政支援などにより、酪農経営への影響はほとんどなく、肥育経営についても一定程度に収まっている。これらは行政が既存の制度を活用してきめ細かに対応した結果といえるが、制度の枠組み自体の見直しも必要である。肥育経営に支払われる交付金（牛マルキン）は、生産費が販売額を上回った場合の「差額の9割補てん」となっているが、交付金の25％は生産者負担であることを差し引けば、実質補てん割合は6.75割となり、牛肉の生産費と販売額が高止まりしている中では経営安定対策としての効果は限定的である。例えば、2020年4月の肉専用種の差額（販売額－生産費）は、北海道▲356千円、宮崎県▲262千円、鹿児島県▲280千円と大きく、6.75割補てんでは、1頭あたり赤字額がそれぞれ116千円、85千円、91千円にもなる。酪農の生産者団体の需給調整については、改正畜安法により指定事業者以外への生乳出荷も補給金の対象になったことから、その機能が弱められた。また、需給調整の前提となる乳製品への用途変更については、貿易自由化が進み乳製品の国内生産量が減少すると、需給調整そのものの余地が狭められる。今後は、コロナ禍で表出した経営安定対策の根幹となる制度の脆弱性を克服するような見直しが求められる。

## 2．基本計画における畜産分野の枠組み

　畜産分野では、基本計画の策定時に「酪農及び肉用牛生産の近代化を図るための基本方針」（酪肉近）が作成され、基本計画で取り上げられた施策に関する対応方向や具体策が提示されている。また、酪肉近には生乳及び牛肉需要の

長期見通しと生産数量の目標が記載され、それは基本計画の食料自給率目標の算定基礎になっている。2020年に策定された酪肉近の10年後目標（2030年）では、生乳及び牛肉の輸出を含む需要はともに現状（2018年）よりも増加すると見込まれ、目標生産量も生乳で52万ｔ増加、牛枝肉で9万ｔ増加する計画になっている。

　基本計画のなかで畜産分野を特定した記述として、「農業の持続的な発展に関する施策」のなかの「需要構造等の変化に対応した生産基盤の強化と流通・加工構造の合理化」に「①肉用牛・酪農の生産拡大など畜産の競争力強化」がある。そこでは、生産基盤の強化として、高品質な牛肉を安定的に供給できる生産体制の構築、都府県酪農の生産基盤の維持・回復と北海道酪農の持続的成長が目指され、肉用繁殖めす牛の増頭、性判別技術による乳用後継牛の確保、ロボットやAIの普及・定着などが取り上げられている。また、そのための環境整備として、家畜排せつ物処理施設の機能強化や国産飼料の生産・利用の推進などを実施するとしている。

　そして、2020年の酪肉近は、国産畜産物に対する国内の需要増加と輸出拡大に対応するため、生産基盤の一層の強化を第1の柱とし、収益性や自給飼料、畜産環境問題に対応した、次世代に継承できる持続的な生産基盤の創造を第2の柱としている。生産基盤強化の具体策として、新技術による家族経営の生産性向上、規模拡大の支援、経営能力の向上、経営資源の継承、外部支援組織の強化、ICT、国産飼料基盤、経営安定対策などがあげられ、そのなかの一部は「総合的なTPP等関連政策大綱」（政策大綱）で措置されている。この政策大綱のなかで強い農業づくり（体質強化対策）として取り組まれているのは、担い手育成、輸出など需要フロンティアの開拓、産地イノベーション、畜産・酪農収益力強化であり、これらは具体的な事業として実施されている。

　このように、2020年の酪肉近は、現状を上回る目標生産量を設定した意欲的な計画[6]であり、基本方針のなかに家族経営を明確に位置づけたことが特徴[7]とされている。

　畜産分野の政策は、基本法の理念が基本計画や酪肉近でブレイクダウンされ、営農現場で実施される事業につながっている（図11-4）。これは、実施事業

図11－4　基本計画の畜産分野と酪肉近方針の枠組み

| 基本法 | 食料の安定供給の確保、多面的機能の発揮、農業の持続的な発展、農村の振興 |
|---|---|
| 基本計画 | 肉用牛・酪農の生産拡大など畜産の競争力強化<br>（生産基盤の強化、環境整備） |
| 酪肉近 | ・生産基盤強化のための対応方向（酪農、肉用牛、地域連携）<br>・生産基盤強化のための具体策<br>（新技術による家族経営の生産性向上、規模拡大の支援、経営能力の向上、経営資源の継承、外部支援組織の強化、ICT、国産飼料基盤、経営安定対策） |
| TPP 政策大綱<br>（体質強化対策） | ・担い手育成（新規就農、担い手支援）<br>・輸出など需要フロンティアの開拓（グローバル産地、施設整備）<br>・産地イノベーション（産地パワーアップ、スマート農業）<br>・畜産・酪農収益力強化（増頭・増産、国産チーズ、畜産クラスターの拡充と要件緩和、自給飼料の増産） |

のフローとしては一貫性があり、体系的といえるが、重要なことは事業を実施することではなく、事業をとおして基本計画や酪肉近の政策目標が実現できるかどうかである。この点に関わって、酪肉近の総論には、「現在は、生産基盤回復のスタート地点に立ったところである」との記述がある。この認識は率直で正しいものと評価できるが、しかし、これでは今まで実施してきた事業の帰結が問われるともいえる。営農現場で実施された様々な事業が、基本計画や酪肉近の政策目標の実現にどのように寄与したのか、図11－4のフローを逆に辿るような視点が不可欠である。次節では、こうした視点から、畜産の生産基盤として重要な国産飼料基盤の施策について検討する。

## 3．国産飼料基盤の強化

　基本計画では「国産飼料基盤に立脚した畜産業を確立する観点」から、飼料自給率を2018年の25％から2030年には34％への上昇が目標とされている。そのため、飼料作物（粗飼料）の生産量は2018年の350万ｔから2030年には519万ｔ

への増加が生産目標とされ、粗飼料自給率は2018年の80％から2030年には100％に上昇する目標値となっている。また、飼料用米は同じく43万ｔから70万ｔへの増加が目標とされている。これらの目標達成のため、酪肉近では国産飼料基盤強化の具体策として、次の施策（事業）があげられている。

- ・優良品種の普及、草地整備、複数草種の導入、青刈りとうもろこしの生産
- ・コントラクターやTMRセンターの活用、放牧利用
- ・飼料用米の多収品種の利用、コスト削減、畜産物のブランド化、複数年契約
- ・子実用とうもろこしの生産・利用体系の構築
- ・エコフィードの安定的原料調達

　これらの施策は国産飼料基盤の強化にとって重要であり、一定の効果があると考えられる。しかし、ここで問われるべきことは、これらの施策が基本計画で目標とされた飼料作物や飼料用米の生産量増加にどれだけ寄与できるかである。これらの施策は、飼料用米の複数年契約や子実用とうもろこしを除けば、これまで継続的に実施されてきた施策であるが、その結果、飼料作物（粗飼料）の作付面積は逓減傾向、飼料用米の作付面積は大きく変動し、最近年は減少傾向となっている。つまり、これらの施策は国産飼料基盤の強化にとって重要ではあるが、基本計画の目標達成にとっては限定的な効果に留まったといえる。その要因は次のように考えることができる。

　はじめに、優良品種の普及や草地整備などの施策が飼料作物の面積増加に結びつかない要因は、飼料生産と家畜生産を分けて施策を実施しているからと考えられる。例えば、基本計画では粗飼料自給率100％を目標にしているが、都府県で大きなシェアを占める酪農メガファームが粗飼料を100％自給することは想定できないし、酪農メガファームに国産の流通粗飼料を自給率100％の水準で供給できるような牧草経営体も見当たらない。このことは都府県のほとんどすべての肥育経営にも当てはまる。飼料作物の面積増加を進めるには、営農現場で飼料作物を生産している経営の単位で施策を設計し、経営構造をふまえた事業が必要である。例えば、都府県酪農で飼料作物を生産しているのは家族経営にほぼ限定されることから、飼料作物の面積増加には、家族経営を対象と

する土地利用調整（農地の集積と集約）の集中と土地利用型畜産に対するインセンティブが効果的と考えられる。畜産経営において、給与飼料として国産飼料作物が選択されるためには、輸入粗飼料との生産物あたりコスト競争で優位な条件[8]が必要であり、そのための飼料作物の低コスト生産には面積の集積・集約が不可欠だからである。加えて、労働力不足が切迫した経営課題になっている畜産経営において飼料作物生産に労働力を投入するためには、労働時間あたり収益の向上が必要となることから、これを後押しする行政的なインセンティブが必要と考えられる。ここで重要なことは、優良品種の普及や草地整備などのモノ別の施策に留まるのではなく、飼料作物の面積を増加するという経営行動につながるような、経営構造を踏まえた経営単位の施策とすることである[9]。

　次に、飼料用米の多収品種の利用やコスト削減、畜産物のブランド化などの施策が飼料用米の作付面積の増加に結びつかない要因は、飼料用米が転作作物の枠組みで生産されているからと考えられる。飼料用米は、コメ生産調整のための転作作物としてスタートしたが、畜産経営における給与飼料として一定の位置づけを獲得した今日的状況では、安定供給が不可欠な条件になっている。例えば、食肉通信社（2020、2019）によれば、我が国には420の豚肉ブランドがあり、そのうち「給与飼料」や「特長」として飼料用米をあげているブランドが69に達する（表11-1）。地域別では、稲作主産地とされる東北や関東地域で多く、この2地域で38あり、半数以上を占めている。なかでも山形県では豚肉ブランド14のうち6ブランドが飼料用米を特長としている。また、牛肉についても同様であり、合計367ブランドのうち28ブランドが飼料用米を特長とし、東北や関東地域で半数以上を占めている。このように、飼料用米利用による畜産物のブランド化は相当程度広がり、そのブランドを維持するためには飼料用米の安定的な供給が不可欠になっている[10]。

　しかし、転作作物としての飼料用米生産では、主食用米への切り替え可能であることが前提にされ、毎年のように主食用米との有利性比較が行われ、飼料用米の作付面積が主食用米価格の変動に左右されることになる。稲作経営が、経営目標である農業所得や企業利潤の最大化のために、作付作物を選択するの

表11-1　食肉ブランドと飼料用米

| | 豚肉ブランド数 | | 牛肉ブランド数 | |
| --- | --- | --- | --- | --- |
| | | うち飼料用米 | | うち飼料用米 |
| 北海道 | 33 | 6 | 63 | 3 |
| 東　北 | 57 | 17 | 66 | 10 |
| 　青　森 | 8 | 3 | 8 | 0 |
| 　岩　手 | 16 | 3 | 26 | 5 |
| 　宮　城 | 11 | 3 | 15 | 3 |
| 　秋　田 | 6 | 2 | 7 | 2 |
| 　山　形 | 14 | 6 | 5 | 0 |
| 関東・東山 | 140 | 21 | 81 | 8 |
| 　茨　城 | 21 | 3 | 11 | 1 |
| 　栃　木 | 12 | 1 | 19 | 4 |
| 　群　馬 | 34 | 4 | 7 | 0 |
| 　埼　玉 | 22 | 2 | 5 | 0 |
| 　千　葉 | 21 | 3 | 15 | 0 |
| 　神奈川 | 10 | 2 | 10 | 3 |
| 　長　野 | 14 | 4 | 7 | 0 |
| 北陸・東海・近畿 | 69 | 7 | 59 | 1 |
| 中国・四国 | 18 | 1 | 39 | 3 |
| 九州・沖縄 | 98 | 17 | 48 | 3 |
| 全国 | 5 | 0 | 11 | 0 |
| 合計 | 420 | 69 | 367 | 28 |

資料：株式会社食肉通信社『銘柄豚肉ハンドブック2020』(2020)、『銘柄牛肉ハンドブック2019』(2019)
に基づき作成。

は合理的な経営行動であり、この経営行動が飼料用米生産の安定的な拡大につ
なげるようにするのが行政の役割である。例えば、飼料用米を転作作物生産か
ら切り離す手法の1つとして、飼料用米に関する助成金の位置づけを「水田活
用の直接支払交付金」から「畑作物の直接支払交付金」に移すことが考えられ
る。飼料用米は畑作物ではないので名称の変更は必要であるが、「畑作物の直
接支払交付金」の趣旨は、実質的に輸入自由化されている穀物の販売価格と生
産費との差額を助成するもので、ここに飼料用米を加え、飼料用米の販売価格
＝輸入トウモロコシ価格と生産費の差額を助成するものである。そこでは、飼
料用米生産者が主食用米へ転用できない専用品種での栽培を前提に、長期的に
取り組むことができ、低コスト化へのインセンティブを内蔵した制度とするこ
とが重要で、面積払いや数量払いを組み合わせた交付金の制度設計が求められ

る。主食用米の需要減少が確実視されるなかで、飼料用米などへの作付転換を一方通行とすることで飼料用米の安定供給を確保することができる。そこでの転作作物への作付転換は、主食用米の長期的な価格動向を踏まえた、経営判断としてコメ生産調整が実施される体制が前提になる。

　これまでみてきたように、コロナ禍に関わる生乳の需給調整では、行政や生産者団体、乳業会社が連携し、生乳廃棄を出さずに乗り切ることができたことは高く評価できる。また、酪肉近や政策大綱に基づく個別の事業はそれぞれが一定の成果をあげている。こうした個別の制度や事業の枠内では、きめ細かく対応し、営農現場においても大きな成果をあげていると評価できる。しかし、これらの個別の事業の成果を積み上げても、基本計画や酪肉近が目標とする生産基盤の強化に結びついていない。国産飼料基盤を対象にその要因を検討すると、飼料作物では実施事業がモノ別になっていること、飼料用米では主食用米生産中心の制度になっていることが考えられた。国産飼料基盤の強化のためには、飼料作物や飼料用米を生産する経営の単位で制度を設計し、それぞれの生産面積の増加につながる経営行動を引き起こす政策が求められる。

## 注

1 ）日本農業新聞（2020年 9 月 3 日）。
2 ）野村俊夫（2020）「コロナの影響：主要酪農国と日本の違い」（酪青研第 1 回web 講習会2020年 9 月）『酪農青年』（593）、2 - 6 、（2020年10・11月号）による。
3 ）藤原琢也（2020）によると、米国の生乳生産量は2020年 4 月まで10カ月連続で増加していた。しかし 4 月以降、新型コロナウイルス感染症の拡大により外食産業の営業が制限され、ピザ店におけるチーズ消費などを中心に乳製品消費量が減少した。さらに、物流面での混乱により、生乳が処理できず農地への廃棄などが生じた影響で、 5 月は対前年比0.5％減と11カ月ぶりに減産に転じた。
4 ）藤原琢也（2020）では、「USDA および米国乳製品輸出協会（USDEC）によると、協同組合をはじめとする乳業メーカーの供給過剰抑制措置」により乳価が引き下げられたとしている。
5 ）農林水産省（2020）、小田志保（2020）。
6 ）日本農業新聞（2020年10月 5 日「論説」）。
7 ）伊本克宜（2020）。

8）自給飼料生産には家畜ふん尿処理などの効果もあることから、コスト競争だけが選択条件ではないが、コストが最も重要な条件と考えられる。

9）金沢夏樹（1984）の引用「生産あって経営なし」が、30年以上経過した現在でも妥当している。

10）筆者が聞き取り調査した、秋田県の大規模養豚経営の事例では地元産の飼料用米を給与したブランド豚肉を生産しているが、飼料用米の供給量が2019年までの800t から2020年には500t に減少し、これ以上減少するとブランドの維持が難しい事態になっている。なお、飼料用米を特長とする豚肉のブランドは69と多いが、すべてのブランドで大きく優位な価格を実現しているのではなく、差別化商品としてのブランド化については引き続き取り組みが必要である。

## 引用文献

〔1〕鵜川洋樹（2019）「食料需給構造の変化からみた基本計画の検証―需要構造の変化に対応した生産・供給体制と土地利用―」谷口信和・安藤光義編『日本農業年報65　食と農の羅針盤のあり方を問う―食料・農業・農村基本計画に寄せて―』農林統計協会、57-70。

〔2〕藤原琢也（2020）「海外の需給動向【牛乳・乳製品／米国】」『畜産の情報』（373）、44-47、（2020年11月号）。

〔3〕農林水産省（2020）「新型コロナウイルスへの対応」『食料・農業・農村白書令和2年版』農林統計協会、338-339。

〔4〕小田志保（2020）「新型コロナウイルスの影響から考える酪農・乳業の現状―生乳の需給調整に注目して―」『中酪情報』（588）、4-13（2020年7月）。

〔5〕伊本克宜（2020）「農業白書を読み解く」『中酪情報』（588）、2-3（2020年7月）。

〔6〕金沢夏樹（1984）『農業経営学講義（第3版）』養賢堂、318。

〔2020年11月30日　記〕

# 第12章　新基本計画の推進とスマート農業

梅　本　　雅

## 1．課題の設定

　本稿の課題は、新型コロナウイルスの蔓延が進みつつある中で策定された食料・農業・農村基本計画（令和2年3月。以下、「新基本計画」）の推進に当たって、現在進められているスマート農業がどのような役割を果たしていくかを考察することにある。

　新基本計画は、食料・農業・農村基本法に基づき5年ごとに策定されるものであり、中長期的な食料・農業・農村をめぐる情勢の変化を見通しつつ、今後10年程度先までの施策の方向等を示すものとされている。その際、新基本計画の「まえがき」では、最初に「国内ではかつてない少子高齢化・人口減少の波が押し寄せ、特に地方では都市部よりもその影響が顕著に現れている。（中略）一方、ロボット、AI、IoT といった技術革新（中略）など、我が国経済社会は新たな時代のステージを迎えている」というように、少子高齢化社会の到来を意識しつつ、一方では、「ロボット、AI、IoT」といったスマート技術の展開から新たな段階に至りつつあるという評価を行っている。

　今回の新基本計画を読むと、各所に「スマート農業」という言葉が記載されている。このようにマート農業は、新基本計画の推進に対して重要な役割を果たすものと理解されているのであるが、一方では、スマート農業はまだその端緒が築かれつつある段階にあり、この点では、スマート農業の役割そのものについての実証的な検討が必要であろう。そのため、以下では、新基本計画におけるスマート農業の位置づけを確認するとともに、現在、生産現場において実証が進められているスマート農業技術の現状を整理する。そして、それらを踏

まえ、スマート農業の可能性や今後の課題に言及することとしたい。

## ２．新基本計画におけるスマート農業

　上述したように、新基本計画では様々な場面でスマート農業が取り上げられている。まず、「食料、農業及び農村に関する施策についての基本的な方針」では、「スマート農業の加速化と農業のデジタルトランスフォーメーションの推進」として、「ロボット、AI、IoT など社会の在り方に影響を及ぼすデジタル技術が急速に発展する中、政府においても『Society 5.0』を提唱し、近年、ドローンやデータを活用した生産性を高める技術が農業分野においても実用段階に入った今こそ、その社会実装を強力に推進する必要がある」（括弧内の文章は新基本計画から引用。本項における以降の箇所も同様）として、政府のデジタル化の推進に対応させつつ、新たな農業への変革（農業 DX）の実現という観点のもとでスマート農業が位置付けられている。

　スマート農業の中核に位置するのがスマート農業技術である。新基本計画では食料自給率目標の策定と合わせて令和12年度における生産努力目標が整理されているが、そこでも、作目ごとの克服すべき課題の記載において「米：多収品種やスマート農業技術等による多収・省力栽培技術の普及」「小麦：スマート農業の活用による生産性の向上」「茶：スマート農業技術の活用による省力化や生産コスト低減」などが指摘されている。また、各作目の生産拡大に関する方針でも、野菜作では「ドローンによる肥料・農薬散布の普及、ロボット、AI、IoT、環境制御技術等を活用したデータ駆動型農業への転換を推進」、果樹では「ロボット、AI、IoT 等の先端技術の開発・導入等による労働生産性の向上」をあげている。

　一方、スマート農業は生産場面に限らない。例えば、「新たな市場創出に向けた取組」ではスマート育種による新たな農産物・食品市場創造の可能性を指摘するとともに、「食品産業の競争力の強化」では電子タグ等の技術を活用した商品・物流情報のデータ連携等による業務の効率化・省力化や、「食品産業における労働力不足の解消に向け、ロボット、AI、IoT 等の基盤となる技術やシステムの共同での開発を支援することで、食品工場等の自動化、省人化を

推進」というように、食品流通・加工の場面でのスマート化も提起されている。

　加えて興味深いのが、「次世代型の農業支援サービスの定着」として、「ド
ローンや自動走行農機などの先端技術を活用した作業代行やシェアリング・
リース、食品関連事業者と連携した収穫作業などの次世代型の農業支援サー
ビスの定着を促進」というように、新たなビジネスモデルの提案を行っている
ことである。これには、スマート農機の導入には経費がかかることから、作業委
託や機械のシェアリング・リース等を通して低コスト化を図り、スマート農機
を広範に普及させていきたいという意図もあろう。

　さらに、「農地中間管理機構のフル稼働」でも、スマート農業推進の観点か
ら農地利用の効率化が指摘されるとともに、「自動走行農機や ICT 水管理等の
営農の省力化等に資する技術の活用を可能にする農業生産基盤の整備を展開す
るとともに、関係府省と連携し、農業・農村における ICT 利活用に必要な情
報通信環境の整備を検討し、農業の担い手のほぼ全てがデータを活用した農業
を実践するために望ましい環境整備に取り組む」というように、生産・社会基
盤もスマート農業に適合したものへと変更していく方針が掲げられている。

　以上のように、生産対応、流通再編、新たなサービス事業の展開に加え、ス
マート農業を展開していくための土地基盤条件、情報通信環境の整備、さらに、
人材育成も図りつつ、スマート農業を活用した施策推進が図られようとしてい
ると言えよう。

## 3．スマート農業技術の現状

　新基本計画では、上述したように広範な観点からスマート農業が位置付けら
れているが、実際の取り組みはこれらかという部分もある中で、労働力不足へ
の対応、データ駆動型農業への転換、あるいは、新たなビジネスの形成がどれ
だけ進んでいくかは実態に即して検討していく必要がある。そのため、ここで
は、スマート農業技術の現段階を、スマート農業実証プロジェクト[1]の結果か
ら確認する。なお、このスマート農業実証プロジェクトは令和元年度から開始
されたが、初年度ということもあり、まだ試行錯誤の面がある。そのため、こ
れらのデータからスマート農業技術の経済性を評価することは早計な面がある

が、しかし、実際の営農現場での取組という点での特徴は一定程度把握できると思われる。

　用いるデータは、農林水産省と農研機構により2020年10月に公表された「スマート農業実証プロジェクトによる水田作の実証成果（中間報告）」である[2]。ここでは、水田作部門における3つの事例（平坦地水田、中山間、輸出）について、労働時間や経営収支に関する慣行区とスマート実証区との比較が行われている。

　スマート農業技術は農業経営にとって様々な効果をもたらすが、中でも期待が大きいのが、高齢化に伴い労働力不足が進行し、かつ、コロナ禍のもとで外国人労働力に依存する野菜作経営等での人材不足が深刻化する中でのスマート農機の導入による作業の省力化・省人化であろう。

　表12-1は、このような観点から作業別にロボット農機及び自動化農機[3]の導入による10a当たり労働時間の変化をみたものであるが、この表から分かるように、作業方法そのものが変わるドローンの防除作業における省力効果が大きい。しかし、これは、慣行が動力噴霧器などを用いた人力作業であり、それ

表12-1　作業別労働時間の削減率

（単位：時間／10a、％）

| | 慣行<br>（a） | スマート<br>農機（b） | 削減率<br>（（a－b）/a） | 備考 |
|---|---|---|---|---|
| ロボットトラクタ・<br>耕起 | 0.44 | 0.31 | 30 | 2台協調・6事例平均 |
| ロボットトラクタ・<br>代かき | 0.65 | 0.48 | 26 | 自動操舵・3事例平均 |
| 直進キープ田植機 | 1.56 | 1.35 | 13 | 9事例平均 |
| ドローン農薬散布 | 0.95 | 0.18 | 81 | 慣行防除はセット動噴3事例、<br>ブームスプレヤー1事例、自<br>走式動噴1事例 |
| 自動水管理システム | 1.55 | 0.2 | 87 | 設置時期は5～9月3事例、<br>7～8月1事例 |
| 自動運転コンバイン | 0.72 | 0.59 | 18 | 慣行4条・スマート6条自脱<br>1事例、慣行8条自脱・ス<br>マート汎用1事例 |

注：本表は、文中に示す農林水産省・農研機構「スマート農業実証プロジェクトによる水田作の実証成果（中間報告）」2020年10月のデータを引用、加工したものである。表12-2、表12-3についても同じ。

に対してドローンを用いた作業を行うことで大きく省力化されるのはいわば自明である[4]。また、自動水管理システムについても大きな省力効果が生じているが、ここでは自動水管理を実施した圃場での労働時間の変化を示しており、これも自動的に給水がなされることから、労働時間の削減は大きくなる。一方、機器は圃場ごとに設置する必要があるため、すべての圃場に設置しようとすると多額の費用がかかる。したがって、経営全体の効果としてみる場合には注意が必要である。しかし、例えば、今回の中山間の事例では自動水管理システムは自宅から離れた圃場にのみ導入しており、コストを大きく増加させることなく導入メリットを発揮させている。利用の仕方により費用対効果は変わってくるのであり、まさにICT機器やスマート農機をどう利用していくかの検討が重要である。

　スマート農業技術で特に注目されるのが無人で動くロボット農機の導入効果であるが、耕起及び代かき作業についての有人トラクターと無人トラクターの協調作業の実証結果を見ると、平均で26〜30%という労働時間の削減率となっている。ロボットトラクターの場合、オペレーター1名が2台のトラクター（1台は有人）を利用して作業を実施することから、概念的には作業能率は2倍に、したがって、労働時間の削減率は5割になることが想定されるが、実態はそうなっていない。これは、安全性を確保するため有人監視のもとで協調作業として実施されていることに加え、ロボットトラクターは、農道においては人が運転して移動する必要があること[5]、また、プログラム設定のため有人により圃場の外周を走行することで圃場の位置や形状を設定するなど自動走行に向けた準備が必要になる、あるいは、肥料などを散布する場合の資材の補給作業は人力で実施せざるを得ないといったことが影響している。換言すれば、現状では圃場内の機械作業のみがロボット農機に代替できるのであり、その効率性が発揮されるには、全体の労働時間の中での圃場内作業の割合を大きくすること、すなわち、圃場間移動時間や補助作業を少なくしていく必要がある。この点で、圃場の大区画化や面的集積、さらには、作業方式の転換が、スマート農機導入による省力効果の発揮には重要となることを意味している。

　なお、表12-1では直進キープ田植機による省力効果は14%となっているが、

この場合、オペレーターは田植機に乗車しており、無人での作業ではない[6]。この点では、自動操舵により直進性が確保され、移植作業の速度が早くなったことが省力化につながったと思われる。また、このような自動操舵による直進キープ機能が確保されることで熟練技術を持たない従業員に田植作業を任せることができるといった効果も指摘されている。

　表12－1には自動運転コンバインのデータも示されている。そこでは機械としては自動で走行させることは可能となっているが、安全対策の観点から人が乗車している[7]。しかし、設定した経路で走行することが可能なことから収穫作業の効率化が図られており、表の18％の省力化はそのような走行上の運転支援の効果が表れたものと言えよう。

　以上は作業ごとの省力化の状況を見たものであるが、表12－2は、対象となった3つの経営事例のスマート農業技術について10a当たりの稲作労働時間を慣行区と実証区で比較したものである。これによれば、合計で見た労働時間の削減率は4～13％であり、この点では、スマート農業技術の省力効果は経営全体としてみれば限定的とも言える。これは、表に示すようにすべての作業がスマート化されるのではなく、育苗や乾燥調製など従来方式に依存せざるを得ない作業も多いことに加え、スマート技術それ自体の省力効果も、小計の欄に示すように10～19％であることによる。この点では、現在進められている機械作業以外の部分の自動化を進めていくことや、技術体系そのものの再編を図っていくことが省力化には必要と言えよう。

　最後に、表12－3は、同じく3事例について、慣行区と実証区の10a当たりの収支を比較したものである。なお、ここでは実証事業で収集された経営データに基づく試算がなされているが、その際、特に、機械・施設費については、慣行区では実証経営の固定資産台帳に基づく償却費が計上されている。一方、実証区は、表12－3に示すようなスマート農機の導入を考慮して計算されているが[8]、その際、10a当たり償却費の算出に当たっては表の上段に示す実証面積を用いて計算しており、そして、それらは事業初年度ということもあり15.2～21haと限られている。そのため、機械・施設償却費が慣行区に比べ1～3.3万円／10a多くなっており、そのこともあり、収量水準の向上による収入増加

表12-2　スマート農業技術導入による稲作労働時間の変化

(単位：時間／10a、％)

| | 大規模水田作の事例 | | | | 中山間水田作の事例 | | | | 輸出水田作の事例 | | | |
|---|---|---|---|---|---|---|---|---|---|---|---|---|
| | 慣行 | 実証 | 削減率 | スマート農機 | 慣行 | 実証 | 削減率 | スマート農機 | 慣行 | 実証 | 削減率 | スマート農機 |
| 育苗 | 2.9 | 2.9 | 3 | - | 2.1 | 2.3 | -11 | - | 0.8 | 1 | -33 | - |
| 耕起・代かき | 1.6 | 1.5 | 5 | ロボットトラクタ | 2.2 | 1.7 | 20 | ロボットトラクタ | 1.2 | 0.9 | 25 | ロボットトラクタ |
| 移植 | 3.6 | 3.2 | 12 | 直進キープ田植機 | 1.2 | 1 | 20 | 直進キープ田植機 | 0.9 | 0.8 | 14 | 直進キープ田植機 |
| センシング | | | | | - | 0.8 | - | センシングドローン | | | | |
| 防除 | 1.1 | 0.1 | 89 | 農薬散布ドローン | 1.7 | 0.3 | 81 | 農薬散布ドローン | 委託 | 0.3 | - | 農薬散布ドローン |
| 水管理・畦畔草刈 | 0.6 | 0.3 | 41 | 自動水管理（7～9月のみ） | 3.2 | 3.4 | -7 | 草刈機（一部） | 0.04 | 0.03 | 14 | 水位センサー |
| 収穫 | 0.6 | 0.9 | -49 | 食味・収量コンバイン | 1.2 | 1.2 | 2 | 自動運転コンバイン | 1 | 0.8 | 20 | 汎用収量コンバイン（自動運転） |
| 小計 | 7.5 | 6 | 19 | - | 9.4 | 7.6 | 19 | - | 3.2 | 2.9 | 10 | - |
| 乾燥調製 | 0.7 | 0.9 | -25 | - | 1.7 | 1.7 | 0 | - | 0.8 | 0.8 | 0 | - |
| その他 | 3.2 | 2.7 | 15 | - | 1.5 | 0.6 | 59 | - | 1.4 | 1.2 | 12 | - |
| 合計 | 14.4 | 12.5 | 13 | - | 14.7 | 13 | 12 | - | 6.1 | 5.9 | 4 | - |

や、省力化による人件費削減はあるものの、10a当たりの利益としては慣行を下回る状況にある。

　この要因は、まずは、上記のように実証面積が小さいということがあるが、これについては事業2年目に入って多くの経営で実証面積の拡大が進められており、この点では固定費の削減に寄与していくと考えられる。しかし、それでも、これらスマート農機の導入に伴い、例えば、今回の事例では、ロボットトラクター100psが1,600万円（基地局設置に関わる費用を含む）、GPSレベラー600万円、直進キープ田植機480万円、自動水管理装置770万円、ドローン270万円、収量コンバイン1,900万円というように多額の投資を伴っており、このことが減価償却費を大きく増加させている。実証経営の中には経営面積が約160haに

表12－3　スマート農業技術導入による稲作収支の変化

（単位：千円／10a）

| | 大規模水田作の事例 | | 中山間水田作の事例 | | 輸出用水田作の事例 | |
|---|---|---|---|---|---|---|
| | 慣行区<br>（124ha） | 実証区<br>（18ha） | 慣行区<br>（15.5ha） | 実証区<br>（15.2ha） | 慣行区<br>（一般品種・主食用<br>54ha） | 実証区<br>（多収品種・輸出用<br>2ha） |
| 収入 | 120.9 | 125.8 | 158.5 | 179.6 | 111.9 | 126.2 |
| 販売収入 | 118.3<br>収量582kg／10a、価格203円／kg | 122.4<br>収量602kg／10a、価格203円／kg | 156.9<br>収量448kg／10a、価格350円／kg（直接販売） | 178.1<br>収量508kg／10a、価格350円／kg（直接販売） | 111.9<br>収量452kg／10a、価格248円／kg | 106.2<br>収量627kg／10a、価格169円／kg |
| その他 | 2.6　くず米など | 3.4　くず米 | 1.6　くず米 | 1.6　くず米など | 0　助成金 | 20　助成金 |
| 経費 | 90.6 | 122.9 | 118.3 | 142.4 | 52.6 | 72.6 |
| 種苗費 | 1.6 | 2.3 | 1.7 | 1.6 | 6 | 15 |
| 肥料費 | 6.7 | 7.3 | 5.9 | 7.3 | 1 | 1 |
| 農薬費 | 12.2 | 12.6 | 12.4 | 11.7 | 14.2 | 14.2 |
| 機械・施設費 | 12.8<br>中古トラクター、レベラー、中古田植機、動噴、中古コンバインなど | 46.2<br>ロボットトラクタ、GPSレベラー、直進キープ田植機、農薬散布ドローン、自動水管理システム、収量・食味コンバインなど | 46.9<br>トラクタ、田植機、セット動噴、コンバインなど | 72.3<br>ロボットトラクタ、直進キープ田植機、リモコン式自走草刈機、農薬散布ドローン、自動運転コンバインなど | 4.4<br>トラクタ、田植機、乗用管理機、コンバインなど | 14.9<br>ロボットトラクタ、直進キープ田植機、農薬散布ドローン、汎用収量コンバイン（自動運転）など |
| 人件費 | 21.6<br>労働時間14.4時間／10a | 18.8<br>労働時間12.5時間／10a（人件費13％減少） | 22.1<br>労働時間14.7時間／10a | 19.5<br>労働時間13.0時間／10a（人件費12％減少） | 9.1<br>労働時間6.1時間／10a | 8.8<br>労働時間5.9時間／10a（人件費4％減少） |
| その他 | 35.5　小作料など | 35.7　小作料など | 29.4　小作料など | 30.1　小作料など | 17.8　小作料など | 18.7　小作料など |
| 利益 | 30.4 | 2.9 | 40.2 | 37.2 | 59.3 | 53.6 |

達する大規模経営もあり、そのような面積を適期内に作業していくことも念頭にこのようなスマート農機の導入が検討されたわけであるが、それでもかなり高額な機械投資になることは確かである。この点では、実証面積の拡大も必要であるが、同時に、スマート農機の抵コスト化や、その導入効果を発揮させていくための条件整備が改めて必要と言えよう。

## 4．スマート農業の理解と今後の課題

　前項ではスマート農業実証プロジェクトにおける初年度のデータを基にスマート農業技術の省力効果や経済性の現状を確認した。しかし、そのような労働時間の変化や機械償却費の増加等の観点のみからスマート農業の可能性を評価することは適当ではない。特に、今回の整理で十分言及できなかったのが、食料・農業・農村基本計画の主要な課題である食料の安定供給という観点からの食料自給給率の向上に関してスマート農業技術が有効性を持つかである。筆者は、これまで、基本計画の生産努力目標については、長年、計画は策定されながらも、その実績においては大きな変化がなく、生産力的改善がないまま推移してきているという問題点を指摘してきた。表12－4は、過去4回を含めた主な作物の作付面積や単収に関する生産努力目標の設定と実績（現状値）について整理したものである。注目すべきは、毎回、基本計画では努力目標とすべき数値が設定され、様々な取組が進められながら、20年以上たってもほとんどその向上が見られないということである。この点では、新基本計画の推進にスマート農業が意味を持つかどうかの判断も、それが生産努力目標の達成に真に貢献するものとなるかがまず検討される必要があろう。

　スマート農業は、農林水産省によれば「ロボット、AI、IoTなど先端技術を活用する農業」とされているが、どうしてもロボットトラクターやドローンといった新しい機械の利用による省力化が注目されやすい。しかし、スマート農業の本質は「データを活用した農業」であり、従来、経験や勘に依存する部分が大きかった中で、農作業や栽培管理、あるいは経営管理、販売・流通対応においてデータに基づく合理的な意思決定に沿った経営運営がなされていくことの効果や、経営組織の再編を通して農業生産の構造を大きく変えていく可能

表12-4　食料・農業・農村基本計画の生産努力目標における作付面積、収量に関する目標設定と実績

| 基本計画 | | 12年後の目標設定 | | | | | 計画時の実績 | | | | |
|---|---|---|---|---|---|---|---|---|---|---|---|
| | | 2000 | 2005 | 2010 | 2015 | 2020 | 2000 | 2005 | 2010 | 2015 | 2020 |
| 主要品目の作付面積（万ha） | 米（米粉・飼料用除く） | 186 (104) | 165 (99) | 158 (98) | 139 (87) | 132 (90) | 179 | 166 | 162 | 160 | 147 |
| | 飼料用米 | | | 9 (—) | 14 (636) | 10 (121) | | | 0.20 | 2 | 8 |
| | 小麦 | 18 (113) | 19 (90) | 40 (190) | 22 (105) | 24 (114) | 16 | 21 | 21 | 21 | 21 |
| | 大麦・はだか麦 | 8.9 (162) | 9 (138) | 9 (154) | 6 (103) | 7 (110) | 5.5 | 6 | 6 | 6 | 6 |
| | 大豆 | 11 (100) | 14 (93) | 30 (200) | 15 (115) | 17 (113) | 11 | 15 | 15 | 13 | 15 |
| | 飼料作物 | 110 (113) | 110 (118) | 105 (117) | 108 (121) | 117 (131) | 97 | 93 | 90 | 89 | 89 |
| 主要品目の10a当たり収量（kg） | 米（米粉・飼料用除く） | 520 (103) | 539 (103) | 541 (102) | 540 (102) | 547 (103) | 507 | 524 | 530 | 530 | 532 |
| | 飼料用米 | | | 800 (136) | 759 (149) | 720 (134) | | | 590 | 511 | 538 |
| | 小麦 | 436 (116) | 450 (122) | 453 (107) | 432 (114) | 454 (114) | 375 | 370 | 422 | 379 | 399 |
| | 大麦・はだか麦 | 396 (108) | 394 (109) | 391 (102) | 358 (113) | 337 (117) | 368 | 362 | 383 | 316 | 289 |
| | 大豆 | 221 (124) | 197 (109) | 201 (113) | 215 (126) | 200 (120) | 178 | 181 | 178 | 171 | 167 |
| | 飼料作物 | 4,461 (110) | 4,534 (119) | 4,534 (114) | 4,471 (125) | 4,134 (118) | 4,040 | 3,800 | 3,970 | 3,590 | 3,510 |

注：1）資料は平成12、17、22、27年、令和2年農業・食料・農村基本計画の生産努力目標。表示は西暦で行っている。（紙面の削約から「年度」は省略）。
2）本表の括弧内の数字は、基本計画の生産努力目標。表示は西暦で行っている。基本計画の策定年度において、例えば、2005年度の策定年度において示されているものである。なお、飼料用米の数字が設定されているのである。なお、飼料用米の増加率は分母が小さいときに極端な数字になるため表示上の削約から―（ハイフン）で示した。なお、実績は、基本計画策定時の2年前の年次の数字である。

性を内包しているという点にこそ意義があろう。特に、食料・農業・農村基本
計画の根幹とも言える食料の安定供給に向けた作物の収量性・安定性の向上や、
省力効果が確実に発揮される条件を整えていくこと、さらに、農業者にとって
十分な利益が確保されるよう収入の増加と合わせて導入コストの削減を図って
いく必要がある。

　そのためには、新基本計画でも指摘されているように、スマート農業技術の
普及に加えて、農地基盤、情報通信基盤、各種の法制度・規制の改定や、さら
には、土地利用方式や栽培体系、品種更新など、農業生産の仕組みそのものの
変革を進めていく必要がある。現状においてスマート農業技術は部分技術とし
て展開している側面が強く、営農システムとしての展開は図られていない。し
たがって、①現在は部分技術であるといえるスマート農業技術を体系化し、経
営の中に定着していくための条件を整えていくこと、②スマート農機やICT等
の導入だけでなく、新品種の開発やその普及条件の整備、③新たな栽培技術の
構築・普及や、従来の水稲作を中心とする水田利用からの転換[9]、さらに、④
担い手の農地集積が進む中で、それらを面的集積につなげ、大区画化や圃場間
移動の削減、あるいは、1つの圃区やまとまった団地などより広範な範囲での
農地の一括的な利用体制の構築と、注5に示したような自動化農機の農道およ
び公道走行に向けた条件整備についての周知・拡張、⑤ローカル5G等新たな
データ通信に関わる仕組みや基盤の構築、そして、⑥スマート農業を広く社会
に実装していくためのコンサルテーションを含むスマート農機等を活用した
サービス事業など新たなビジネスの創出が求められる。このような取り組みを
進めていくことで、スマート農業が広く社会の中に展開し、新基本計画で指摘
しているような新たなステージの農業が形成されていくと思われる。


## 注

1) 本事業の正式名称は「スマート農業技術の開発・実証プロジェクト」及び「ス
　マート農業加速化実証プロジェクト」であり、事業の概要は https://www.affrc.
　maff.go.jp/docs/smart_agri_pro/smart_agri_pro.htm を参照されたい。
2) この資料は、注1に示したWebサイトの「実証関係データ」に掲載されている。
3) ここでは、ロボット農機は人が乗車しないで稼働することが可能な農機を、また、

　　自動化農機は、人が乗車していることを前提に、自動操舵により直進性等の確保を可能とする農機という意味で用いている。

4）表12－1には示していないが、ブームスプレヤーを用いた場合は労働時間の削減率は32％、自走式キャリー動噴と比較した場合は11％の削減率となっており、慣行方式が機械作業である場合の省力効果はやや限られる。しかし、中山間地域など小区画圃場が分散して存在する場合にはドローンやマルチコプター等を用いて作業を行っていくことでより多くの省力効果が発現していくと思われる。

5）道路には公道や農道といった区分があるが、農道については、現在、住民への事前の周知や道路の封鎖処置を行うことを前提に警察署などから許可を得ることで、一定エリアでの自動走行の実施は可能となっている。例えば、令和2年度に富山県下で実施されたロボットトラクターの遠隔操作による圃場間移動を含む実証試験では、農道の通行止により関係者以外の進入を制限する行政的な手続きをとることで、農道をはさんだ両側数haの範囲でのロボットトラクターによる無人作業が可能となっている。

6）なお、スマート農業実証プロジェクトではロボット田植機を用いた実証も行われている。本事業では試作機での実証ということもあり表12－1にはデータは示していないが（ロボット田植機は令和2年度秋に市販された）、複数の者による組作業として移植作業が実施されている経営では、ロボット田植機を用いることで、従来が5名による体制であった中で、ロボット田植機と補助者3名により作業者としては5人から3人へと4割削減されたという事例も生じている。

7）コンバインは稲の立毛中に収穫作業を実施していくため、前方に人がいるかを検出することが難しく、安全対策が課題となっている。

8）なお、これらのスマート農機は委託プロジェクトという公的資金での実証であることから、公的機関が代表機関となる場合などでは機械は当該機関の資産となるため、実際上、実証経営に減価償却費は発生しない。しかし、それではコストゼロで機械が導入されることになり、経済効果も過大推計となることから、経営試算に当たっては、これらスマート農機は市場価格で調達するという前提で計算が行なわれている。

9）この点については、梅本雅（2019）「日本農業における技術革新―経過と展望―」農業経済研究91(2)、p.207-220を参照されたい。

〔2021年1月17日　記〕

# 第13章　中山間地域をどう再建するか

橋　口　卓　也

## 1．はじめに

　本稿の目的は、「食料・農業・農村基本計画」（以後、「基本計画」と称する）における中山間地域の位置づけなどを確認しつつ、今後の中山間地域の展望の一端を論じることにある。そのために、まず基本計画における中山間地域の扱いや特徴、その変容について確認する。

　次に、中山間地域農業の現状と変化を、農林業センサスデータを元に概観する。その際は、特に平地農業地域との差異に留意することにしたい。

　さらに、中山間地域等直接支払制度（以後、「中山間直払い」と称する）の役割や効果を考察し、今後の制度のあり方について言及する。

## 2．基本計画における中山間地域の位置づけ

　1999年の食料・農業・農村基本法の制定以後、2000年に策定された第 1 次の基本計画から数えると、2020年の計画は第 5 次に相当する。これら 5 次に及ぶ基本計画において、「中山間地域」がどのように取り扱われてきたのか。用語の登場回数ということに限定した場合であるが、その推移を整理したものが、表13－ 1 である。

　基本計画は、それぞれ全体の分量にもばらつきがあり、記述内容のトーンなども異なるので、一律に比較することは容易ではない。それにしても、2020年の第 5 次基本計画においては、「中山間地域」が、過去の基本計画と比較して頻出しているのが分かる。ただし、登場回数が多いということが、重要視されていることの反映であるとも言い切れない。そこで、内容を見ていくことにし

表13-1　各基本計画における「中山間地域」の登場回数

| 年次 | 内閣 | 全体ページ数 | 登場回数 | |
|---|---|---|---|---|
| | | | タイトル・見出し | 本文 |
| 2000 | 小渕　内閣 | 48 | 2 | 7 |
| 2005 | 小泉　〃 | 67 | 2 | 4 |
| 2010 | 鳩山　〃 | 48 | 2 | 11 |
| 2015 | 安倍　〃 | 66 | 2 | 8 |
| 2020 | 安倍　〃 | 80 | 4 | 30 |

出所：各基本計画より作成。

たい。その際、これまでに展開されてきた中山間地域問題をめぐる議論の内容を意識して、以下の諸点に注目したい。①中山間地域に独自性や特別な役割を与えているか、②中山間地域の現状に対する認識、③農業に限らない中山間地域の農村生活に関する対応策への言及、④中山間地域農業を維持するために有力と考えられる中山間地域等直接支払制度の位置づけ、といった点である。

　第5次基本計画においては、「経営規模の大小や中山間地域といった条件にかかわらず、成長産業化の土台となる生産基盤を強化していく」といった文言が数カ所に渡って出てくる。喧伝されてきた「攻めの農業」、「力強い農業」あるいは「農業の成長産業化」、といったような方向性を中山間地域にも適用する意思が見られ、特別な条件不利地域であるとの認識は弱いと言ってよいであろう。「中山間地域等の地理的条件、生産品目の特性などに応じ」という表現もみられるが、これも「力強く持続可能な農業構造の実現に向けた担い手の育成・確保」という項目の中での表現である。第4次の計画と比較して、多様な担い手への配慮が見られるとの肯定的な評価もあるが[1]、中山間地域の位置づけに注目した場合、この間、農政全体に貫かれてきた基調が、依然として強く表れていると言える。

　一方、人口減少や少子高齢化に関する厳しい現状認識も示されている。ただし、この点は、過去の基本計画の繰り返しという面も強く、その認識が特に深化したとまでは言えなさそうである。そこで、今後の対策に関する言及内容が注目されるが、第5次の計画では、関係府省などと連携し、農村振興施策を総動員した「地域政策の総合化」も大きな柱の1つと説明されている。また、「中

山間地域等をはじめとする農村に人が住み続けるための条件整備」という言葉が、見出しにも採用されているのが特徴的であり、農業政策のみならず、諸政策を動員して何とか地域を維持したいとの考えが伝わってくる。これは、2010年の鳩山政権時代の基本計画に記された反省の弁[2]と共通性が高いように考えられるが、そうであれば、再度、この10年間の施策展開に対する検証が求められよう。

　先述のように、第5次基本計画では、「中山間地域」という言葉が頻出するが、本文中に30回も登場する中では、「中山間地域等直接支払制度」が9回を占め、諸政策の実行計画に関わって、幅広く中山間直払いが絡められている。中山間地域の対策を全て委ねるとまでの姿勢ではないが、期待は過度であるとの感も否めない。その妥当性については、本稿でも後に検討することとしたい。

## 3．中山間地域農業の現状と変化─センサスデータより─
### （1）農業経営数の動向

　図13-1は、2000年から2015年までの5年間ごとの農業経営[3]数の減少率の

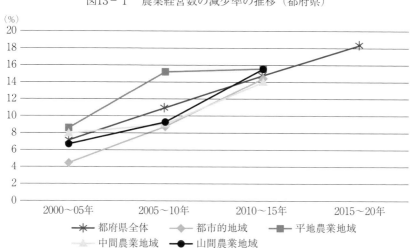

図13-1　農業経営数の減少率の推移（都府県）

出所：各年農林業センサスデータより作成。

推移を、都府県全体と農業地域類型別に示したものである。2020年センサスの結果は2020年11月末に概数値が公表されたばかりで、地域類型別のデータが示されていないので、2015～2020年の減少率は都府県全体のみを記している。

　これによれば、4期に渡って加速的に農業経営数の減少が続いていることが分かる。その上で、2005～2010年の減少率は、平地農業地域が大きい一方、都市的地域、中間農業地域、山間農業地域は同水準にあったが、2010～2015年は、平地農業地域も含めて、いずれも、ほぼ同水準になっている。

## （2）経営耕地面積の動向

　続いて、全ての農業経営の経営耕地面積減少率を示したものが、図13－2である。

　このように、2005～2010年の減少率は、いずれの農業地域類型も、低水準かつ同じ程度であったが、2010～2015年は全体の減少率が急伸するとともに、各地域類型間の差が大きく開いている。特に山間農業地域の減少率が大きい。

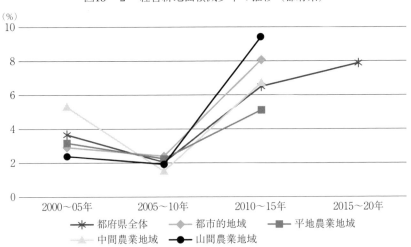

図13－2　経営耕地面積減少率の推移（都府県）

出所：各年農林業センサスデータより作成。

## （3）平均経営耕地面積の動向

　図13－1及び図13－2に示された動向を反映した結果となる、1農業経営当たり平均経営耕地面積は、図13－3のようになっている。

　このように、平均規模は増加してきているが、比較的伸長が大きい平地農業地域に対して、中山間地域の伸びは緩慢で、特に山間農業地域においては、あまり増えていない。結果として地域類型間の差は徐々に拡大してきている。ただし、その背景について改めて確認すれば、2005～2010年については、主に農業経営数の減少率の違いを反映し（経営耕地面積減少率の差は大きくなかった）、2010～2015年については、主として経営面積減少率の差異に拠るものである（逆に、農業経営数の減少率の違いは小さかった）。

　先述のように、2000年以降、都府県の農業経営数の減少率は一貫して加速的に増えており、かつ2015～2020年の経営耕地面積の減少率も、前3期と比べれば、かなり高い水準にある。このような中、直近の2015～2020年の動向が注目されるところであり、特に本稿のテーマとの関係では中山間地域の状況が懸念される。

　ただし、この点も先に言及したように、2020年の結果については概数値が公

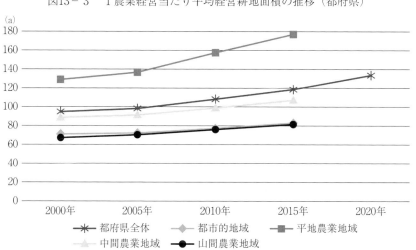

図13－3　1農業経営当たり平均経営耕地面積の推移（都府県）

出所：各年農林業センサスデータより作成。

図13-4　農業経営体の経営耕地面積減少率の推移

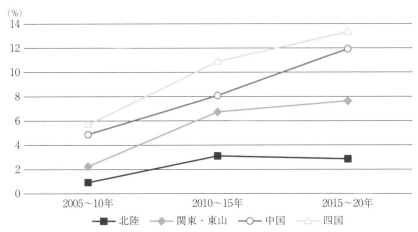

出所：各年農林業センサスデータより作成。

表されたばかりで、農業地域類型別のデータが明らかになるのは、しばらく後になる。そこで、先行的に中山間地域の動向を推察するため、農業経営体の経営耕地面積に占める中山間地域のシェアが高い地域ブロック（全国農業地域）と低いところをピックアップし、この間の推移を示したものが、図13-4である。

　この結果から言えるのは、中山間地域のシェアが高い、中国、四国と、逆にシェアが低い北陸や関東・東山との差異が広がってきていることである。直接的に中山間地域の数値を示したものではないが、2015〜2020年の減少率については、より農業地域類型間の差が広がり、中山間地域の減少率が高まっているのではないかということが危惧される。

## 4．中山間地域等直接支払制度の役割と評価
### （1）中山間直払いの対象と限定性
　このように農業経営数の減少率が高まり、それと随伴して経営耕地面積も減少し、結果、1経営当たりの面積の拡大がほとんど見られないという中山間地域農業に対し、まさに「中山間地域」の名を冠した中山間地域等直接支払制度

に救世主としての期待がかけられている。確かに、現場からも高い評価を受け、その継続が望まれている政策だと言える。しかし、問題なしともしない。以降、その内実と課題を考察したい。

　最初に確認しておかなければならないのは、農林統計上の中山間地域（中間農業地域と山間農業地域）にある農地と、中山間直払いの対象農用地のギャップについてである。2015年の全国の中山間地域の耕地面積[4]は180万 ha であるのに対して、傾斜度などの中山間直払いの要件を満たす対象農用地は81万 ha であり、その割合は45％ということになる。しかし、対象農用地の中では北海道の草地が31万 ha を占めている。これは、積算気温が低く草地比率が高い地域における草地という扱いであり、傾斜地ではない。都府県に限定すれば、中山間地域の耕地面積133万 ha に対して、対象農用地は45万 ha であり、カバーできる割合は34％となる。その上で、実際に交付金が支払われているのは33万 ha である。このように、そもそも中山間地域の耕地面積と中山間直払い対象とのギャップが大きいということを認識しておかなければならないだろう。数値が把握され、一般的に認識される統計上の中山間地域を想定しながら、対応策として中山間直払いに期待をかけるのは、最初から的外れであると指摘せざるをえないのである。

## （2）制度の要点と実績からみた限界

　中山間直払いの実施に至る経緯や背景、基本的な枠組み等については、既に詳細に説明されている[5]。ここでは、簡単に以下の要点を確認しておきたい。①概ね1980年代後半から「中山間地域」という言葉が人口に膾炙し、同時に支援策の有り様が議論されてきたが、それは「国際化対応農政」が本格化する時期と重なっている。②1993年に特定農山村法が成立するが、農業生産の条件不利性を認識しながらも、直接的に補正・是正するような施策は位置づけておらず、1999年の食料・農業・農村基本法によって、導入が決着づけられた。③使途が定まった補助金ではなく、主に農地の傾斜度という生産条件の不利性を第1の要件とし、5年間の農地の維持・管理を条件に、耕作者・管理者へ交付金を支出する。ただし地目と傾斜の度合いにより単価が異なる。④面積当たりの

交付金単価は、対象外の農地で生産した際のコスト差の8割だと説明され[6]、WTO農業協定の条件に合致させている。⑤原則として「集落協定」の締結が必要とされ、協定参加者が共同で取り組む活動に交付金の一定割合を充当することとされている。

　続いて、その実績と推移を見ていく。ここでは、中山間直払いの要件を満たす対象農用地に対して、実際に交付金が支払われた面積である「交付面積率」に着目する。その上で、都府県において、重要な位置を占める地目と交付基準の組み合わせの4区分（田・急傾斜、田・緩傾斜、畑・急傾斜、畑・緩傾斜）の推移を、図13－5に示した。

　注目点を整理すると、「田・急傾斜」の交付面積率が最も安定している。ただし、近年は「田・緩傾斜」の値が上昇し、「田・急傾斜」を上回っている。また、両者とも比較的安定している田に対し、「畑・急傾斜」が大きく減少してきているのが目立つ。その結果、以前は開差のあった「畑・緩傾斜」との差が縮小し、近年はほぼ同じ値となっている。中山間直払いによって農地を維持させる論理の根幹は、制度が対象としない平地での営農とのコスト差を埋める

図13－5　中山間直接支払制度の交付面積率の推移（都府県）

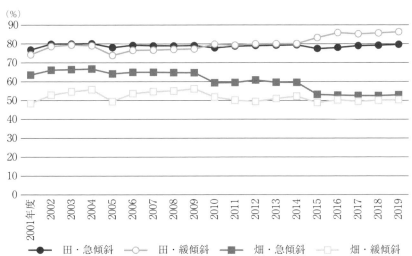

出所：農林水産省農村振興局「（各年度）中山間地域等直接支払交付金の実施状況」より作成。
注：2000年度はデータ無し（農水省ウェブサイトでは公表されず）。

というものであった。そうであれば、同じ地目による交付面積率は並行的な動きをしてもよさそうであるが、田畑とも急傾斜と緩傾斜が逆の傾向を示しているということは、この論理の綻びが露わになりつつあると言える。

次に、表13－2は中山間直払いの集落協定の平均的な姿を整理したものである。兵庫県の数値も示したのは、同県が、交付金が交付されている農地の中で、単価が最も高い「田・急傾斜」の割合が1番多いからである。

複数の集落協定に参加している農業者もいることが想定されるものの、1人当たり交付金額は、年間10万円に届かない。これは、中山間地域の農業者の生活が、兼業や年金収入などによって支えられていることを反映したものと言える。充分な農業所得によって生活が成り立っているのではなく、逆に、農業所得以外での生活が成り立つことによって、自給に近い形で農地が維持されているという実情が浮かび上がってくる。このような観点からも、平地との生産コストの差を補填すれば農地が維持されるであろう、という中山間直払いの論理とは異なる農地保全の仕組みが必要と考えられる[7]。

この点に絡んで、もう1点付け加えたいのが棚田地域振興法の制定と、その考え方についてである。2019年6月に、議員立法として衆参両院の全会一致で可決・成立し、同年8月から施行されている。2020年10月の第9回公示分までで、指定は31道府県の557地域に及んでいる。その制定の背景や目的として、農地としての棚田や段畑の保全のみならず、地域振興が目的であり、そのための取り組みを関係府省庁横断で総合的に支援する枠組みを構築する、と説明されている。このような考え方自体は先に示したように、今次の基本計画とも合致するものであり[8]、課題は今後の実効性ということになるだろう。

表13－2　中山間直払いの集落協定の平均像

|  | 都府県 | 兵庫県 |
|---|---|---|
| 参加者数（人） | 23 | 21.3 |
| 面積（ha） | 13 | 9.3 |
| 交付金額（万円） | 178 | 177.9 |
| 1人当たり交付金額（万円） | 7.6 | 8.3 |

出所：農林水産省農村振興局「令和元年度　中山間地域等直接支払交付金の実施状況」より作成。

## （3）集落協定の内実と問題点

　中山間直払いの問題点として、もう1つ指摘したいのは、現行の「集落協定」の設定方法についてである。人々の紐帯を強化することによって農地を維持管理するという点で、非常に重要な要素であったと言えるが、協定の範囲は第1期対策の時から対象農用地の存在次第で範囲が決められており、これは第5期対策までの20年以上ずっと変わっていない。しかし逆説的ではあるが、名称から抱くイメージと異なり、実際には必ずしも集落包含的なものではなかった。加えて言えば、「中山間地域等直接支払制度」という制度の名称自体にも、制度への正確な理解を妨げる要素があるのではないかと考えられる。本来は「条件不利農地保全管理支払交付金」、特に都府県に関しては「傾斜田畑保全管理支払交付金」とでも表現した方が、制度の仕組みをより正確に表している。つまり、必ずしも "地域" を対象にしている訳でない。別な言い方をすれば、このような "農地支払" あるいは "農地耕作者支払" という性格を "地域支払" あるいは "集落支払" に転換させる装置が、集落協定であると位置づけられる[9]。

　そのような点を踏まえ、集落協定の範囲が、集落の農地全体に対して、どの程度の割合を占めているかということについて見てみたい。都府県において、中山間直払いへの取り組みがある農業集落の属地の耕地面積の平均は27.2haであるが、これに対して交付金が交付されている面積は13.3haである[10]。つまり、全耕地面積の半分弱に過ぎない。これは、耕作者が、個人的事情で集落協定に参加していない場合もありうるが、それよりは、交付基準を満たさない農地が併存しているという理由が大半であろうと推察される。つまり、集落の中に中山間直払いの交付条件を満たす農地と、満たさない農地が混在しているものが多いと考えられる。

　「集落協定」という制度設計に適合的だと思われるのは、水利による耕作者の結びつきが強い水田が卓越する地域についてであるが、田の割合が70％以上の水田型集落でも、集落の農地面積の8割以上で交付金が交付されている集落は3分の1に満たないと集計されている。つまり、農地の大半が中山間直払いの交付農地となっている集落は決して多数ではない。集落の農地面積に対する割合を6割以上としても、概ね半分といった水準である。逆に言えば、残り半

分の集落は、対象農用地は一部で、多くの農地には交付金が交付されていない。また、田畑型の集落では、8割以上の農地に交付されている集落割合は5分の1程度であり、6割以上の農地に交付されている集落を合わせても3分の1に満たない。むしろ、集落分断的な性格をもってしまったとさえ言えるだろう。

　このような実態の一方で、2020年度開始の第5期対策からは、標準的な単価の交付金である「体制整備単価」が支払われる要件が「集落戦略の作成」に一本化された。さらに、新たな加算措置として「集落機能の強化」が加えられたが、この場合の集落機能には、農業生産に関わることだけでなく、まさに生活面に及ぶ諸活動を対象に含んでいる。これらのことを踏まえると、制度設計の基礎・根幹に関わる要素と、実際の制度の内容、特に最新の第5期対策からの方向性は、乖離が拡大してきていると言わざるをえない。

　このような問題を克服するために、集落一体的な協定策定の手法についての考え方が提起されているが[11]、制度のあり方を議論した検討会では、制度発足前に既にこのような問題意識をもっていたことがうかがえる[12]。改めて、このような観点から地域の一体性を確保しつつ、現場の要望や期待に応えられるよう制度の仕組みに見直す必要があるだろう。

## 5．おわりに

　先述のように、2020年の第5次基本計画策定前の近年の農政は、「攻めの農業」といったキーワードの下で展開されてきた。戦略的作物の導入や高付加価値化によって、輸出をも目指した農業を展開すべきであり、むしろ中山間地域には大きな可能性が秘められているといった見解も聞かれた。今後このような基調が、どこまで貫かれるのか、あるいは改められるのか、中山間地域農業の現状を冷静に把握するとともに、中山間地域に住む人々の生活実態と農業との関係性についても、どのように政策の上で位置付けられていくのか注目していくことが必要だと考えられる。

　また、中山間地域農業の展望という点では、その中で重要な位置を占める畜産など、土地利用型部門以外の動向も含めて検討しなければ不十分である。この点については、他日を期したい。

# 注

1）鈴木宣弘「「復活」の基本計画」（『農業協同組合新聞』2020年4月16日）など。

2）2010年3月の基本計画には「農山漁村対策は、本来、農林水産業のみならず、第2次・第3次産業、各種インフラといった関係府省の所管分野を含む施策を、地域の主体的な努力とともに体系的に組み合わせ、関係府省の連携の下に総合的に講じられるべきであるにもかかわらず、このような取組が徹底されなかったために十分な成果が上げられていない。この点において、農山漁村及び中山間地域等の振興に関する総合的な政策の企画・立案及び推進を所掌する農林水産省が、その任務を十分果たせてこなかった点も否めない」とある。

3）ここでは、「農業経営体」に「自給的農家」を加えたものを「農業経営」と称す。ただし、2000年は、「農業経営体」概念が採用されていなかったので、総農家の数値を示している（「農家以外の農業事業体」については、農業地域類型別のデータが公表されていない）。

4）農林業センサスの農業集落調査データを利用すれば、属地統計としての耕地面積の農業地域類型別の数値が得られるが、後に経営面積の算出などを行うことから、図13-2～13-4のデータは、属人統計としての経営耕地面積を利用した。

5）橋口卓也「内発的発展と農村政策—中山間直接支払制度を中心に—」（小田切徳美・橋口卓也編著『内発的農村発展論—理論と実践』第10章、農林統計出版、2018年、pp.209-238）。

6）条件不利地域においても生産性向上のインセンティブをもたせるため、などと説明されている。

7）この点に関わり、農水省の「新しい農村政策の在り方に関する検討会」（2020年5月から開始）における、生源寺眞一の発言が注目される。重要な論点を提示していると思われるので、長くなるが、以下引用する。「ただ、この政策（中山間地域等直接支払制度のこと—引用者）は農業のハンディキャップを埋めるという部分に限定されているわけで、中山間の農業にはその地域社会があるから農業が成り立っているという面もあるわけです。逆の方向ももちろんありますけれども。地域社会をどうするかというようなことを考えないと、直接支払いは孤立した政策として消えていってしまう、要らなくなってしまう、ということもあるわけです。中山間の政策は私も自戒を込めて申し上げますと、ハンディキャップを埋めるという政策を行ったことはいいんだけれども、その後、中山間の農業なり産業なりがどういう形であり得るかということについての議論を深めることは、少なくとも農政の分野では弱かったように思います」（第3回検討会議事録より）。

8）ただし、そうであれば、中山間直払いの第5期対策から新設された「棚田地域振興活動加算」と、以前から設定されている「超急傾斜加算」の重複受給が許されないことの説明が難しくなると考えられる。

9）小田切徳美は、交付金の支払単位と利用単位のズレを修正する一種の「ブラッ

クボックス」と称している（小田切徳美「中山間地域等直接支払制度の評価と課題」『21世紀の日本を考える』第14号、農山漁村文化協会、2001年、p.4、p.8)。

10) これらの数値は、農林水産省「地域の農業を見て・知って・活かす DB〜農林業センサスを中心とした総合データベース〜」によって集計したものである。詳細は、脚注 5 の文献の pp.220-221を参照。なお、対象農用地は存在するが、全く交付農用地がない農業集落を除いたものである。

11) NPO 法人中山間地域フォーラム「農村政策に関する緊急提言」2019年11月19日。

12) 「具体的な農地の指定に当たっては、中山間地域等の中でも対象となる農地と対象外の農地が存在することとなるため、コミュニティーを壊すことのないよう配慮すべきである。」、あるいは「営農の活動上の一体性等にも配慮し、市町村長の判断により、集落単位での指定を行ったり、」（中山間地域等直接支払制度検討会「中山間地域等直接支払制度検討会報告（概要)」1999年）とある。

〔2021年 1 月20日　記〕

# 第14章　農村地域の再建と自治体農政の役割

堀　部　　篤

## 1．はじめに

　2015年の食料・農業・農村基本計画（以下、○○年基本計画と表記）は、首相官邸の影響を受けて、政策の基本的な方向が決められていたもとで作成された[1]。その特徴は、①従来の政策形成過程が変容し、②農業・農村政策の内容では、農地中間管理事業等を示した「4つの改革（平成25年決定の施策見直し）」のように変更され、③特に農村に関わって、地方創生政策の影響が強くなった、と言える。

　本章では、2020年基本計画を「官邸による影響が弱まりながらも、一定の制約がある（足かせをはめられた）もとでの、現場主義・現実路線への揺り戻し」と捉え、農村地域の再建と自治体農政の役割を論じていく。ここで揺り戻しとは、①農村現場・行政実務での不具合が大きかった面の修正、②農業者からの要望の反映、を意味し、制約（足かせ）とは、官邸主導のもとで作られた政策形成の枠組みおよび、創設した事業・法制度の存在自体、および形式上の成果目標は継続していることである。なお本章では、各種会議や制度の運用状況の確認による2020年基本計画への評価を主題としており、官邸主導による政策形成に関する本格的な実証分析までは行えない。

## 2．2015年基本計画策定への官邸の影響

　2020年基本計画を考察する前作業として、本節では、表14－1の年表を参照しつつ、2015年基本計画の作成に影響した各種会議の機能を簡単に整理しておきたい。まず、第2次安倍政権の中心的な会議として、経済財政諮問会議と、

表14－1　農業・農村政策の形成に関わる各種会議の状況

| 年 | 内閣官房・内閣府 会議 | | 農林水産業・地域の 活力創造本部 | 地方創生 | 攻めの 農林水産業 | 農林水産省 基本計画 |
|---|---|---|---|---|---|---|
| | 産業競争力会議 | 規制改革（推進）会議 農業関連 | | | | |
| 2012 | | | | | | |
| 2013 | 1月 第1回開催 9月 農業分科会 | 1月 設置 9月～翌6月17回農業WG 11月 今後の農業改革の方向について | 5月 設置 12月 活力プラン | | 1月 推進本部設置 | 12月「4つの改革」 |
| 2014 | 1月 成長戦略進化のための今後の検討方針 5月12日産業競争力会議実行実現点検会合 | 10月～翌5月18～24回 | 6月 活力プラン改訂 | 12月 第一期総合戦略 | 9月 実行本部設置 9月 第2回 11月 第3回 | 2月～翌3月企画部会17回「活力ある農山漁村づくり検討会」 7月 農村振興局 |
| 2015 | 1月 成長戦略進化のための今後の検討方針 9月 未来投資会議の新設 | 9月～翌4月25～37回 | 11月 農林水産分野におけるTPP対策 | 6月 基本方針 12月 総合戦略改訂版 | 1月 4回 3月 5回 3月 6回 5月11日 7回 9月 第8回 | 3月 基本計画策定 資料「魅力ある農山漁村づくりに向けて」 |
| 2016 | 1月 産業競争力の強化に関する実行計画 | 9月～翌5月13回 | 11月 プラン改訂、農林水産物輸出インフラ整備プログラム・農業競争力強化プログラム | 6月 基本方針 12月 総合戦略改訂版 | 11月 第9回 | |
| 2017 | | 9月～翌10月20回 | 5月21日 プラン改訂 | 6月 基本方針 12月 総合戦略改訂版 | 6月 10回 12月 11回 | |
| 2018 | | 10月～翌5月11回 11月8日農地中間管理事業5年後見直し | 11月 プラン改訂 | 6月 基本方針 12月 総合戦略改訂版 | 11月 12回 | |
| 2019 | | 11月～翌5月11回 | 12月10日活力プラン改訂、農業生産基盤強化プログラム | 6月 基本方針 12月 第二期総合戦略 | | 9月～翌3月13回企画部会「農村振興施策の体系的整理」 12月9日企画部会 |
| 2020 | | 10月～ | 6月 農林水産政策の展開方向について | 7月 基本方針2020 | | 3月 基本計画策定 4月「新しい農村政策の在り方検討会」 |

資料：各会議ホームページより作成。
注：下線部は、本文で言及している事項。

日本経済再生本部（本部長：内閣総理大臣、庶務：内閣官房）がある。農業・農村政策の「４つの改革」の議論をリードした産業競争力会議（議長：内閣総理大臣、庶務：内閣官房）は、日本再生本部の下に開催されている。また、特に既存の法制度の変革については、規制改革会議（議長：民間委員、庶務：内閣府、任務：内閣総理大臣の諮問を受け、意見を述べる）の農業 WG において議論された。両会議の議論を受けて、農林水産政策に関連しては、内閣に農林水産業・地域の活力創造本部（本部長：内閣総理大臣、副本部長：内閣官房長官、農林水産大臣、庶務：内閣官房）（以下、活力創造本部）が設置された。活力創造本部は、2013年12月に「我が国の農林水産業・地域の活力創造に向けた政策改革のグランドデザインとして、新たな農業・農村政策の方向性を示すもの」として「農林水産業・地域の活力創造プラン」（以下、活力プラン）を決定した。活力プランは翌2014年６月に改訂され、2016年以降は毎年、11月下旬または12月上旬に改訂されている（2015年は11月に農林水産分野における TPP 対策を決定）。

　以上の内閣府・内閣官房に設置された諸組織・会議に対して農林水産省は、2013年１月に攻めの農林水産業推進本部（本部長：農林水産大臣、庶務：大臣官房政策課）を設置した[2]。

　その役割は、産業競争力会議や規制改革会議における、時に農業・農村現場を軽視した急進的な改革に対して、農林水産省として、先手で制度設計を行うことを目指し、悪くとも現場・関係機関に大きな混乱が起きないような落とし所を見つけることである。これは、産業競争力会議と規制改革会議が設置・開催された同時期、活力創造本部の設置に４カ月先駆けて攻めの農林水産業推進本部が設置されたことからも分かる。しかし、国会への法案提出までは、官邸主導の側面が強く、国会において軌道修正がなされている[3]。なお、攻めの農林水産業推進本部は、2014年９月に攻めの農林水産業実行本部へと変更し、定められた活力プランを前提に、実行上の課題を検討することが目的となった。

　また、農村分野や地方自治体に関しては、地方創生政策の影響も大きい。2014年９月にまち・ひと・しごと創生本部（本部長：内閣総理大臣、庶務：内閣府）（以下、まち・ひと・しごと創生を地方創生と表記する）が閣議決定により設置された。同年12月には地方創生長期ビジョンと地方創生総合戦略が示され、

2015年基本計画の農村政策分野においては、地方創生総合戦略で記載されたキーワードが、重視されている。

## 3．2020年基本計画の形成過程
##   ―現場主義・現実路線への揺り戻し―

　2020年基本計画への官邸の影響は、2015年時より弱まっている。第1に、官邸主導による改革が進捗中であるため、産業競争力会議や、規制改革（推進）会議では、農業・農村政策に関わる個別の案件はあるものの、新たに大きな争点となる議題はみられない。そのため、2017年以降は、内閣府・内閣官房に設置された各種会議の役割は低下していく。表14−1のとおり、活力プランは、毎年改訂されるが、攻めの農林水産業実行本部では、プランの内容の確認にとどまり、2019年以降は開催されていない。

　第2に、農地中間管理事業の「5年後見直し」についても、規制改革推進会議農林WGにおいて、2018年11月に2回議題になったが、報告の翌週には農林水産省が提案し、決定されている。攻めの農林水産業実行本部ではほとんど検討されておらず、官邸サイドへも事前に調整が行われていたと思われる。

　第3に、2020年基本計画の検討中に決定された2019年の活力プランでは、農業生産基盤強化プログラムを同時に決定しているが、これは官邸主導と言うよりも、農林水産省や農協系統の意向が反映された側面が強い[4]。

　第4に、地方創生政策においても変化があった。第一期では、地方総合戦略の文言が各省庁の政策文書に反映された側面が強かったが、2020年基本計画の検討中の2019年12月に決定された第二期地方創生総合戦略では、各省庁が自省庁の政策を地方創生総合戦略にあらかじめ位置づける側面が強くなった。農業・農村政策については、農業農村整備事業や、農地の集積・集約なども地方創生総合戦略に加えられた。このことにより、表14−2に示したとおり、地方創生政策に位置づけられた農林水産省の事業は、2019年度の9件523億円から、37件785億円へと増加している。金額については、農業農村整備事業など、内数でしか示せないものは反映されておらず、実質的には大幅な増加となっている。

表14-2　地方創生総合戦略に位置づけられた各省庁の事業

|  | 2015年度 | | 2019年度 | | 2020年度 | |
|---|---|---|---|---|---|---|
|  | 件数 | 億円 | 件数 | 億円 | 件数 | 億円 |
| 総計 | 192 | 7,225 | 225 | 7,569 | 338 | 14,089 |
| 内閣官房 | | | 5 | 3 | 3 | 3 |
| 内閣府 | 15 | 2,496 | 24 | 1,778 | 38 | 5,197 |
| 財務省 | | | | | 1 | 0 |
| 金融庁 | | | 1 | 0 | 1 | 0 |
| 警察庁 | | | | | 2 | 2 |
| 消費者庁 | | | 1 | 3 | 1 | 4 |
| 法務省 | 1 | 0 | | | 5 | 17 |
| 総務省 | 19 | 79 | 30 | 293 | 36 | 2,621 |
| 外務省 | 6 | 1 | 12 | 2 | 15 | 3 |
| 文部科学省 | 28 | 944 | 34 | 1,116 | 45 | 516 |
| 厚生労働省 | 26 | 1,072 | 39 | 2,114 | 57 | 2,407 |
| 農林水産省 | 12 | 468 | 9 | 523 | 37 | 785 |
| 経済産業省 | 30 | 445 | 22 | 483 | 28 | 570 |
| 国土交通省 | 34 | 973 | 34 | 451 | 50 | 1,151 |
| 防衛省 | | | 1 | 9 | 2 | 33 |
| 環境省 | 21 | 747 | 13 | 794 | 17 | 783 |

資料：『地方創生関連予算等について』より作成。
注：各事業の内、地方創生分の金額が内数の場合、合算されない。

　このように、2020年基本計画においては、官邸の影響が弱まっていると言えるが、その影響がなくなったわけでも、従来の方法に戻ったわけでもない。2015年基本計画策定時とは、政策形成過程とそこにおける力学に変容はあるが、活力創造本部を中心とした政策形成の仕組み自体は変更されていない。また、政策目標についても、官邸主導の下で掲げた目標は継続され、一定の評価・フォローがなされることから、目指し続けざるを得ない。

## 4．構造政策の「総合化」と自治体農政

　2015年基本計画において強く掲げられた政策目標は担い手への農地集積率を8割にすることであり、その手段として農地中間管理事業が創設された[5]。2020年基本計画においても、構造政策＝狭義の農村政策[6]の強力な推進の方向は変更ないまま、現場主義・現実路線への揺り戻しが、一定の制約のもと示された。2018年における農地中間管理事業の5年後見直し、中でも、人・農地プ

フンの実質化の推進である。

　人・農地プランの実質化は、県段階の農地中間管理機構による農地集積推進からの方向転換とも言えるが、官邸主導農政時からの「制約（足かせ）」として、「農地中間管理事業を活用して、担い手への農地集積率を 8 割にする」という、政策目標（言説・ストーリー）は変更されていない。農地中間管理事業と人・農地プランについて、現場主義・現実路線への揺り戻しは、良い方向として評価できるが、なお以下の課題がある[7]。

　第 1 に、手続きの簡素化と言われるが、手続き期間は大幅に短くはならないことである。県庁、機構、農業者の要望に応えた修正ではあるが、出し手と受け手の間に県段階の中間管理機構が入ることのデメリットは、解消されない。

　第 2 に、集積だけでなく、集約化（団地化・連担化・畦抜き）を目指すようになった。これも現実路線であり、効率的な農業のために有意義であろう。しかし政策目標として最重要の指標は担い手への集積率であり続けている。

　第 3 に、実質化した人・農地プランの作成が、様々な事業・関係機関を巻き込んで体系化＝総合化されていることである。実質化された人・農地プランは、各種補助事業の事業要件、ポイント加算、助成額の上乗せに連動されている。またこの取り組みを市町村が中心となり、関係機関、特に農業委員・推進委員の積極的参加を得て実施することが強く推進されている。後継者の有無や農地貸借の意向確認等のデータ収集、地図化、地域で話し合い、は確かに重要な取り組みであろう。ただしここでも、県段階の農地中間管理事業を用いて達成することが望ましいとされることの不自然さが残っている。

　そして第 4 に、第 3 の点と絡んで、特に市町村農政の点では、人・農地プラン実質化の推進における、市町村への信頼の薄さがある[8]。農林水産省は推奨するスケジュールや、手法を具体的に示し、都道府県・農林水産省が進捗を細かくチェックし、国の政策目標を実現するために組み込んでいる。手法が限定・誘導され、報告事務も多く、負担となっている。ただし、必ずしも推奨された手法で行わなければなければいけないわけではなく、地域で戦略的な活用ができるようになっている。地域には、強かな対応が期待される。

## 5．地方創生政策の問題点と農政への影響

　農村政策を具体的に検討する前に、行政学・政治学者による村上（2018）小磯・村上他（2018）を参考に、地方創生政策の特徴と問題点を整理しておきたい。まず、官邸主導の面であるが、①府省横断型政策であること、②自治体に戦略策定の努力義務を課す一方、配分・交付には自治体間の競争にからせ、「頑張る自治体にしか支援しない」という姿勢を鮮明にしたこと、③人口減少への対策が前面に出ているが、実態としては、公共施設の再配備を目指した国土政策の側面も大きいこと、である。

　そしてこのように形成された地方創生政策の、地方自治体の側からみた特徴を列挙すれば、①時間的余裕がない中で、住民参加よりも役場主導で立案されたこと、②資料作成において民間のコンサルタント会社への委託が多かったこと、③国が提供する枠組みを前向きに活用した反面、交付金が使いづらいことから、国からのコントロールが強くなったこと、④多くの自治体が地方創生総合戦略を従来の総合計画の実質的一部と捉え、国の求めに応じ人口減少対策を重点的に総合戦略に盛り込んだこと、⑤これによりボトムアップ型の住民自治に基づいた総合計画を作成していたところでは、特に、その調整が困難であること[9]、⑥人口減少対策に関するある程度の自由度は自治体が有する一方、政策を実行していくための大枠となる制度や手続きに関する自由度については国が依然として強く握っており、むしろ強まったこと、⑦先駆性と優良事例が強調されすぎて、現場で真剣に求めている事業が採択されないこと、⑧自治体の総合戦略においては、国の総合戦略で掲げられたキーワードをちりばめて作成されること（なお農業・農村分野におけるキーワードは、輸出、六次産業化、ジビエ、農泊、農福連携、新規就農である）、⑨重要業績評価指標（KPI）による検証・改善の仕組みは、現実には適切なKPIを設定していくことは難しく、逆に、現場では目先の数字に追われて、長期的な視野での議論を妨げていること、である。また、地方財政学の分野では、上記と同様の指摘とともに、⑩地方創生政策は、国土計画の意義も強くあり、公共施設投資の再配備に関わる問題が懸念されている[10]。

　第二期地方創生総合戦略は、2020年基本計画の検討時期である2019年12月に

策定されたが、ここでも官邸主導から、所轄官庁への揺り戻しが見られた。特に、農業・農村分野に関しては、2020年基本計画および農林水産省の主要予算（農地集積・集約、基盤整備、経営継承等）を地方創生総合戦略に反映させた。2020年基本計画の農村パートの記述がそのまま第二期総合戦略となっている。

　地方創生政策の公共施設投資の再編の側面を基本計画の農村政策分野で見ると、2015年基本計画では「集約とネットワーク化」、2020年基本計画では、「小さな拠点」の形成の推進である。「小さな拠点」として挙げられる事例は、先駆的で有意義な取り組みが多いが、地方創生政策としての推進には、集落の撤退を含む、投資先の集中の意味もあり、特に中山間地域の生活条件の維持に対して、悪影響がないか注視が必要である。

　また、2020年には、新型コロナウィルス対策として地方創生交付金が活用された。自由度のある予算が迅速に付いた点は評価されるが、必ずしもコロナ対策に直接関係ないことについても、危機感とともに「待ったなし」と煽られる表現となっている。農業についても、6次産業化、輸出、新規参入など、これまでと同じキーワードが推進されている。また、今後の地方自治体の安定的な行財政運営への悪影響が指摘されている[11]。

## 6．2020年基本計画における農村政策の構成

　2015年基本計画と2020年基本計画における農村政策に関する項目の比較が表14－3である。まず、農村政策部分の検討過程を確認すると、10月30日の企画部会で農村振興局が示した提案が、最終的な基本計画に活かされている。またこの項目は、12月の地方創生総合戦略にもほぼそのまま反映されている。

　2015年基本計画でも、2020年基本計画でも、大きくは3つの柱から成り立っているが、2020年基本計画の1つ目の柱としては、雇用と所得（成長産業の側面）となり、その中で、地域資源が位置づけられている。ここで第1に打ち出されたのが複合経営である。ただし、担い手への農地集積・支援とは異なり、具体的な施策としては実現しておらず、多様な事例の例示にとどまっている。また、地方創生総合戦略でも掲げられた農泊、ジビエ、農福連携、六次産業化関連や、地域経済循環、バイオマス、地産地消、SDGsと続いている。自治体

表14-3　農村振興に関する施策の項目の変化

| 2020年基本計画 | 2015年基本計画 |
|---|---|
| 3．農村の振興に関する施策<br>（1）地域資源を活用した所得と雇用機会の確保<br>　①　中山間地域等の特性を活かした複合経営等の多様な農業経営の推進<br>　②　地域資源の発掘磨き上げと他分野との組合せ等を通じた所得と雇用機会の確保<br>　　ア　農村発イノベーションをはじめとした地域資源の高付加価値化の推進<br>　　イ　農泊の推進<br>　　ウ　ジビエ利活用の拡大<br>　　エ　農福連携の推進<br>　　オ　農村への農業関連産業の導入等<br>　③　地域経済循環の拡大<br>　　ア　バイオマス再生可能エネルギーの導入、地域内活用<br>　　イ　農畜産物や加工品の地域内消費<br>　　ウ　農村におけるSDGsの達成に向けた取組の推進<br>　④　多様な機能を有する都市農業の推進<br>（2）中山間地域等をはじめとする農村に人が住み続けるための条件整備<br>　①　地域コミュニティ機能の維持や強化<br>　②　多面的機能の発揮の促進<br>　③　生活インフラ等の確保<br>　④　鳥獣被害対策等の推進<br>（3）農村を支える新たな動きや活力の創出<br>　①　地域を支える体制及び人材づくり<br>　②　農村の魅力の発信<br>　③　多面的機能に関する国民の理解の促進等<br>（4）「3つの柱」を継続的に進めるための関係府省で連携した仕組みづくり | 3．農村の振興に関する施策<br>（1）多面的機能支払制度の着実な推進、地域コミュニティ機能の発揮等による地域資源の維持継承等<br>　①　多面的機能の発揮を促進するための取組<br>　②　「集約とネットワーク化」による集落機能の維持等<br>　③　深刻化、広域化する鳥獣被害への対応<br>（2）多様な地域資源の積極的活用による雇用と所得の創出<br>　①　地域の農産物等を活かした新たな価値の創出<br>　②　バイオマスを基軸とする新たな産業の振興<br>　③　農村における地域が主体となった再生可能エネルギーの生産利用<br>　④　農村への農業関連産業の導入等による雇用と所得の創出<br>（3）多様な分野との連携による都市農村交流や農村への移住定住等<br>　①　観光、教育、福祉等と連携した都市農村交流<br>　②　多様な人材の都市から農村への移住定住<br>　③　多様な役割を果たす都市農業の振興 |

資料：農林水産省『食料・農業・農村基本計画』（2015年および2020年）より作成。

　農政からすれば、これらのテーマが必ずしも悪いわけではないが、地方創生策のキーワードに、政策アイディアと限られた人員・労力が誘導される側面がある。また、体系化されているとも言い難い。

　続いて2つ目の柱は条件整備として、直接支払いなどの補助事業が記載され、

さらに３つ目の柱として、交流、移住から、地域を支える体制や人材である。成長産業が最初にあり、それを支える補助事業という構成になっている。成長産業の中に、各論を位置づけており、日本再興戦略、地方創生に合わせて整理した構成といえる。

　また、2020年基本計画の大きな特徴として、３つの柱全体にかかる形で、(4)農水省主体での関係府省の連携、が打ち出されている。

## 7．自治体農政をめぐる構図──農政部局が調整主体になれるか──

　2020年基本計画においては、地方自治体における農村政策の企画・立案・推進を担う中心的な主体を農政部局が担うべく、農林水産省が調査・検討し、人材育成を行っていくことが示されている。これは、企画部会委員の発言・後押しを受けて、農林水産省農村振興局の当初の考え以上に、踏み込んで、積極的な位置づけをしており、2020年基本計画の注目すべきポイントである[12]。2020年基本計画の最初の基本的な方針を示す箇所（第1　食料、農業及び農村に関する施策についての基本的な方針2．施策の推進に当たっての基本的な視点）に、(5)地域政策の総合化と多面的機能の維持・発揮、という項目がおかれている。

　「第3　食料、農業及び農村に関し総合的かつ計画的に講ずべき施策」の、「3．農村の振興に関する施策」においては、2015年基本計画では、キーワードごと（鳥獣被害対応、農村への農業関連産業導入、環境、教育、福祉等連携した都市農村交流、交流から移住・定住への発展など）に連携主体が書かれ、その中に市町村も入っていた。2020基本計画では、新たに(4)「3つの柱」を継続的に進めるための関係府省で連携した仕組みづくり、を設けている。

　「第4　食料、農業及び農村に関する施策を総合的かつ計画的に推進するために必要な事項」においては、2015年基本計画では、(1)幅広い関係者の参画と関係府省の連携による施策の推進の中で、地方公共団体を含めた関係団体等との役割分担が記述されている。また、その直後に、内閣府・内閣官房設置の諸組織・会議が掲げる数値目標や施策の方向を踏まえるとされ、官邸・内閣府主導であることが明示されている。2020年基本計画では、上記内閣府・内閣官房設置の諸組織・会議との関連部分は(5)におかれ、重要度は後退しているように

見える。代わりに(1)には、多様な農業の実態と、現場主義であることが示され、また、(3)効果的かつ効率的な施策の推進体制、において、具体的な問題の指摘と、改善の方向性を踏み込んで記載している[13]。

　その中で、これまであまり注目されてこなかった市町村事務局体制の課題について書かれたことは評価できる[14]。ところで本来、地方自治体、特に市町村において、農村振興政策を農政部局が主導して行う必然性はない。市町村においては、多様な分野にまたがる政策については、首長、企画財政担当部局が、総合計画・予算を作成しながら調整することが正攻法となる。地方自治体での政策形成・部門間調整が機能していれば、中央政府の段階で、省庁連携を重点的に考える必要も小さい[15]。ただし、これまで本章で検討してきたとおり、狭義の農村政策（構造政策への従属）や、地方創生政策の状況を踏まえれば、包括的なテーマについて、市町村における農政部局が主導して農村振興政策を行うことの現実的な意義が以下のように見出せる。

　第1に、各地域・集落段階においては、産業政策と地域政策が現場で絡み合っていることである。第2に、いわゆる農村部においても、農業集落の人口比率はそれほど多くなく、特に、合併市町村では、農村部は市町村の周辺に位置し、政策課題かしづらいことである。第3に、市町村の総合計画自体が、官邸主導の下、地方創生の影響を受け、4節で指摘した問題をはらんでいることである。農村政策において、ボトムアップ型の施策形成を行うためには、その仕組みが取り入れられた農村政策（狭義および広義）を用いて行った方が望ましい場合も多いだろう。

## 8．おわりに

　2020年基本計画では、「官邸による影響が弱まりながらも、一定の制約がある（足かせをはめられた）もとでの、現場主義・現実路線への揺り戻し」がみられた。それは、担い手への農地集積率8割という政策目標は変わらないままに、農地中間管理事業から人・農地プランの実質化への重心変更となった。そして、様々な他の事業を取り込み、体系化を図りつつ、市町村を推進主体として、むらの話し合いが強力に進められている。そこでは、地域政策の側面は、

あくまで構造政策に従属した形でしか意識されていない。

　一方で地域政策（広義の農村政策）においても、市町村の農政部局に、地域政策についてより積極的な調整主体として期待することが描かれた。ここでは、構造政策と地域政策、どちらが集落段階での議論を主導していくのか、どのような連携があり得るかといった緊張関係がある。市町村では、中央政府・農林水産省の縦割りに引っ張られずに、農政部局としての有効な連携の方法を期待したい。

　なお市町村農政部局については、構造政策および地域政策において大きな期待が寄せられる一方、職員数の減少など、体制の弱体化が指摘されている[16]。市町村農政の体制整備・強化については、地方交付税交付金の基準財政需要額の単位費用での位置づけ強化が求められる[17]。また、職員数の減少だけでなく、市町村合併の進行による、役場と農業・農村現場との距離、市町村における相対的な農業・農村分野の位置づけの低下、短期間での部署異動による能力養成、についても不安視されている。2020年度には「新しい農村政策の在り方に関する検討会」が発足し、これらについての検討が進められている。

　新型コロナウィルスの影響により、移住などの人口の地域移動や、集落での話し合いの方法が変わりつつある。各地の意義深い取り組みと、それを後押しするような全国的な政策形成を期待したい。


## 注

1）官邸主導の政策形成については、中北浩爾（2017）『自民党―「一強」の実像』中央公論新社が、それまでの政策形成との相違点や、官邸主導となった要因について包括的に論じている。農業政策については、谷口信和編集代表・石井圭一編集担当（2015）『日本農業年報61　アベノミクス農政の行方』農林統計協会、などが指摘している政策形成過程の変容に関する実証研究は少ない。

2）内閣府・内閣官房に設置された各種組織・会議と攻めの農林水産業推進本部の関係は、紙面の都合で引用はしないが2013年度食料・農業・農村白書の図2－1「攻めの農林水産業」の推進組織と体制の概念図（p11）に示されている。

3）この経過については、安藤（2014）。

4）2019年11月20日付日本農業新聞、12月11日付日本農業新聞を参照。また12月23日企画部会では全中の中家氏が、「農業生産基盤強化プログラムについては、企

画部会での議論やJAグループの要望が網羅されており大変感謝」と述べている。

5）農地中間管理事業への評価は、安藤・深谷（2017）および、『農業と経済』87(1)、昭和堂の各論考に詳しい。

6）小田切（2019）、小田切（2020）が農村政策を、広義の農村政策（総合的農村政策）、狭義の農村政策（産業政策のための地域資源政策）に分けた上で、両者の空洞化を指摘している。特に狭義の農村政策＝地域資源政策は、産業政策へ従属（自立性欠如）としている。

7）安藤（2019）、安藤（2020）、堀部（2020）に詳しい。

8）2015年5月27日　産業競争力会議実行実現点検会合では、農地中間管理事業の評価の際、農業者の委員から、市町村が問題であり、「農水省の方でそういうテンプレートを用意して、あなたの市町村における担い手の高齢化は5年後、10年後、どうなりますよと。」との指摘がなされた。実際にこの発言がどの程度影響したかは分からないが、そこでの指摘内容とその後の制度変更を見ると、このような視点から人・農地プランの実質化が形成されたようにも見える。

9）この点については、ボトムアップ型の総合計画作成で有名な東京都三鷹市の例一条義治（2020）が参考になる。

10）公共部門の合理化・効率化、「農村たたみ」を伴う拠点化、集約化である。川瀬（2020）は静岡県内の事例から、また平岡（2020）は包括的に、この点を指摘している。

11）平岡・森（2020）pp.74〜83を参照のこと。

12）その経過を振り返れば、10月30日では、農村振興局資料に関係省庁等が連携した取り組みとあったが、ここで委員の全中中家氏、法人協会近藤氏、学識経験者図司氏が、省庁が単に連携するのではなく、農水省がリードしてやろうと発言している（その後の会合でも同様の発言がある）。これを受けて12月9日には、この点についての農村振興局作成資料が、大幅に拡充している。集落機能に限らず、農村パート全体に関わるところで、府省連携が示され、関係省庁との連携の事例集、概念整理図を示し、一定の体系化を図っている。また、農水省自身が現場に出てこの問題の把握、方向性の検討を行う意思が示された。1月29日では、「次期基本計画の検討に向けての基本的な考え方について（案）」や「経営政策及び農村政策に関する主な論点と対応方向」でも詳細に記載されている。

13）「地方公共団体の職員数の減少が懸念される中においても、農業・農村の現場が抱える課題や行政ニーズの変化等に迅速かつ効果的・効率的に対応するため、行政・組織の在り方を含め、施策の推進体制を見直す。具体的には、現場と農政を結ぶ機能の充実や、意欲的に取り組む地方公共団体と地方農政局等との連携強化による都道府県や市町村における本基本計画を踏まえた施策の実施、人・農地プランや中山間地域等直接支払制度の集落戦略をはじめとした地域農業の振興等に関する計画の連携・統合等に取り組む。」とされている。

14）市町村農政の行財政上の位置づけについては、堀部（2019）、都道府県との関係

については、堀部（2020）を参照されたい。

15）もちろん、直接に複数省庁にまたがる具体的なテーマ（例えば都市農業における農林水産省（都市農業振興）と国土交通省（都市計画制度））については、その連携の在り方を整理する必要がある場合もある。

16）2015年「活力ある農山漁村づくり検討会」においてこの課題が示され、2020年基本計画でも農村政策分野において市町村職員数減少が触れられている。

17）この点の近年の動向について、地方財務協会『地方交付税制度解説（単位費用篇）』（各年版）では、標準団体における基準面積の変更以外には、職員数の増加要因は確認できない。

## 引用文献

〔1〕安藤光義（2014）「農地中間管理機構にみる政策策定過程の軋轢の構造」『農業と経済』2014年4月臨時増刊号。

〔2〕安藤光義（2019）「再検討が迫られる構造政策と農地中間管理機構」『日本農業年報』第65号。

〔3〕安藤光義（2020）「農地を動かす地域システムはどう変化したか」『農業と経済』87⑴。

〔4〕安藤光義・深谷成夫（2017）「農地中間管理機構の現状と展望」『農業法研究51 戦後農政の転換と農協・農業委員会制度改革等の検証』農山漁村文化協会。

〔5〕小磯修二・村上祐一・山崎幹根（2018）『地方創生を越えて―これからの地域政策―』岩波書店。

〔6〕小田切徳美（2020）「農村政策の空洞化―その構図と展望」『農業と経済』第86巻第2号。

〔7〕小田切徳美（2019）「農村問題の理論と政策―再生への展望―」田代洋一・田畑保編『食料・農業・農村の政策課題』筑波書房。

〔8〕川瀬憲子（2020）「政府間関係再編下の地方財政」『地方自治叢書32 自治の現場と課題』敬文堂。

〔9〕平岡和久（2020）『人口減少と危機のなかの地方行財政 自治拡充型福祉国家を求めて』自治体研究社。

〔10〕平岡和久・森裕之（2020）『新型コロナ対策と自治体財政―緊急アンケートから考える―』自治体研究社。

〔11〕堀部篤（2019）「市町村農政が有効に機能するための行財政の運営戦略」『農業と経済』85⑸、昭和堂。

〔12〕堀部篤（2020a）「財政構造と政策形成過程―都道府県農政は何ができるのか―」『農業と経済』86⑸、昭和堂。

〔13〕堀部篤（2020b）「事業見直しの考え方と運用実績―全国的動向―」『農業と経済』87⑴、昭和堂。

〔14〕村上裕一（2018）「政策現場と内閣主導―『地方創生』を通して見るそれらの関係―」『行政管理研究』161号。

〔15〕一条義治（2020）『増補・改訂版　これからの総合計画―人口減少時代での考え方・つくり方』イマジン出版。

〔2020年12月14日　記〕

# 第15章 アフターコロナ時代の農業・農村の展望 —基本計画では不十分なコロナ禍・SDGs対応の農政—

古 沢 広 祐

## 1. はじめに—ポストコロナ時代の展望に向けて—

想定外の新型コロナ感染症（COVID-19）パンデミックが、甚大な打撃を世界中に与え続けている（2020〜）。リーマンショック（2008）や、東日本大震災（2011）の時と同様、世界各地でそして日本でも既存の社会の諸矛盾が赤裸々にあぶり出されたかのような様相を呈している。コロナ危機は、緊急事態の対応から次第にフェーズが移り、混乱と立ち直りのまだら模様のような動きをみせている。しかし、先行きの不透明さにくわえて、近年の時代状況は気候変動をはじめとして不安要因が複合化している。コロナ禍は氷山の一角の出来事であり、各種の新興感染症の増加傾向などが懸念されている。すなわちコロナ禍の背後にある環境改変、気候変動問題、各種自然災害の増大など複合危機的な状況が心配されるのである。

今回のコロナ禍が問いかける重大な論点は複数ある。第1の論点は、自然（生命）・人間関係における見直し（自然・生命観の問い直し）である。この危機の根底には、人間活動が自然生態系を破壊してきた事態の進行がある（気候変動も含む）。いわば急拡大してきた環境改変の反作用として、近年、頻発する各種感染症とりわけ新興感染症（大半は人獣共通感染症）の出現がそれを象徴的に示している。そしてこの事態は従来の開発・発展パラダイムの見直しをも意味している。

すなわち、第1の論点に続く第2の論点とは、これまでのグローバリゼーション（近代化・成長・開発パラダイム）に関する問い直しである。危機に対して回復・変革をめざす動きとしては、国連のSDGs（持続可能な開発目標）や欧

州で先行するコロナ後を見据えたグリーン・リカバリー（持続可能な社会形成）の対応などがある。リスク多発の時代への抜本的な変革、トータルなレジリエンス（対応力）の構築につながりうる動きとして注目したい。

　本章では、コロナ禍を時代的転機と見る視点から、社会経済の変革の胎動を読みとることで、とくに農業・農村のあるべき姿に関してこの度の新基本計画の実施にむけて課題と展望を述べることにしたい。

## 2．COVID-19パンデミックの問いかけ
### ―人間中心主義からの脱却―

　新たな感染症の出現については、人間自身が問題を深刻化させてきた側面が問題視されている。たとえば大規模な自然破壊で生息地を失った野生動物が病原体を拡散する事態や、従来は隔たりを維持してきた原生的自然への大規模な介入が感染症を蔓延させる誘因となっていることなどが指摘されている。あるいは近年の野生生物の商業的取引・利用の拡大（食肉、ペット、薬用他）が引き金になっている問題もあることから、国際的な自然保護団体から各国や国際機関に規制強化が呼びかけられている。その一方で、野生生物への過度な危険視や排除（駆除）の動きも生じている。こうした動きは、人間と感染症、細菌やウイルスとの関係について狭い利害関係や敵対的関係でとらえる傾向がつよい。しかし、より根源的に状況をとらえ直して、従来の生命観や自然観を問い直す共生的な視点も新たに生まれている。

　それは従来の狭い人間中心主義に対する問い直しであり、近年さまざまな分野から提起されている。たとえば腸内細菌（腸内フローラ）をはじめ土壌や海洋の無数の微生物たちが想像以上の巨大な世界を構成していることへの再認識などがある。これはコペルニクス的世界観の変革（パラダイム・チェンジ）とでも言うべき動きである。例えば人間を構成する細胞数の約37兆個に対して、体内・体表面には約100兆個もの細菌や菌類が住み着いており、複雑な共存・共生・対抗関係の中で私たちはバランスを保っている。海の中でも海洋生物の全体の半分以上9割近くを微生物が占めているという（ブレイザー2015、モントゴメリー2016）。自己増殖できない超微細なウイルスに関しては未知なことが

多いが、その不可思議さとともに巧妙な働きが近年徐々に明らかにされつつある。その量的な試算での興味深い指摘としては、「海のウイルス全体に含まれる炭素の量は2億トン、シロナガスクジラ7,500万頭に相当する膨大なものになる。仮にウイルスをつなげると、全体の長さは1,000万年光年になる」というのである（山内2006）。

ウイルスの起源や働きに関しては研究が活発化しており、微生物から大型生物まで種の壁をこえて遺伝子を伝搬させる働き（遺伝子の水平伝搬）があること、その働きに注目してウイルス進化説まで登場するなど、不可思議な働きをめぐる議論が続いている。ウイルス感染が進化に関係する実例としては、哺乳類が胎盤形成を獲得した過程でウイルス感染が関与していた事例が明らかにされている。さらに真核生物の誕生・進化に巨大ウイルスが関与していた可能性も指摘されており、議論は尽きないのが今日的状況である。悠久の生物進化のドラマにおいては、私たち人間の認識レベルを超えた広大なダイナミズムが内在してきたこと、こうした認識をもつことは人間存在を支えている土台を見直すことであり、世界認識について新たな視座を私たちに示している（山内2018）。

## 3. 健康概念の拡張へ―ワンヘルス、ワンワールド―

すでに指摘したとおり新型コロナをはじめ各種の新興感染症の増大（とくに人獣共通感染症）の背後には、人間活動の甚大な影響が関係している。その意味することを「自然・生物・人間」関係の視点から掘り下げて考えたとき、私たちは「健康」の考え方について人間レベルを超えて大幅に拡張することが迫られているのである。実際、21世紀に入ってまもなく、生態環境・野生生物・家畜（ペットを含む）・人間の「健康」が互いに連鎖しているとの新視点が生まれており、総合的に観る考え方として「ワンヘルス」概念が提示されている（2004年、マンハッタン原則）。

日本でも2015年に日本ワンヘルスサイエンス学会が設立されており、その学会趣意書には、「……ヒトだけの健康を追求するのではなく、私たち人間社会においても動物や環境の健康をトータルにとらえ、考えていかなければならない時代が来ていると考える。そのため、ヒト、動物、環境の健康は共通してお

り（one health）、環境保全、生物多様性を含めヒト、動物、環境は深くつながっている（one world）と認識する。……」と記載されている。2016年には、「第2回 世界獣医師会−世界医師会“one health”に関する国際会議」が北九州市で開催され、世界中から多数の医師、獣医師が参加して「福岡宣言」が採択されたのだった（ワンヘルスの理念、図15−1参照）。

　現在、WHO（世界保健機関）、OIE（国際動物保健機関、旧国際獣疫事務所）、FAO（国連食糧農業機関）が共同でワンヘルス・アプローチ導入のための手引書を作成しており、WB（世界銀行）も同様の冊子を刊行している。自然界の諸生物（生態系）の中で各種感染の波が静かに繰り返されてきた中で、時おり家畜やペット類から人間にまで感染の波が及んでくる。これまで各地で地域的にこのような波が長年の間くり返されて歴史が続いてきた。それがグローバル化の進展と重なり合うかたちで、近年その規模が急拡大してきたのが今日の世界の状況である。感染の規模は、人口の密集（都市）化や家畜類の大規模飼育の普及によって急拡大してきており、そして移動・交通ネットワークの爆発的発展に比例してまさにグローバル化したのであった。

図15− 1　ワンヘルスの理念

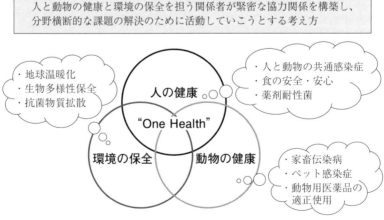

　　出所：福岡県生活衛生課 HP

## ４．プラネタリー・ヘルス、ロハス、身土不二、動物福祉

　近年、考え方としてはさらに視野を広げる発展をみせており、最近は地球システムを健康という視点でとらえ直す「プラネタリー・ヘルス」の概念も提起されてきた（2014年、医学誌 The Lancet ジャーナルにて提唱、2015年活動組織が結成）。同様の動きには「エコシステムヘルスとサステナビリティ」誌の刊行などもある（2015年）。このような考え方の流れとして、身近なところでの動きとしては、すでに健康と地球環境の持続性を重視する考え方として普及した「ロハス」（LOHAS：lifestyles of health and sustainability）の概念がある。人々の消費や生活スタイルが地球環境に悪影響を及ぼさない生活様式として提唱されたものであった（1998年）。それはまた、日本や韓国などで再認識されるようになった「身土不二」（私の身体と大地は一体である）の思想とも共通する考え方である。あるいは、人と動物の健康・福祉を共通の基盤としてとらえる考え方として動物福祉（animal welfare）があるが、その背景においても共通する考え方（世界観）の動きを読み取ることができる。

　動物福祉については、国際的ガイドラインが1978年にユネスコ「動物の権利世界宣言」として公表され、1989年の改訂版で次のような考え方、「……すべての生命は共通の起源を持つ、……世界における種の共存は人類が他の種の生存権を認めることを前提とする、……動物の尊重は人間自身の尊重と不可分である」が明記されたのだった（世界動物権宣言、前文の一部より抜粋）。そして動物の病気防御のための国際組織「国際獣疫事務所（OIE）」が、2003年「国際動物保健機関（OIE）」と通称されるようになり、従来の動物検疫のみならず動物福祉や食品安全の基準策定に取り組みだしたのだった。

　動物福祉の背景には、動物愛護や人権・福祉概念の拡張という流れに加えて、生産効率のみを重視してきた近代的畜産の矛盾、BSE（狂牛病）や過密飼育による薬剤耐性菌問題（抗菌剤の多用）などへの反省も影響した。スイスでは1980年代年からケージ飼育の禁止政策（動物保護法）が行われ、EU（欧州連合）レベルでは2012年から従来型の身動きできないケージは禁止されている。興味深いのは、適正飼育（家畜福祉、FAW）によって健康的で安全に育てられている畜産品を供給するとの考え方が展開されており、EU では「福祉品質」（Welfare Quality：WQ）という科学的評価法と独自ブランドが推進されている。

　さまざまな分野において健康という概念が次第に拡張されてきたこと、私たち人間を支えている奥深い土台にまで視野が広がってきた様子がわかる。つまり、危機的事態への対処としては、その奥底にある自然と人間の密接不可分な関係性の認識と再構築こそが重要なのである。たんに病原菌やウイルスを排除し敵視するのではなく、相互依存や共存・共生的関係について認識していくことの上に、より良い在り方や生き方（well being）を再構築する方向へと舵取りしていく展開である。当面必要な病気への治療薬やワクチン開発（対症療法）だけにとどまることなく、健康の土台となる環境や生態系のあり方に配慮した持続可能な社会の構築（根本的対応）に向けて、今回の危機を今後の社会の新たな展開につなげる契機とすることができるかが問われている（古沢2020c）。

## 5．SDGs・気候変動と連動するイノベーション戦略
## 　　―日・欧の比較―

　危機に対して変革をめざす動きとしては、国連のSDGsや欧州で先行するコロナ後を見据えたグリーン・リカバリーの戦略がある。欧州の戦略の大きな柱は、再生可能エネルギー、交通運輸、循環経済、デジタル経済、生態系・生物多様性保全など多岐にわたるが、農業分野も大きな柱に位置づけられている。注目される取り組みが「農場から食卓へ（Farm to Fork）戦略」である。農薬や化学薬剤の半減、2030年までに有機農業の割合を25％、食品表示の強化、フードロスの削減などを掲げて、生産から消費までの食品システムを公正かつ健康的で環境に配慮したものにすることが目指されている。

　現在、欧州で取り組まれようとしているグリーン・リカバリーは、その根幹に気候変動対策への根本的組み直し（欧州グリーン・ディール）があった。それが今回のコロナ危機への対応策として、さらにバージョンアップされたものとして展開されている。多岐にわたる戦略だが、農業分野が大きな柱に位置づけられている点はたいへん興味深い（「農場から食卓へ（Farm to Fork）戦略」5月20日公表、2020年）。有機農業の拡大、食品表示・フードロス削減など、生産から消費までの食農システムの変革に関して、具体的にはEUの共通農業政策

（次期 CAP、2023～2027年）の実施予定において実行されていく。とくに、コロナ危機で揺らいだ農業生産基盤の立て直しと気候変動対策の関連付け、生態系保全と両立する有機農業・アグロエコロジーの促進、サプライチェーンの見直しと食品産業の立て直し、より安定的な食の確保など、各種取り組みが相互連関的に組み立てられている。

　日本と比較をした場合、残念ながら我が国の新基本計画においてはこうした総合的で抜本的な展望が十分には示されていない点が気になるところである。当面のコロナ禍の農業分野への悪影響に対して、個別的な対応はとられてきているが、中長期的な戦略的提示は弱いと言わざるをえない。日本での中長期的な戦略としては、国レベルで「ソサエティー5.0（Society 5.0）」が科学技術基本法のもとで提起されており、国連で採択された SDGs と連動させる動きがみられる。その流れのなかで、農林水産省は「農林水産研究イノベーション戦略2020」を策定したのだが（公表５月27日、2020年）、あくまで技術革新に未来を託す方向性での提示であった。そこでの重点分野としては、「スマート農業」「環境」「バイオ」の３分野が掲げられており、それらの研究開発によって2040年の未来世界が描かれている（図15－２）。これは、政策ビジョンとしては近視眼かつ技術偏重のきらいがつよい。欧州のような総合戦略的なビジョンと比較すると、日本は縦割り行政の中で旧来の国家ビジョン（成長志向）から脱却できず、持続可能性（サステナビリティ）に軸を置いた革新的な総合ビジョンを十分に示しきれていないのが現状である。

　このような問題点については、他の章でも個別には指摘されている事柄なのだが、本章では大きな潮流としてサステナビリティに軸足を置いた農業政策の展開に関して、より詳しく論じることにしたい。

## ６．地方創生とローカル SDGs の動き

　ふり返れば、戦後の日本では、1960年代の高度経済成長期へと向かう時代、全国総合開発計画や列島改造論がもてはやされ、近代化を推進する基本政策として農業基本法や林業基本法などが制定された。それらは、短期的な経済効果、単一的な価値（貨幣換算価値）に基づいて生産面での最大化をめざす政策展開

図15－2　2040年の姿（スマート農業）

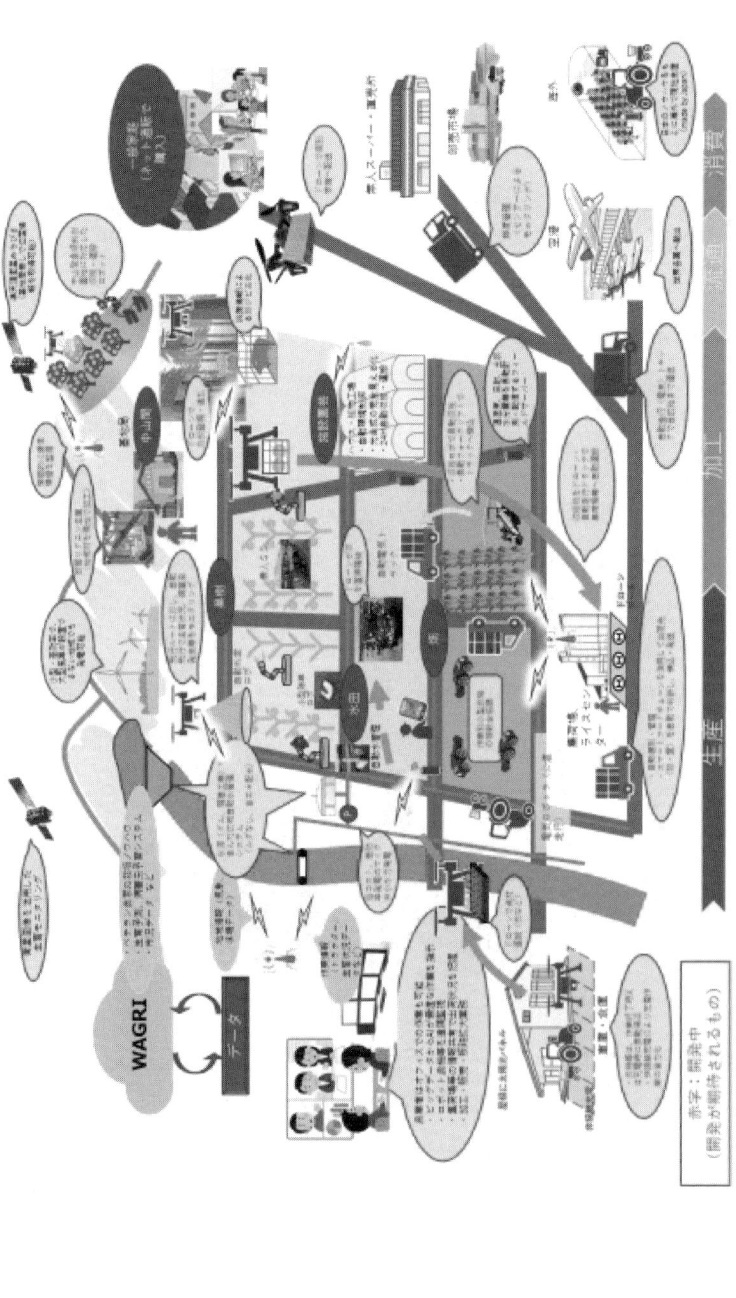

出典：農林水産技術会議
https://www.affrc.maff.go.jp/docs/press/200527.html

（狭義の経済発展）であった。食料・農業政策としても、生産第一主義に傾斜したもので、その成功が経済的豊かさをもたらした反面で、環境や資源や自然生態系（生物多様性）との軋轢を生じた結果、今日ではその軌道修正が迫られている。

　すなわち1999年に食料・農業・農村基本法、2000年に循環型社会形成推進法、2001年に森林・林業基本法などが成立して、生産主義的な経済偏重の政策から環境重視へとシフトする流れ（環境レジーム形成）が急速に高まってきたのだった。とくに農業分野では、産業としての農業発展とともに農業・農村の多面的機能が強調されて、人と自然との多様な関係性に目を向け、暮らしや生活面にまで踏み込んだ地域政策や社会政策的な要素を含みこむ流れになっている。それは自然資本や生態系サービスへの再認識、新たな価値づけと評価の可視化につながる流れとして現在進行形で進みつつある。時代状況は生産主義から環境主義へと移行する動きが起きているのだが、実際にはかなり波乱含みの展開状況にあるのが現段階である。

　大きな流れとしては、気候変動の回避をめざすパリ協定や国連のSDGsに代表されるように、持続可能な社会形成を目指す動きへと抜本的なシフトが起きている。さまざまな分野や諸地域において、サステナビリティ（持続可能性）が模索されており、世界レベルや国のレベルでの動向にくわえて、とくにローカルな地域での展開が重要視されだしている（古沢2020）。日本では、SDGsの推進役として内閣官房にSDGs推進本部が設置されて、様々な政策がSDGsに関連付けられるようになった（2016年）。さらに、内閣府地方創生推進事務局に「自治体SDGs推進評価・調査検討会」が設置され（2018年）、優れた取組を提案する都市・地域を「SDGs未来都市」として選定しており（2018年は29、2019年は31、2020年は33）、並行して地方創生SDGs官民連携プラットフォームも始動している。

　現状を見るかぎり、自治体ベースでの取り組みが目立っており、各種の主体として地域の担い手である農業セクター、とりわけJAなどの協同組合による活動が期待されるところである。現状では、全国約650の協同組合組織を会員とする日本協同組合連携機構（JCA）が、個別の協同組合の連携によって

SDGsへ取り組む優良事例について情報提供している状況である。持続可能な社会形成の土台においては、とくに農業・農村の持続可能性に注目することが重要である。以下、その点について、世界的な歴史動向をふまえて日本での特徴と独自性を意識して、とくに今後の農業基本計画において重視すべき点を指摘しておこう。

## 7．農業・農村の持続可能性—コロナ禍後の世界を見すえて—

　農業・農村の持続可能性については、日本の文脈では農山村の過疎化・高齢化や耕作放棄地の増大といった事態に政策的に対応する用語として使用されることが多い（農業白書2008）。持続可能性という概念が普及してきた世界的な文脈をたどると、1987年の国連ブルントラント委員会報告でキーワードになった「持続可能な開発」（Sustainable Development）の概念や米国の1990年農業法で持続可能な農業（Sustainable Agriculture）の用語の使用などにさかのぼることができる。

　とくに「持続可能な農業・農村」として、農業と農村がセットになって使用されるようになった国際的合意文書としては、1992年の国連環境開発会議（通称、地球サミット）で採択されたアジェンダ21（21世紀行動計画）の第14章「持続可能な農業・農村の開発の促進」（SARD）がある。農業という業と農村という暮らしが、切り離せないものとの認識が示されている。1992年の地球サミットでは、深刻化する地球環境問題への国際的な対応が中心テーマとなり、2つの国際環境条約（気候変動枠組み条約、生物多様性条約）、リオデジャネイロ宣言、森林原則声明、アジェンダ21などが取り決められた。

　とくにアジェンダ21は、人類が21世紀に向けて取り組むべき課題が全40章、351頁にわたって詳細に提示されており、各国の政策実現において道標的な役割をはたしてきた。このアジェンダ21は、その後、環境分野と開発分野が統合されたSDGsを中核とする2030アジェンダにつながっていったのである。アジェンダ21の取り組みについては、とくに地域展開のローカルアジェンダとして、主に欧州地域において積極的に展開された経緯があった。それは、持続可能な地域社会づくりとして、環境保全、地域福祉、地方自治（民主的まちづくり）

の充実として一定の成果をおさめたのだった。そうした経緯と実績をふまえる
ならば、現在進行中のSDGsの取り組みをリードする主体としては、やはり地
域での取り組みこそが期待されており、日本でも遅まきながら政策展開が進み
つつある。

　持続可能な発展とは、大枠としては環境、経済、社会の３つの要素を調和さ
せる発展様式であり、具体的には環境を破壊せず社会的な問題（貧困、格差など）
を生じさせない発展の実現である。農業と農村の持続可能性においても、環境、
経済、社会が調和する基本的あり方が求められている（矢口2018）。その中核
となる持続可能な農業については、最近のEUの政策を見てのとおり、従来の
枠組みを革新的に組み直すアグロエコロジーや有機農業の展開に重きがおかれ
ている。日本の場合、温帯モンスーンの湿潤気候と水田稲作が大きな位置をし
めている特徴があり、アグロエコロジー的な展開としては独自の様式を見出す
ことが必要だと思われる。

　そのような視点から持続可能な農業を見直す動きとしては、世界重要農業遺
産システム（GIAHS、通称世界農業遺産）が注目される。これは2002年に国連
食糧農業機関（FAO）によって創設されたもので、現在、世界では22ヶ国62地
域、日本でも11地域が認定されている（2020年６月）。農業遺産という名称だが、
過去の遺産ということだけでなく未来志向として「温故知新」的な意味づけも
期待されている。もともと世界農業遺産の動きは、従来の短期的な生産性と経
済効率性を重視した農業近代化の動きに対して、環境面や社会面での持続性が
失われる事態への反省がある。歴史的に農業が本来保持してきた持続可能性の
価値を、あらためて積極的に再評価する動きととらえることができる（武内
2013）。とくに文化としての農の価値の見直しは重要であり、日本の農業・農
村の奥深さを体現するシンボリックな存在として、将来的な強みとして活かし
ていく戦略的展開を期待したいところである。

　また環境面からは、里地里山という人間が歴史・文化的に維持してきた地域
の姿が再評価されており、里地里山保全活用行動計画が策定され（2010年）、
国の生物多様性国家戦略の下で環境省が推進している。このような農業に内在
する多面的機能のすそ野の広い展開については、日本の風土性をまさに象徴し

ている。文化政策、環境政策、農業政策が相互に深く連携する総合的地域政策として、今後の可能性に期待したい。省庁の壁を越えての総合地域政策としての新展開こそがまさに望まれるのである。

一方で、伝統的な農業・農村の見直しという点では、国連が2014年に「国際家族農業年（IYFF2014）」を設定した動きが注目される。つまり生産主義的な農業の近代化・効率化だけでは、持続可能な農業・農村の維持と存続が困難であることへの反省がその背景にある。歴史的に存続してきた家族農業こそが、食料安全保障と包摂的で公平な社会の構築に重要な役割を果たしてきたことの見直しである。さらに国連は2019〜2028年を「国連家族農業の10年（UNDFF）」と定めた（2017年）。そして2018年12月の国連総会では「小農の権利宣言」（小農と農村で働く人々の権利に関する国連宣言）を賛成多数で採択している。こうした時代潮流を新農業計画においてどう活かせるのか、かつての弱みを強みとして組み立てる政策展開こそが求められている。

これからの持続可能な農業・農村に関しては、農業が有する諸側面を総合的価値としてとらえる視点が重要であり、農業政策に社会的・環境的・文化的な政策を複合化させていく展開について、さらなる工夫が求められている。再度強調するが、持続可能性（経済・環境・社会の3側面）の内容については、経済価値の創造、健全な生態系の維持、豊かな人間生活と社会・文化の発展、などと総合的にとらえる視点とその政策展開が重要なのである（祖田2000）。

コロナ危機後のパラダイム変革としては、競争一辺倒の経済や一極集中、無限成長・拡大型システムではなく、相互安定型の分権・自立システムへの軌道修正されていく可能性が高い（広井2019）。これからの産業構造としては、農林水産業など第1次産業を基本において、自然エネルギーを軸とする多面的・多段階的な産業形成や、教育・福祉・健康・レジャー産業の育成などといった高度な6次産業的な展開が重要である。イメージ的には、経済評論家の内橋克人氏が提唱した食・エネルギー・福祉を中核にするFEC自給圏（Food, Energy, Care）を基礎にした地域再生ビジョンなども参考になる（内橋2011）。こうした地域自立に基づいた自然共生型の多元的価値を実現するような政策ビジョンこそが、これからの日本の農業・農村の将来像として期待されている（図15

図15-3　新たな産業展開のビジョン

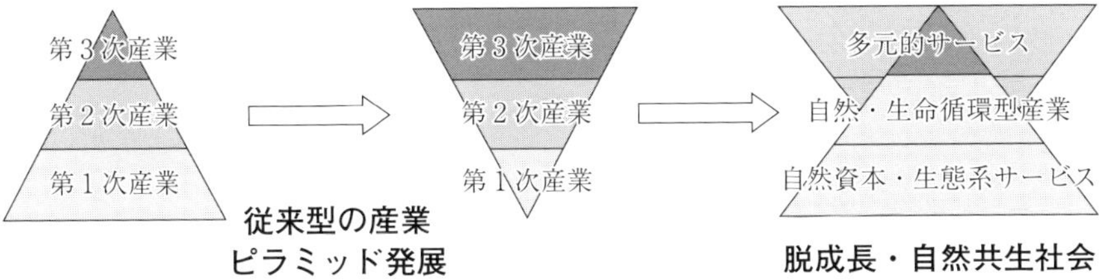

出典：古沢2020b

-3、古沢2020b）。アフターコロナ（AC）の時代を切り拓いていくより新しい農業基本計画へのバージョンアップを望みたい。


## 参考文献

〔1〕内橋克人（2011）『共生経済が始まる―人間復興の社会を求めて』朝日新聞出版

〔2〕祖田修（2000）『農学原論』岩波書店

〔3〕武内和彦（2013）『世界農業遺産―注目される日本の里地里山』祥伝社

〔4〕デイビッド・モントゴメリー、アン・ビクレー（2016）片岡夏実訳『土と内臓　微生物がつくる世界』築地書館

〔5〕広井良典（2019）『人口減少社会のデザイン』東洋経済新報社

〔6〕古沢広祐（2020a）『食・農・環境とSDGs　持続可能な社会のトータルビジョン』農山漁村文化協会

〔7〕古沢広祐（2020b）「逆転した産業ピラミッドを正し、第1次産業を基本とした自然共生社会へ」農文協編『新型コロナ 19氏の意見　われわれはどこにいて、どこへ向かうのか』農文協ブックレット21、農山漁村文化協会

〔8〕古沢広祐（2020c）「コロナ危機の現代的意味とアフターコロナ時代の展望―生命・自然観の変革とSDGs・農業への期待」農業と経済　2020年12月臨時増刊号（vol. 86 No. 11）、昭和堂

〔9〕マーティン・J・ブレイザー（2015）山本太郎訳『失われてゆく、我々の内なる細菌』みすず書房

〔10〕矢口芳生（2018）『持続可能な社会論』農林統計出版

〔11〕山内一也（2018）『ウイルスの意味論―生命の定義を超えた存在』みすず書房

〔12〕山内一也（2006）「自然界でのウイルスの生態」連続講座・人獣共通感染症169回、日本獣医師学会
https://www.jsvetsci.jp/05_byouki/ProfYamauchi.html

〔2020年12月20日　記〕

第Ⅲ部　農政の新たな針路

# 第16章　コロナ後の食と農と地域のあり方

西　山　未　真

## 1．はじめに：問題の所在―なぜ食と農と地域の取り組みか―

　2020年の幕開けは、新型コロナとともに始まった。新型コロナウィルスの中国・武漢からの広がりは、瞬く間に世界を席巻した。始まりは対岸の火事のような様相であったが、マスク不足が解消しない混乱が思いの外長く続いたことが、その後新型コロナ対策が容易には進まないことを暗示しているようだった。

　2020年の混乱は、新型コロナという1つの新しい病気に起因する混乱ということ以上に私達に多くのことを想起させた。それは一言で言えば、「行き過ぎたグローバル化」による危機といえるのではないか。正常だと思っていた2019年以前の経済活動が、実は、インドの星空を見えなくするほど、ベネチアの運河に悪臭と汚濁を蔓延させる異常な状態をもたらしていたことが明らかになった[1]。経済活動は人間の生活環境を破壊するまでに肥大化し、食と農の関係でいえば、産地のモノカルチャー化と物流への依存はますます生産地と消費地の乖離をもたらしている。こうした「行き過ぎたグローバル化」の結果、棲み分けていた人間と野生生物のバランスも崩し、そうしたことの象徴としての「新型コロナの発生」ということができるのではないか。

　新型コロナ後の社会は、新型コロナ前の社会を取り戻すのではなく、「行き過ぎたグローバル化」を見直すことから逃れられないだろう。まず他国・他地域・他者依存の生活を見直すことで、新しい社会関係を作っていかなければならない。では、新しい社会関係とはどういうものなのか。本稿では、そのテー

マに、食と農の関係、さらにそれと地域のあり方からアプローチしてみたい。

　食と農の関係とは本来一貫したものである。食べることは農業の最終段階であり、食を健全に作り健全に食べるためには、食と農は切り離されるべきものではない。しかしながら、農業の近代化やグローバルフードシステムは、食の生産と消費の場を乖離させ、食と農の繋がりを断ち切るプロセスを通して発展してきた。そのため、食の作り手も食べ手もお互いが顔の見えない関係になり、誰のためにかわからず生産し、誰が作ったのかわからず消費するという関係が一般的となった。しかし、こうした食と農の乖離という状態がもたらす脆さは、単なる食や農の問題を超えて、人間の生活、生命、生態環境に及ぶ複雑で深刻な問題もたらしている。

　食と農の関係とは、こうしたグローバル化がもたらした問題を解決するために、生産者と消費者が直接むすびつく取り組みであり、オルタナティブな農業、流通や消費のあり方を実践している。日本でのこうした取り組みは、1970年代前後の農家の主婦による自給運動が最初である。その後は有機農業の実践を通した産消提携運動や、より広い産直運動などが展開し、政策の中心ではないものの、現場の問題をあぶり出している重要な取り組みであるといえる。本稿では、日本での食と農の関係に注目し[2]、その取組の展開プロセスや背景をたどりながら、新型コロナ禍で受けた直近の影響を明らかにし、今後新型コロナをきっかけに、どのような新しい食と農と地域のあり方が展望できるのかを議論したい。

## 2．コロナショックによる食と農の変化

　新型コロナショックにおけるフードシステムへの影響は、アメリカの食肉工場でのクラスターの発生により工場閉鎖を余儀なくされたことや、ロシアやベトナムなどで穀物の自国優先のために、小麦や米などの緊急輸出制限などが行われたが、日本国内へ食料の流通への影響は最小限だったといえる。スーパーなどにおける食の供給は、テレビの報道にあったイタリアのような混乱はなかったものの、地域における食と農の現場では、前年に比べて大きな変化を経験している取り組みもある。本項では、フードバンク、子ども食堂、直売所、

CSA の取り組みを事例として、そこでの新型コロナ前後の変化や今後の見通しについて紹介したい[3]。

## （1）フードバンク

　企業や個人から不要になった食品の寄付を得て、生活困窮者に届けるフードバンクの取り組みは、1967年にアメリカで始まったといわれている。日本では2004年に活動を開始したセカンドハーベスト・ジャパン（東京都）が初めてであった。フードバンク宇都宮は、東日本大震災の直後に、NPO 法人とちぎボランティアネットワークの事業の1つとして活動を開始している。その直後に県内2番目のフードバンク小山が発足し、その後、県内各地でフードバンクの取り組みは広がり、現在は12カ所で事務所が開設している。

　企業や個人から寄付された食品はまず重量を計測し、入庫日や賞味期限などを記入した食品現票で管理する。生活困窮者への配布は、基本的に、フードバンクの事務所に来た人に、ライフラインは使えるかや家族構成などの生活状況を詳しく聞き取ったあと必要な食品を提供する。利用回数の制限は特にない。特筆したいのは、フードバンクの活動は単に食品を配布するだけでなく、2次支援につなげる重要な支援を行っている。最初に行う聞き取りの結果から、行政等の支援が受けられる機関へ紹介したり、必要な申請のために同行したりもしている。食を入り口として、より継続的かつ総合的な支援につなげることもフードバンクの重要な役割になっている。

　来場した個人への支援だけでなく、福祉施設や子ども食堂などへの食品提供も行っている。助成金や補助金を活用して食品パッケージ「きずなセット」の提供活動を継続的に実施している。食べざかりの子供のいる家庭を対象とした「奨学米プロジェクト」では、登録した、幼児から大学生のいる子育て世帯に毎月精米を支援している。

### フードバンクにおけるコロナの影響

　新型コロナの影響で、2020年2月以降利用者が急増している。さらに、利用人数が増えただけでなく、利用者が置かれている状況が悪化していると捉えている。昨年と比べて、家がない・職がない・ライフラインが停止している人の

割合が非常に増えているからだ。悪かった人がより悪くなっている印象があるという。

　支援を必要としている利用者が増えた一方で、食品の寄付も激増している。マスコミなどでの報道の効果だと考えられる。寄付された食品は昨年比で2.89倍、配布される食品の量も2.31倍と増えている。

　食品パッケージの「きずなセット」は、2020年の6月、7月、8月に計4回の配布を行った。県内の大学生、専門学校生、留学生などに配布された。更に年内にあと3回の配布を行う予定である。

　このように活動規模の拡大は著しい一方で、活動するメンバー（職員）の数は変わらないため、負担が大きくなっている。特に、相談件数が増えているが、相談業務を請け負えるボランティアなどの人員が足りていない状況がある。

## （2）子ども食堂

### ①　子ども食堂　全国の動向[4]

　子どもに無料や低額で食事を提供する子ども食堂が広がっている。2012年に発足し、2016年には319件だったのが2019年には3,718件に、さらに2020年12月現在では5,086件にまで急増している。様々な形態や名称の子ども食堂があるが、多くに共通しているのは、地域の交流拠点と貧困対策という2つの役割を担っている点である。NPO法人全国子ども食堂支援センターむすびえ（以下、むすびえ）では、2020年4月、6月、9月の3回に渡って全国の子ども食堂へのアンケート調査を行った。主に新型コロナ禍での子ども食堂の実態についての質問に全国の子ども食堂から回答が届いている。その結果を紹介する。

　2020年9月に実施された調査では、全国39都道府県の342団体が回答を寄せている。9月現在で、以前と同様に一堂に会して子ども食堂を再開している割合が24％で、10月から再開の6.1％を合わせると約3割で再開している。一方で、再開の予定が立たない割合は、6月時点の調査では38.7％だったのが9月では48.0％に増加している。約半数を超える子ども食堂で、お弁当や食材の配布を実施していた。子供の参加人数は、11〜20人が最も多く、次に30〜50人程度が多くなっている。子ども食堂の活動費用は、月額1万〜2万円が4割ほどで最

も多く、２万円以下が62.3％、５万円以下が85.4％にのぼる。新型コロナ後には約半数の子ども食堂で開催していた弁当や食材の配布の場合は、子ども食堂開催と比べて数倍の費用がかかることも報告されている。

　最も困っていることは感染対策についてであり、対策をし尽くしても「不安」が残るという声が少なくない。また、開催場所としていた会場が使用できない問題が挙げられていて、特に公的施設（公民館等）に多い。新型コロナ以外では、必要としている人に情報を届ける方法など告知方法に苦慮している訴えがある。また、最も深刻なこととして指摘されているのは、民間のボランティア活動が感染症の発生リスクを背負い切ることへの限界である。子どもや利用者には、子ども食堂は保育園等と並ぶ暮らしに不可欠な場所であるにも関わらず、世間には「勝手に、好きでやっている」と、不要不急の多人数会食と同列に見ている人もいる。また、これまで政策化されていないゆえの自由度の高さを強みに普及してきた子ども食堂であったが、新型コロナ禍では、社会的に位置づけられていないゆえに、子ども食堂の開催や活動の継続に深刻な影響を与えている。

## ②　キッズハウスいろどり　宇都宮市の子ども食堂の事例
### 組織の概要

　宇都宮市内にあるキッズハウスいろどりは、塾に行けない地域の若者の学習支援を2010年から行ってきた団体が2016年に開設した。放課後勉強をしに集まる子どもたちが空腹であることに気がついたことがきっかけだった。その後、子ども食堂部門は、キッズハウスいろどりとして、子どもへの食事提供だけでなく、様々な若者の総合的な支援を地域密着で行うことを目的に活動している。専従のスタッフは１人、ボランティアは毎回活動のたびに４〜５人集まる。

　当初は、学習支援、食事の提供から始まったキッズハウスいろどりが目標とする総合的支援には、①子ども食堂として食事提供、②いろどり寺子屋として塾に行っていない子どもたちの学習の場＋外国をバックグラウンドに持つ子供のための日本語教室、③親が日常の仕事から離れ子とゆっくりと向き合う機会と場の提供としての親と子の居場所づくり、④週２回ほど子ども食堂に来るのが難しい家庭に夕飯を届ける、⑤不定期の取り組みとして、サマーキャンプや

農家での焼き芋づくり、新型コロナで学校が閉鎖されていた期間に18回も行われ大好評だった森でリフレッシュプログラムなどがある。

　キッズハウスいろどりの運営は、現金の寄付、物資支援、ボランティアで賄われている。年間平均300万円の寄付が企業や個人から集まる。食堂で使う食材も地域の農家などから集められる。こうした寄付を送ってくれる人へは、いろどり通信で年3回ほど活動の報告をしている。他に宇都宮市からの委託事業（親と子の居場所づくり）から人件費補助を受けている。寄付による運営は不安定ではないのかとの問いかけに、行政支援のほうが持続的でないと感じているという。補助金の使い方も制限される行政支援よりも、寄付のほうが個人や企業間のつながりによるものであるため安定している。寄付を通して、つながりを実感できることが大きい。使いみち、使い方も自由であることのメリットが大きい。そのことが、運営資金の調達を寄付にこだわっている理由である。

## 子ども食堂の取り組みとコロナの影響

　子ども食堂は、当初学習支援を行っていた建物の2階でスタートしたが、手狭になったため、2018年に移動した。宇都宮市内の空き屋物件だった一軒家をクラウドファンディングで集めた300万円で改修した。子ども食堂は毎週月曜日に開設している。大人500円、子ども300円で、支払い免除制度もある。スタッフやボランティアが15時頃から集まり調理を開始し、17時半に食堂をオープンする。食材は、地元の農家からの寄付が中心で、購入することはほとんどない。地産地消ゆえに、旬のものばかり集まり、子どもたちはそれを知る機会にもなる。メニューは、懐かしいものや手の混んだ料理など普段食べる機会の少ないものも取り入れる工夫をしている。毎回、平均20人程度が集まる。未就学の子どもは親と来る決まりになっている。中高生、生活困窮の親子、支援者、ママさんグループなど子どもだけでなく多世代の様々な人が集まる。食事後は、キッズルームで話をする時間になる。普段忙しくしている母親と子どもがゆっくり話をする機会にもなる。19時半に食堂は終了し、20時半頃解散となる。

　新型コロナで学校が休校になっている期間も、休まず開催した。こういうときこそ必要とされているという思いがあったからである。前述した森でリフレッシュプログラムも、休校期間中に18回開催し、延べ128人の子どもたちが

参加した。また、これまで子どもの居場所づくり事業として宇都宮市から受託していた事業は、2020年9月より、親と子どもの居場所づくりとして、親のサポートも行われるようになった。親自身も、経済的困窮の生活に疲れ、居場所がないと感じているためである。

## （3）ベジステーション

　ベジステーションとは、2019年の8月に立ち上げた9組の流通業者のネットワーク組織である。9組の流通業者とは、いずれも、有機農産物や自然栽培の農産物を扱い、直売や宅配などで、栃木県内を中心とした生産者と消費者を安全安心な食で結んでいる。取引のある生産者は約50組である。

　そもそもの始まりは、有機野菜のファーマーズマーケットを開こうと、県内の生協、地域スーパー、直売所から協賛金を集めて、有機農産物流通のネットワークを作ろうとしたことだった。中心的役割を果たしたのがN氏で、N氏は、有機・自然栽培の野菜を中心とした直売する「ナチュラルフード森の扉」（以下、森の扉）を経営している。有機農家のファーマーズマーケットは、2016年から「とちぎの台所」として年に1回全県レベルで継続している。しかし、N氏が当初目指していたのは、地域に身近で日常的に有機野菜の買い物ができるマーケットだった。より持続的に有機野菜のある生活を広げられるからだ。全県レベルで開催している「とちぎの台所」とは別に、小規模で身近で日常的な流通を作ってきた流通業者がそれぞれ県内で活動していた。その流通業者によるネットワークを作り、情報交換や流通コストを下げる目的で始まったのがベジステーションだ。10組の流通業者といっても、自然栽培・有機栽培の食の大切さを実感した子育て中の母親、看護師、スーパーの経営者、長年地域づくりに携わってきた市会議員などそれぞれ職業も立場も違う人達で、それぞれが自分のできる身近な取り組みから立ち上げたものもある。県内で別々に、重複した生産者から取り寄せたり、地域をまたいで宅配しているため、それをより効率的にできないかとネットワーク組織を立ち上げた。ネットワーク組織で流通させるシステムは現在構築中であるため、それぞれの個別の取り組みを2事例紹介したい。

## ① オーガニック野菜直売所まんまとちぎ

NPOポン・テは、栃木県さくら市で直売所まんまとちぎを運営している。2018年6月に開設した直売所の開催は、週3日土、日、月の3日間限定である。市外や県外からもお客さんが訪れる。30分前に購入していった人が「さっき買った野菜をつまみ食いしたらすごくおいしかったから、もっとほしい」と戻ってきたこともあるという。地元のアイガモ農法を実践している農家や近隣の塩谷町、那珂川町など約10件の農家から農産物を集荷している。

NPOを立ち上げたきっかけは、代表のO氏の住んでいる住宅地の地域課題があった。この住宅地は、1992年にJR東日本が首都圏の移住希望者を対象としてさくら市（元喜連川町）で開発した温泉付き住宅地である。現在650件の住宅があり、そのうち400世帯が住んでいる。田舎暮らしを楽しみに移住した住民が高齢化し、今では高齢化率40％にも上る。くらしの中の不自由さを実感し、住み替えて出ていってしまう人も少なくない。そうした中で、歩いて買い物に行けない買い物難民問題と地域のつながりの少なさを解消するために直売所を開設した。地域で循環する仕組みを作りたいと思ったことで、直売所では、環境に負荷をかけない有機野菜がツールになると思った。直売所のコンセプトになっている考え方に「お互いの弱みはお互いの強みになる」というのがある。これはOさん本人が、以前仕事で余裕がなく外食中心の生活になっていたとき、近所の70代の女性が気遣って毎週末のように食事に招待してくれて、その際食事しながらいろいろな話をし合った経験から生まれた考え方だ。自分はごちそうになって申し訳ないと思っていたことが、相手にとっては1人で食事することの寂しさが紛れ、食材を無駄にせずにすむなどメリットややりがいにつながっていることに気づいたからだ。この考えから地域で循環を作る発想が生まれた。そのために必要だったのは、有機野菜の直売所と地域の人のためのフリーマーケットである。地域には趣味を実現したいと移住した人も多く、自宅に陶芸窯を持っている人も複数いる。そうした人たちの作品を並べて気軽に販売できるスペースとしてのフリーマーケットである。

直売所開設から2年経った2020年6月に、直売所の場所を引っ越しし、リニューアルオープンした。以前の場所は、トイレも水回りもなく、そのため開

催時間も短く、プレハブで少々入りづらい雰囲気もあった。もっと気軽に立ち寄れて、お茶でも飲める場所にしたかった。決め手になったのは、以前の直売所の周辺に花壇を作るなど周辺整備をボランティアで手伝ってくれていた高齢の男性が、もっとたくさんの人が集えるちゃんとした場所づくりを自分の元気なうちにしたい、と言ったことだった。引っ越しした場所は、住宅地の入口にあり、周りに子供の遊ぶスペースや畑が広がっていて、とても開放的である。屋外には、手作りかまど、階段、ターザンロープ、ブランコ、ツリーハウスなどがあり、地域の人や大家さんが設置した。お店の周りで子供たちが遊んでいるのを見て、大人がサポートして遊びの場が広がっている。

　直売所に買い物に来るのは、子育て中のお母さんと１人暮らしの高齢者が多い。お母さんは、直売所の居場所スペースから、屋外で子供が遊んでいるのを見守りながら、買い物をしたりおしゃべりをしたりしている。高齢者には直売所は定期的に話に来る場所になっているのはもちろん、緊急連絡先にＯさんを登録したいとお願いに来た人もいる。常連の人を中心にコミュニティができていることを実感する。歩いて買い物に来られる場所という買い物難民対策と、地域のつながりを作るコミュニティ機能が働いている直売所に成長している。

## コロナの影響について

　新型コロナの影響については、第一波のときは、食べ物の買い物は堂々と外出できるという意味で、息抜きに来る人も増えた。話をしてストレスを発散できる場所にもなっていた。また、体にいいものを取り入れて、免疫を高め、感染症対策をしたいと考える人が増え、普段の２、３割増しに売上も増えた。しかし、その後、経済の落ち込みは野菜需要にも反映され、値段の安いスーパーへお客さんが流れたように感じている。また、Go to キャンペーンの最中の９月と11月の３連休はお客さんが極端に減った。自粛疲れの人たちが外出した影響ではないかと考えている。

## ②　ナチュラルフード森の扉

　オーガニックファーマーズマーケットとちぎの台所とベジステーションを中心的に立ち上げたＮ氏は、栃木県内外の有機農家や自然栽培の農家らとのネッ

トワークが豊かである。そのネットワークを駆使して、前述したように有機栽培や流通されているものとしては希少な自然栽培の野菜や果物の直売を行う「森の扉」を経営している。「森の扉」では、全国の自然栽培・有機農家、加工業者から仕入れた野菜や果物、調味料などをインターネットと、月2回宇都宮市内の住宅地で開催するマルシェで販売している。

## コロナの影響と都市住民の行動変容

　新型コロナ後の変化としては、1度目の緊急事態宣言下の5月のゴールデンウィーク前後では、インターネットで問い合わせが殺到した。食の確保に躍起になる消費者がマルシェにも押し寄せた。N氏は「新型コロナが広がるペースより不安が広がるペースの方が早い」ことを実感した。

　N氏は、在来種の種を繋ぐ活動をしている。「シェアする農業」と名付けて在来種の野菜を育て種取りをして循環させる取り組みを行っている。在来種の自家採種を行ってきた農家から種を譲り受け、賛同者を募り栽培している。益子町の太白芋（さつまいも）、茂木町の小深在来（大豆）、足尾町の唐風呂大根（大根）である。茂木町では、茂木小学校の4年生が小深在来を栽培し種取りをし、次の年の4年生がそれを栽培してまた種取りをするという、種のリレーを行っている。さらに、収穫した大豆を、町内の福祉作業所で自然栽培し、炒り豆として販売する取り組みに広がっている。

　コロナ禍の2020年5月に、「シェアする農業」の一環で集まった在来大豆10種類のうち5種類5色を五輪のマークになぞらえて、竹を輪切りにしたプランターで育てるキットを販売した。一晩で160件の購入があり、用意した500キットはすぐに完売した。ステイホームで時間ができたという理由以上に、人々の食の生産へのつながりを持っておくという行動変容が起こっているように感じている。同時に、N氏の提唱する「シェアする農業」は、広がりをみせている。種まきびと益子（益子町）、早坂の家での棚田再生（茂木町）、在来種の栽培循環（益子町、茂木町、足尾町）に参加するのは、都市部に在住する消費者であり、耕す市民の輪が広がっている。

## （4）ベジファーム（CSA）

　ベジファームは、栃木県壬生町にある有機野菜を生産し直売している農場である。直売の方法は、個人への宅配とレストラン等の業者向けである。家の裏の自家用畑で家族が作った野菜、近所で野菜を作った方からのおすそ分けは、曲がっていたり虫喰があったりしても新鮮で、葉っぱも皮も安心してまるごと食べられ、美味しいとよろこびあえる。このようなかつてはどこにでもあった関係や、安心感、自然味のある野菜を取り戻し、当たり前に毎日食べてもらいたいという思いで、野菜を作り届けている。そして、環境の配慮した農業、消費者と畑の近い関係は、新鮮で安心な野菜をもたらすだけではなく、自然と関わりながら暮らす楽しさや、私達人間も自然の一部であるということを教えてくれ、食べることについて直接考える機会を与えてくれる。そのような「野菜プラスアルファのメリット」を大切にし、伝えていきたいとも述べている。そのために、作り手と食べる側が直接やり取りできる野菜の直接販売を通し、適正価格を追求し、畑ツアーや堆肥づくりのための落ち葉かきなど農に親しむ機会をつくっている。こうした取り組みは、明言してはいないものの、まさにCSA（Community Supported Agriculture　地域支援型農業）そのものであるということができる。

　ベジファームは、1987年に現在の代表Ｎ氏夫婦が子ども４人を連れて移住し有機農産物の生産・販売したことに端を発する。当時は有機野菜を販売する場所も限定されていて、東京方面に直接配達するなどをしながら、有機野菜の専業で生計を立てた。2002年にベジファームの野菜の美味しさがきっかけで農場に手伝いに来たＫ氏姉妹が農業を志し就農した。2008年には株式会社ベジファームを設立した。ベジファームが始まって30年あまりの間に、自然志向のライフスタイルや環境への関心が高まり、また食の生産・製造を取り巻く危機意識の高まりを受けて、食の安全安心意識も飛躍的に高まった。そうした状況の変化が、有機野菜を美味しく安定的に生産できるようになり、経営の安定に結びついているといえる。

### コロナの影響について

　新型コロナの影響として、４月頃から緊急事態宣言中は個人の問い合わせが

多く、お試しの野菜の宅配を希望する人が増えた。その後、新規入会希望も増えたものの、余裕をもって多くを作付けていたわけではなかったので、5月中旬以降は入会希望を断った。したがって、現在の契約者数は昨年とあまり変わりない。一方、レストランの注文が激減している。11月頃には平年並みに戻ったものの、2回目の緊急事態宣言で1月以降もまた減少が見込まれる。開店予定だったお店が開店を断念したり、夜の営業が多いレストランは当然のこと、ランチ中心のお店も、学校の休校などでママ友のランチ需要が急激に減ったりした影響が野菜の注文減にも表れている。

　そうした中でもイベントは秋に1回開催した。畑作業を行ったあと、屋根付きの屋外で料理研究家による調理デモンストレーションを見学し、その後参加者で食事をとるといったものだった。料理研究家は新型コロナ禍でのイベントを経験済みで、食事は距離を取るなどできる限りの対応を行いながらの開催だった。

　新型コロナを経験した今、特に農業のやり方について考えを変えるには至っていない。東日本大震災のときも、不安や危機感から安全な食べ物を確保しようという動きはあった。しかし、時間が経つとほとんどの人が震災前と変わらない食生活に戻った。つまり、普段から食や農に関心を持っていた人は、変わらず自分や家族の食べ物のあるべき姿を考えて、それに備えているのだと感じている。

　一方で、在宅のまま買い物をする人が増えたのも実感している。気軽に注文でき、支払の方法もより便利になっている。農家自身が直接発信し、直売していく形がもっと増えていくだろうと考えている。新型コロナ禍で、自分の働き方、生き方を考え直している人が多いと思うが、そんな今の社会の閉塞感からくる、自然に触れたい、体を思いっきり動かしたい、人とつながりたいという欲求が農への関心につながればと願っている。人々の農業への関心が、安全・安心な食だけでなく、農のもっと豊かな機能に広がれば、単なる食の効率的生産を追求する農業ではなく、CSAや有機農業にも関心を持つ人が増えるのだろうと、期待を込めて考えている。

## （5）小括

　地域で食と農を結ぶことで様々な問題の解決を試みている取り組みを紹介した。共通していて興味深かったのは、食の問題へのアプローチから始まった活動が、食の問題だけでない取り組みに広がっていることだった。フードバンクでは、食を必要として支援を求めてきた人たちへの2次的支援へ結びつけるという活動が重要な役割としてあった。子ども食堂でも、支援はまず空腹を満たすこととだと始まった子ども食堂だったが、必要なのはそれだけではなく、安心できる居場所だったり、人間関係だったり、人と向き合えるコミュニケーションだったりした。現代社会が持っている病理の深さ、複雑さを想起させる。直売活動を行っているベジステーションやベジファームでも、食と農を直接結ぶことが、コミュニティの大切さや共助の気持ちが芽生えるきっかけとなった。森の扉のN氏のシェアする農業が広がっているのは、安全・安心な食べ物の確保だけではあきたらず、自分も生産に関わりたい欲求の表れなのだろう。ベジファームで、野菜を届けるだけでなく、それにプラスして自然と関わる暮らしの楽しさや人間も自然の一部であることを思い出させてくれる経験を大切にしたいというのも、もともとベジファームの野菜のファンだったK氏姉妹が持っていた消費者としての思いだろう。

　短期的な新型コロナの影響については注意深くみなければならないが、食と農の関係としての大きな流れは、食を考え、農を考え、そして生活、生命、そして消費だけでない生産する行為を考え、その延長上に土地とのつながりを結ぼうとしているようにみえる。そうした行動変容は、新型コロナ禍のステイホームでますます増加しているのも偶然ではないだろう。こうした食と農の関係の分析からわかることは、食は問題解決の入口になるし、ツールになるということだ。そしてそこから見いだせるのは、食と農の乖離がもたらす根本的問題であり、それは人々の農からの乖離、土地からの乖離から来る不安だったのではないだろうか。

## 3．持続可能な食と農と地域の関係を考える上で必要な視点
### ―フードシェッドの考え方とFEC自給ネットワーク―

　前項では、新型コロナ禍における食と農を結ぶ現場への影響を中心にみた。新型コロナという新しいウィルスが世界的に蔓延する不安への対処として、食と農の現場では様々な問題とそれへの新しい動きが捉えられた。食に関して日本国内では物流が止まることなく、今のところ大きな混乱なく推移している。しかしながら、未曾有の危機への人々の不安は短期的な食の確保だけでは十分でないことを示している。求められている根本的な解決は、食という商品とのつながりを超えた、その生産、作り手、農地、大地へのつながりだったのではないだろうか。本項では、こうした人々の食から農への、消費から生産への、都市から農村・土地への流れを持続的なものとするために、参考になる考え方や先駆的な取り組みを紹介したい。

## （1）フードシェッドという考え方と宇都宮市の調査事例

　フードシェッド・foodshedとは、watershed（集水域）を参考とした造語であり、1929年にHeddenによって紹介された。どのようにして大都市の食料問題を解決するかという視点から、フードシェッドは食の生産から消費までの流れを導く堤防とダムの役割であると説明している。その後、1992年にGatzはフードシェッドのコンセプトを、人々にフードシステムがどのように機能しているかを想像させるために紹介している。特に、人口密度の低い地域の農業が、大都市圏の消費者をターゲットにしてどのように発展するかを考えるのにとても効果的なイメージを導入したと評価されている。さらにKloppenburgらは、農業による社会や環境への負のインパクトを軽減するオルタナティブなフードシステムとしての、ローカルにより依存する代表的な言葉としてフードシェッドを使った[5]。そこでは、都市圏の食料供給を環境的、経済的、社会的に持続可能にするためには、都市圏の食料を確保する範囲としてのフードシェッドの存在を認識することが必要であると説いている。つまり、消費者自身が安定的に安全で安心できる食を確保するためには、自分の食が生み出される大地とのつながりを認識することが重要であると述べている。そうした考え方は、1990

年代以降に盛んになったオルタナティブフードネットワーク（AFNs）[6]の中でも、活動家たちの間で重要な指針となっている。

　フードシェッドを日本の文脈で捉え直すと、身土不二としての地産地消の取り組みにおける地域の範囲、つまり地域自給の範囲と理解できる。日本では、地産地消運動が全国に広がった2000年代以降、地域の範囲についてはあいまいなまま、あるいは文脈次第で可変なものであり、さらに重層的なものでもあると、あえて明確にしてこなかった。地域の範囲を厳密に明らかにしないとしても、地産地消の意味を理解するためには、その範囲を明確にする意味があると思う。「地元のものは安心」という漠然としたイメージだけで地産地消が広がってきたことは否めず、これからもそのイメージだけで地産地消を進めることには限界がある。さらに、地産地消の本来の意味は身土不二にあるにも関わらず、土地との関わりへの認識には及ばず、地元の農産物等の消費運動にその目的が矮小化された面が否定できない[7]。つまり、地産地消の取り組みの多くは、食と農、そして地域の直接的関係を作ってきたとは言い難い。したがって、持続可能なフードシステムとしての地産地消を構築するには、Kloppenburgらが導入した、自分の食が生み出される大地とのつながりを認識するための概念としてフードシェッドを活用することが必要だろう。

　では、実際フードシェッドの具体的な範囲はどのようなものだろうか。試論としての分析であり、調査や分析方法はまだ改善の余地があると認めながらも、フードシェッドの具体的内容とその意味を理解する上での手がかりとなるので紹介したい。

　2017年8月から9月にかけて、私の研究室では宇都宮市内の直売所6カ所で、アンケートを配布し、市民を対象に1週間に食べた野菜についてその産地を記入してもらう調査に協力を仰いだ。配布したうち66名からの回答があり、その結果をまとめたものが図16−1である。この調査からわかることは、消費された上位7品目の野菜に限定した場合、宇都宮市の食料自給率は48%であり、また、宇都宮市産以外では周辺の5市町の農産物も多く消費されており、この5市町を含めるとその領域での自給率は60%に上る。そしてこの隣接5市町を含めた地域の範囲が、宇都宮市民のフードシェッドであるということができる。

図16-1　宇都宮市民のフードシェッド

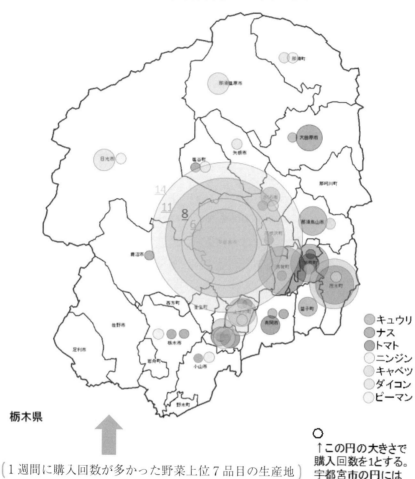

栃木県

（1週間に購入回数が多かった野菜上位7品目の生産地）

〇キュウリ
〇ナス
〇トマト
〇ニンジン
〇キャベツ
〇ダイコン
〇ピーマン

〇
↑この円の大きさで
購入回数を1とする。
宇都宮市の円には
キュウリ、ナス、トマト
を除いた各品目の購
入回数を表示した。

　しかし、宇都宮市農政課が試算している食料自給率はわずか25％である。宇都
宮市の試算は、市場流通を対象としたデータに基づいている。しかし、郊外に
農地が広がる宇都宮市内には直売所がいくつもあり、それが盛況であることを
考えると統計データだけでは実態を反映していないことは想像できる。

この調査で明らかになった重要なことは、市場外流通[8]が見える形になっていないということと、それゆえに宇都宮市民の食を地域の農業が支えているという実態を市民も政策側も認識していないということである。これまで地理的近接性以外に宇都宮市と特別な関係になかった周辺の5市町は、宇都宮市民の胃袋を支えている、宇都宮市民にとって大変重要な地域になる。自分の食べ物が生産されている地域であることを想像すると、その地域の環境の状況は自分の食べ物と関連する。ひいては自分の体や健康にもつながる。また、その地域の農地・農業の維持は、自らの食べ物の維持に直接つながるのであるから、その地域の農業や農地のあり様が気にかかって当然だといえる。そうした想像力が働かせられるのも、自分のフードシェッドが明確になってこそだといえる。グローバルフードシステムが席巻している現代においては、食と農の位置・距離が離れすぎて、自分の食べ物が農業によって生産されていることすら意識しないとイメージできない場合も多い。スーパーで食料を購入している消費者が得られる情報はせいぜい野菜の袋に明示してある産地名や生産者名だけだからである。しかし、自分のフードシェッドが明確になれば、食の安全・安心を考えている消費者は自分のフードシェッドに関心を寄せるだろう。例えば、自分の食べ物が持続的に生産されるように、援農にいくとか、農地の管理を手伝うとか、消費者でしかなかった都市住民が農に関わるきっかけが生まれる。そして、農業だけでなく、農村地域の環境を改善するために、様々な協力が得られることも期待できるかもしれない。Kloppenburg らがいっているもの、自分の食べ物が生み出される大地との関係を想像し、具体的に関わることで、商品と消費者を超えた関係が生み出され、それが持続可能な食と農の関係につながっていくということである。

## （2）FEC 自給ネットワークの取り組み―生活クラブ生協の事例―[9]

　フードシェッドは、地産地消の地域の範囲という考え方であり、その範囲の大地と自分との繋がりを意識し、環境的にも経済的にも社会的にも持続可能なフードシステムを考える際の根本理念のような考え方である。日本でも、地域自給を意識した先駆的事例がある。通常、生産地と消費地とに場所が分断され

ている生協の取り組みで、初めて生産地に生産者のための生協をつくる FEC 自給ネットワークの取り組みを紹介したい。

### ①　FEC 自給ネットワークとは

　FEC 自給ネットワークとは、生活クラブが提唱した食（Food）とエネルギー（Energy）と福祉（Care）を地域で自給する事によって仕事と雇用を増やし、人口減少にストップをかけることを目指そうという取り組みである。2015年6月の生活クラブ連合会第26回総会で「第6次連合事業中期計画」（2015〜2019年）が決定され、生活クラブグループ共有のビジョンとして「FEC ネットワークづくり」が掲げられたことが発端である。

　「FEC の自給圏」を作るというコンセプトは、経済評論家である内橋克人氏が提唱した。そのコンセプトは、内橋氏がかねてから主張してきた、競争経済から共生経済への転換を実現させるための具体的構想だと言える。FEC を可能な限り地域で自給することが、コミュニティの強化と雇用の創出、そして地域の自給につながるという思想に基づいている。もともと生協や農協などの協同組合は、「共益性」を基盤にして地域の問題を解決していくための組織である。しかし、現在でも生協と農協は、それぞれ消費者のための生協であり、生産者のための農協として機能していると言える。1980年代に入って、生協と農協の産直部門として、協同組合間協同が始まった。しかし、それらは大都市の消費者の組織である生協と、地方の生産地の農協の協同であり、消費サイドと生産サイドが地域的にも役割としても分断されている状態での協同であった。生活クラブのスローガンに「つくる手・食べる手・その手はひとつ」というものがあるように、「つくる手」である各地の生産者は組合員と開発してきた消費財を一生懸命に生産し、「食べる手」である組合員は責任をもって消費する関係性が築かれてきた。2000年代に入って、主に自治体が主導する地産地消運動が全国的に展開するが、その後も協同組合間協同のかたちは変わらなかった。しかし、今回の動きは、生協として初めての重要な動きとして注目できる。つまり、生産者による産地の地域づくりを生活クラブ生協としても関わり、協働していこうという取り組みだからである。生産者も消費者であり、地域での暮ら

し手であるわけで、生産者の生活を考慮しないで生協の組合員のための暮らしの持続性だけを考えるだけでは不十分なのだろう。特に、生産地では地方の衰退が進み、過疎・高齢化が著しい。自分たちの食の持続可能な生産基盤を確保するためにも、生産地の地域づくりは都会の消費者にとっても人ごとではない。FEC自給圏のコンセプトによって、生産地の地域づくりを考えていくことが、生活クラブのスローガンの実現と言えるからだ。

### ②　生産者による地域事業（Food）の取り組み

　生活クラブが2015年に策定した「第6次連合事業中期計画」の提案を受け、2017年に「庄内協議会」が発足した。「庄内協議会」が主体となって、「庄内FEC自給ネットワーク」として庄内地域に新たな事業を創り出す構想である。新たな資源活用と雇用を生み、地域の中でお金が循環する仕組みをつくることを目指している。こうした中で最初に具体化したのは、「生活協同組合　庄内親生会」の2018年1月に発足したことであり、4月から共同購入事業を開始した。組合員として加入したのは、米、野菜、畜産物、漬物類、餅といった生活クラブの消費材を生産・供給する提携生産者や、運送事業に関わる事業者の従業員や家族である。「生活協同組合　庄内親生会」の組合員は2018年1月末現在で約600人にのぼる。数年後には一般家庭の家族も加入できるシステムを検討する予定である。

### ③　エネルギーの自治（Energy）

　エネルギーの分野で具体的に動き出したのが、山形県遊佐町で稼働を始めた太陽光発電事業である。生活クラブと提携生産者等との共同出資による「株式会社庄内自然エネルギー発電」が2016年10月に設立された。この会社が事業主体となって「庄内・遊佐太陽光発電所」が建設され、2019年2月から運転が始まった。年間発電量は1万8,000メガワットで、一般家庭5,700世帯分の電気を供給でき、9,200トン相当の二酸化炭素を削減する計算になる。発電した電気は、「株式会社生活クラブエナジー」や「東北電力株式会社」に供給されるだけでなく、今後は庄内協議会に参加している事業団体や、地元の行政施設、福祉施

設などでも使用することを想定している。

　注目したいのは、庄内親生会の組合員、農家、庄内地域の提携先の関係者、さらに都市部に住む生活クラブの組合員や一般市民などが出資に参加する市民ファンドが建設を後押ししたことである。建設費用57億円を確保するために、市民ファンドによる資金集めでは4億1,000万円が集められた。また、今後取り決めを検討されていることとして、「株式会社庄内自然エネルギー発電」が生み出す利益を地域に還元する方法である。この利益を有効に活用し、新たな地域事業を立てあげることで、庄内地域に循環型の経済システムをつくることを目的にしている。

### ④　参加型コミュニティづくり（Care）

　酒田市では、「酒田市まち・ひと・しごと創生総合戦略」を策定し、その施策の1つである「生涯活躍のまち構想」を決定した。首都圏に住み人々が元気なうちに移住して、まちづくりに参加し、働き、社会に貢献する暮らし方・住まい方を実現することで、人口の減少を食い止めることを目的としている。その施策を実現するために、首都圏に住み人々のニーズを把握し、酒田市の情報を発信するための提携先として選んだのが生活クラブだった。つまり、生活クラブは創設から50年が経ち、高齢化した組合員の老後の暮らし方、つまり自宅の住み替え、高齢者住宅や介護施設の確保、自宅で暮らし続けるためのサービスなどに関心がある。都会の組合員の老後の居住先の1つとして、長年食でつながってきた、食の産地である庄内に住むという選択を提示している。まさに、食でつながる縁を紡ごうという取り組みである。これまで「庄内交流会」や「夢都里路くらぶ」での活動を通して、庄内という地域に親しみを感じている組合員が多数存在している。さらに、「庄内交流会」で現地に赴いたことがある人も多数いる。そういった人たちを主な対象として、「老い支度を考える―ゆるやかな連絡会」を発足させた。2017年5月から2018年度末まで20回の学習会や施設見学会、個別相談会などを開催している。こうして都市住民のニーズや意向を反映させながら、基本計画を作成してきた酒田市「生涯活躍のまち構想」検討会では、「多世代ごちゃまぜ」のまちが目指されている。高齢者だけでは

なく多世代、そして地元の人々が参加できる要素が大切である。「障碍児のための放課後デイサービスを併設している」「温泉施設があって地元の人々が毎日入浴に来る「おしゃれなカフェやパン屋があって若い世代が集まる」」など地元の人も利用できる施設が成功要因としてあげられている。

　今後は、まちなか拠点としての建設地の選定や、農村部の空き家で暮らしてまちなか拠点とネットワークして地域活動などを充実させるライフスタイルが構想されている。2016年度からは、生活クラブで、「産地協議会」や産地の自治体が参加して「産地の空き家活用合同プロジェクト」を発足させた。

## （3）小括

　フードシェッドという概念は、地域自給の範囲を人々に想起させるツールであり、その考え方から出発した様々なオルタナティブなフードシステムの取り組みは、環境的、社会的、経済的に持続可能なフードシステムの構築を目指してきた。一方で、同様にオルタナティブなフードシステムの構築を目指した地産地消は全国的な広がりを見せたものの、消費者に地域の農産物以上に、地域農業の危機や再編への関心を換気するほどの影響はもたらさなかった。それは、やはりフードシェッド＝地域自給の地域の範囲、つまり自分の食べ物がどこから来ているのかという認識がなかったからではないだろうか。新型コロナを経験した今では、マスク不足が象徴的だったように、他国への過剰な依存は非常時の脆さを浮き彫りにした。ましてや生命維持に不可欠な食を、ある程度は地域で確保できるようにすることは、最重要の危機管理だといえる。

　深刻化する農業の担い手不足や農村での過疎化問題は、地域農業の維持や資源管理を農業者や農村住民だけでは担保できないことをすでに示している。農業を継続するだけでも大変なのに、ましてや安全で安心できる食料を安定的に供給し続けることは、体力の弱った農業サイドには大きすぎる課題である。そうしたときに考えられるのは、食を確保したい都市部の消費者の協力であろう。経済的な協力であろうが、労働力を提供する援農的な協力であろうが、何らかの形で消費者の、消費者以上[10]の農業・農村への関わりをつくる仕組みが必要だと思われる。そうした意味でのフードシェッド＝胃袋共同体の概念の有効性

を主張したい。

　都市部に住む消費者の農村部への関わりを具体的に実現しようとしている意味で、生活クラブの取り組みは先駆的である。これまでは都市部の生活クラブの組合員の食や生活の質の向上を目指してきたが、これからは生産者の食や生活材の確保、さらに産地の地域づくりにまで、生活クラブとして協力しようとしている。産地を1つの自給圏として捉え、そこでの食とエネルギーと福祉の自給と循環を構想している。自給圏はまさに、生活クラブの組合員にとってのフードシェッドでもあるのである。それが認識されることで、老後の移住先の選択肢にものぼる。要は、都市圏と地方とに分断された生産地と消費地を食でつながる1つの生活圏として捉えて、そこでの自給・自立した生活を目指そうとしている。究極の姿は、都市住民である生活クラブの組合員が、生産地の農村部の空き家に住み、酒田市中心部などを拠点とする活動に従事しながら、地方の豊かな暮らしを楽しむというものである。これは、都市と地方との関係、地方の中心部と農村との関係を考えていく上で重要であり、高齢化が進む都市部と過疎化が進む農村部の両方の問題解決につながる可能性もある。一方で、実現にはまだまだいくつものハードルがあるのも容易に想像できる。産地の生協がこれから一般市民も参入する形で運営的に自立していけるのか。都会の組合員が第2の居住地として産地の農村部を選ぶのか。産地の地元住民と都会からの移住者がコミュニケーションを取りながら共生できるのか。そうした課題が1つずつ解決に向け動き出すことが、生活クラブの消費者と生産者が、分断されることなく、両者の生活の課題を協同してクリアしていくという意義深い挑戦である。

## 4．まとめ

　新型コロナの発生により時代は転換を余儀なくされている。本稿で明らかにしたかったことは、食と農の乖離がどのように広く深い社会の問題に影響を与えているのか、そして食と農を結ぶことからどのような解決が導かれるのかである。そのことを、新型コロナ発生というきっかけで、より鮮明にできたらと考えた。実際どの程度鮮明になったかはわからないが、本稿で紹介した事例の

新しい食と農の関係からみえてきたことについて、今一度まとめておきたい。

　食と農の乖離は、高度経済成長期以降強力に推し進められてきた。そのことの弊害は、おおよそ1970年代以降私たちの暮らしの現場で広がり、その影響も深刻化している。そうした問題を解決するために、高度経済成長期以前とは違う食と農の関係が地域で生みだされてきた。1970年代の農家の自給運動では農家のアイデンティティを取り戻すことであり、1990年代に登場した農村の女性起業では、女性と地域の存在意義を示すことであった。2000年代以降は、さらなるグローバル化の影響で食の安全性に関心が高まり、地元の食への関心につながった。東日本大震災以降は、特に食でつながる社会が認識された。都市と農村を結ぶことで社会の閉塞感を打破するそのためのツールとして食に注目が集まった。そうした延長上に、事例で紹介した食と農から地域の課題を解決するフードバンク、子ども食堂、直売所などの事例は位置づく。こうして生み出されてきた食と農の関係の本質は、ただ健全な食の確保なのではなく、地域の中に位置づくことであろう。具体的には、地域自給を実現することだともいえる。農業と食べることはつながっていて、自分の食べ物が生み出される地域や地域の農業を想起でき、その地域の環境やあり様に思いを巡らすことができる程度の地域自給が達成されるべきである。なぜなら、自分のフードシェッドを認識することは、持続可能な食と農の関係を構築する第一歩だといえるからである。

## 注

1）朝日新聞2021年1月1日1面
2）食と農の関係としては、オルタナティブフードネットワークとして北米などで先行して取り組みが展開している。詳細については、西山（2019）などを参照のこと。
3）事例についての聞き取り調査は、2020年10月から12月にかけて実施した。
4）https://musubie.org/wp/wp-content/uploads/2020/10/musubie_Q3_sheet_1020_02.pdf
5）Kloppenburg（1996）。
6）西山前掲書。
7）Nishiyama and et al. 2007など。

8) この調査では、産地が特定できる貰い物の野菜も含めている。
9) FEC自給ネットワークについては、「庄内FEC自給ネットワーク」リサーチチーム報告書を全面的に参照した。
10) 消費者以上とは、食に対する知識や技術を持ち実践しているフードシチズンのことである。そうした知識等を持たずただ食を消費するだけの消費者と区別している。詳細は西山前掲書。

## 引用文献

〔1〕 Jack Kloppenburg and et al., "Coming into the foodshed" Agriculture and human values 13, pp.33-42, 1996
〔2〕 Mima Nishiyama and et al., "The Analysis of Consumers' Interests for Construction of Local Agri-food System", Japanese Journal of Farm Management 45(2), pp.141-146, 2007
〔3〕 西山未真「オルタナティブ・フード・ネットワーク」農業経済学事典、2019

〔2021年1月8日　記〕

# 第17章　リスクヘッジとしての半農半Xの新たな意義

塩 見 直 紀

## 1．もう1つの年報—半農半Xの2020年を振り返る—

　半農半Xの観点からこの年を振り返り、記録を残すことも重要と考え、本題の前に、2020年の半農半X年報を記してみたい。1月末、佐賀県普及員研修のため、佐賀市へ。1部では半農半X、2部では古典的編集手法「AtoZ」を使った集落単位での魅力の可視化について話す。移動はマスクをするが、まだ会議室での着用はない時期。1〜2月中旬ころまでは日本有数のフルーツ王国、和歌山県紀の川市へ、市主催の「まちづくり人材育成塾」にも講師で赴く。2月末の広島県三次市甲奴町での集落の魅力の可視化ワークショップから中止となっていく。

　新しい基本計画が3月、閣議決定、半農半Xが以前より前に出た表現となり、メディアから取材依頼が入る。「令和2年版環境白書」の3章「一人一人から始まる社会変革に向けた取組」において、半農半Xが紹介される。ステイホームとなり、SNSでは、7日間に渡って推薦書を紹介し合う「#BookCoverChallenge」ムーブメントで拙著『半農半Xという生き方』がよく紹介されるようになる。リモートワークとなり、畑と仕事の両立が可能になったと連絡も入り出し、半農半Xの時代が来たと各地からメッセージが届くようになる。

　我が家の田んぼ3反を18区画に割って、「1,000本プロジェクト」という米のミニ自給を京阪神の家族、グループで15年ほど行っているが、府県をまたぐ往来自粛もあり、都市部からの田植えが可能か、気をもむ。もともと分散型で行っていたが、村人の気持ちはどうか、想いを聞いてみたりした。5月下旬、大阪からの参加者を迎えるか、最後まで難しい判断となったが、なんとか手植

えでの田植えが実現した。

　台湾は拙著が最初に翻訳された地域だが、日台をつなぐ仕事をおこなう東京在住の台湾人の方に、オンラインで何かできないかと提案。半農半Ｘ的な観点から地方創生を考えるオンラインフォーラムが国立台湾海洋大学が応えてくれ実現した。京都府綾部市に住む筆者と有機農業で有名な山形県高畠町役場職員が話し、通訳は東京。台湾の方と意見交換をおこなった。台湾は2019年を「地方創生元年」とし、同年、台湾の国立大学からの招聘で筆者と同役場職員が話している。

　７月初め、新潟県十日町市へ。棚田を守るグループからの依頼で人数制限を加え、対面講演を行う（４月開催延期）。市内の店には首都圏からの客の出入りを自粛するよう掲示もあった。再び、講演等の場はなくなっていくが、10月、岐阜県からの依頼でオンライン版岐阜移住セミナーでゲスト登壇。テーマは「半農半Ｘ、半猟半Ｘ」で満員御礼とのこと。山口に住む義父の告別式が数日前にあり、娘が住む広島のマンションから参加した。場所に縛られないことも実感。11月、拙著が翻訳されている台湾、中国、韓国をつなぎ、半農半Ｘ的な暮らしをする各国の４名が話す東アジアのオンラインフォーラムが日中をつなぐ環境教育を行うグループによって開催され、スピーカーとなった。３カ国語ということで、事務局や通訳は大変だったと思うが、コロナ後をどう生きるか、どう世界とつながっていくかを考える重要な場となった。

　同11月、広島県の移住施策担当課からの依頼で県内市町村の移住担当者研修で半農半Ｘについて対面講演。東京の「ふるさと回帰支援センター」の担当者はオンラインで最新移住事情を話した。同じく11月、綾部市役所の移住施策で京都市内へ。綾部移住セミナーで半農半Ｘについて話す。感染者数が増えていく時期で、首都圏に住む方からは、オンラインでの開催の希望があった。いまは、特定の場所への集客スタイルにこだわる必要はないのだろう。

　12月、日本農業新聞北海道支局よりオンライン取材依頼。ＪＡグループ北海道の「パラレルノーカー」を増やす取り組みや北海道の今後の在り方についてコメント。2021年正月の北海道版の特集記事に載る。感染者も拡大し、重たい気分となった12月下旬、今年最後の吉報が届く。拙著の版元より、「ベトナム

の出版社より翻訳出版オファー」の連絡があり、承諾。こうした国では日本の本の翻訳に関しては金額的に壁もあり、なかなか難しいようだ。著者がその費用を負担して、未来ある国の出版文化に貢献することもノブレス・オブリージュではないかと考えた。

## 2．海図なき時代を生きる─半農半Xとリスクヘッジ─

　本稿はできるだけ具体的なメッセージと新しい思想を提案したいと考えている。半農半Xの提唱から約25年。筆者はこんなふうに25年の時を刻んできた。この間を振り変えれば、基本は追い風であり、時代が困難になればなるほど、立ち上がってくるのが半農半Xだった。半農半Xコンセプトが生まれる背景、きっかけ等は後述するが、混乱の時代を想定して、今までの暮らし、働き方、生き方を変えようと、平成の30年間というときをかけて、自己変革をおこなってきた。ピーター・F・ドラッカーのことばを借りれば、「変化はコントロールできない。できることはその先頭に立つことだけである」と。

　それでも予想を超えているものもいくつかあったことも添えておきたい。東日本大震災の津波と原発事故による国土の汚染。一番あってはならないことを起こしてしまった。そして、気候変動による夏の超高温、極端な多雨、台風の巨大化。農業が難しい時代を感じるが、やめるというのはさらに危険になるだろう。パンデミックはいずれくると思っていたが、いざ体験すると想像以上であった。本稿は「リスクヘッジ」の観点から半農半Xの新しい意義を考察するものであるが、ぜひ書いておきたいことがある。コロナ禍において、カミュの『ペスト』などが読まれたが、「こんなときこそ古典を読もう」という京都新聞（4月27日付）記事のなかで京都大学の鎌田浩毅教授（地球科学）は、「コロナでそれどころじゃない」という今こそ、強調しておきたいこととして、「被災者数6千万人と予想される南海トラフ巨大地震は2030～40年の間に間違いなくやってくる。近代以降の日本にとって、最大の試練が必ずくる」とメッセージを送っていた。おそらく私たちは「2030～40年の間に間違いなくやってくる」ということさえすぐ忘れるだろう。

## 3．道はどこにあるのか

　「詩をつくるより、田をつくれ」ということわざがある。実利が大事という考えにもっともだという人もいるし、反論する人もいるだろう。禅の公案のように、田畑でこのことを考えていたら以下の3つのことばが浮かんできた。①「田をつくるより、詩をつくれ」。魂の表現にこだわる芸術家的な生き方。②「詩も田もつくるな」。創作は詩人に、米づくりは農家に、それぞれプロに任せろということ。あなたは何も考えなくてもいいということ。すべてが他者まかせの国に日本はなってしまっている、その象徴のようなことばだ。③「詩も田もつくれ」。魂が求めるなら、この国の未来や農政を憂うるなら、両方すればいい、というメッセージ。②の「詩も田もつくるな」は危険な状態ではないかと筆者は考えてきた。日本の農政は結局、これまでここを目指してしまっていたのかもしれない。大規模化がすべてであると。0か100かだと。筆者が半農半Xという生き方を選ぶ理由はここにある。そうした意思決定をされてしまうことへのリスクを回避したいからだ。

　21世紀は表現の時代。食の危機の時代でもある。③の「詩も田もつくれ」がこの国が歩むべき道ではないか。田は稲作のみを指すのではなく、野菜づくり、しいたけ栽培、みそや漬物など発酵食づくりなど、野花を食卓に生けるなど、広く農的なことを指す。詩はアイデアや知恵、創造性の発揮ととらえる。謙虚に大地に根ざしつつ持続可能に小さく暮らし、創造性や与えられた役割を周囲のために発揮する。これが今後、日本の歩むべき道だろうと考えてきた。2010年、山梨でおこなわれた講演でこのことを話すと、終了後のアンケートに「私の住んでいる山梨県笛吹市八代町には旧町の時代、『田も作り詩も作ろう』という町民憲法があった」と書かれていて、驚いた。「田も作り詩も作ろう」の話は講演でも若い世代にも響く話だ。首長が講演の場にいるときは、この話を特にするようにしている。「首長の哲学次第ではこのようなまちづくりも可能だ」と。

## 4．半農半X再考

　1993年から94年ころ、半農半Xという言葉がふと私のなかに誕生した。92

年の「地球サミット（UNCED）」、93年の「平成の米騒動」と、95年の阪神淡路大震災、地下鉄サリン事件のあいだ、筆者が28〜29歳のときのことである（表17－1、表17－2）。食料・農業・農村基本法の中身に大きな影響を与えた木村尚三郎（食料・農業・農村基本問題調査会会長）が著した『「耕す文化」の時代』（1988）は筆者にも影響を与えていて、今回の執筆でめぐる縁の不思議さを感じる。そして、いま木村のような本を書ける人がいない、と。

　半農半Xは誕生から約25年経つが、コンセプトはいまも進化、深化中だ。半農半Xがこの世にもたらした意味は何か。それは「方向性の提示」であったと思っている。リスクとはおそらく海図のない航海をすることだ。北極星も灯台の灯りも羅針盤もないような状態。そんななか、半農半Xはこうした方向で生きると、そう間違いではない、大事なものを見落とすことはない、ボタンを掛け違うことはないのでは、と伝えてきて、ゆっくり受け入れられていった。

　半農半Xとは誰かのためやマーケティングのための用語ではなく、生き方、暮らし方、働き方を悩んだ筆者が20代の後半、自分自身を救うためにつくった言葉である。背景として大きく2つ。環境問題と天職問題（筆者造語、自分の使命は何で、この人生をどう生きるかということ）だ。環境問題はさらに顕在化。持続可能性が世界の大きなテーマと年々なっていく。天職問題はどうか。人は個性を発揮できる時代になったが、かえって個性を失う時代。世界は向かうべ

表17－1　半農半X提唱者（筆者）のバックボーン、思想的背景（筆者作成）

| 生まれ | 1965年（昭和40）京都府綾部市生まれ |
|---|---|
| 農との関わり | 兼業農家（父は小学教員、祖父は養蚕教師）<br>一家で稲刈り、稲木に天日干し、畔でお弁当 |
| 家庭環境 | 母が10歳で他界、祖母から昔の知恵を教わる |
| 農への意識 | 小学時代は、子どもは貴重な労働力の時代を過ぎていた<br>農業の嫌悪感はなし |
| 大学での専攻 | 大学では日本古代史（奈良平安時代の政治史）<br>中学校の教員をめざし、教員免許を取得（国語・社会科） |
| 半農半Xの着想、発想場所 | きっかけは就職後に出会った環境問題<br>都会（大阪）に住むようになり、農の大事さに気づく |
| 農への想い | 農は大事だが、専業農業で生きる自信はない<br>農ゼロも危険な時代と感じる |

表17－2　半農半Xヒストリー

| 1989 | フェリシモに入社、環境問題と出会う |
|---|---|
| 1992 | リオで地球サミット |
| 1993 | 平成の米騒動 |
| 1993〜1994 | 半農半Xコンセプト誕生 |
| 1995 | 阪神淡路大震災、地下鉄サリン事件 |
| 1996 | 自給農スタート（田畑） |
| 1999 | 33歳を機にUターン、2つのメディアで半農半Xの文字初登場<br>（「月刊湧」「ボランタリーコミュニティ」） |
| 2000 | 半農半X研究所設立 |
| 2002 | 増刊現代農業「青年帰農」に初寄稿 |
| 2003 | 初単著『半農半Xという生き方』上梓 |
| 2006 | 2冊目単著『半農半Xという生き方実践編』刊、<br>台湾で初めて翻訳出版、東京初講演 |
| 2007 | 3冊目単著『綾部発　半農半Xな人生の歩き方88』、<br>共編著『半農半Xの種を播く』刊、<br>綾部で1泊2日の「半農半Xデザインスクール」開講 |
| 2009 | 台湾初講演、中国成都の雑誌で半農半Xが20頁で特集、<br>半農半Xに関するレポートが英語で世界に発信される |
| 2012 | 総務省地域力創造アドバイザーに |
| 2013 | 台湾で2冊目翻訳出版、中国で初めて翻訳出版 |
| 2014 | 中国、韓国で初講演、半農半X本文庫化 |
| 2015 | 韓国で初めて翻訳出版、中国で2冊目翻訳出版 |
| 2016 | 中国で1冊目の本が重点大学の出版社から新装刊 |
| 2019 | 綾部Uターン20年 |
| 2020 | 半農半X研究所設立20年、新「食料・農業・農村基本計画」 |
| 2021 | ベトナムで翻訳出版予定 |

　き方向を、生きる意味を失っているようにも見える。だんだん生きづらくなっている。コロナ禍でさらに顕在化したものも多い。

　半農半Xとは、持続可能な農ある小さな暮らしをベースに、「天与の才」（＝X＝天職、使命、生きがい、大好きなこと、ライフワークなど）を世に活かす生き方。農の時間は1日の労働時間の半分でなくてもいい。朝だけ、夕方だけでもかまわない。面積も自分サイズでいい。市民農園でも家庭菜園でも通い農でもベランダでもいい。場所は田舎でも都会でもいい。都市を否定したり、田舎が絶対

とはしない。これは以前から言われてきた都市と農村の心の対立を意識したものだ。土や植物に触れ、小さな虫を愛でる。「人間が一番」というこころを捨てる。レイチェル・カーソンがいう「センス・オブ・ワンダー」（自然の神秘さや不思議さに目を見張る感性）を取り戻す。手作業や手塩にかける大事さを思い出したり、家族と大好きな場所で謙虚に、創造性をもって生きられたらと願うものだ。半農半XのXは何を入れても自由。敷居の低さ、柔軟性、汎用性、アレンジ自由も受け入れられた理由の1つであろう（表17-3、表17-4）。

　半農半漁という言葉はいつ誰が考え出したのだろう。半農半医や半農半陶、半農半士といったことばにも出会っていくなかで、「夜明け前」などの作品で有名な島崎藤村が大正15年発表の小説「嵐」の中で、「半農半画家でいいじゃ

表17-3　筆者や周囲が考える半農半Xの「農」への想い（筆者作成）

| |
|---|
| ・農、農業へのリスペクト、尊敬の念 |
| ・行き過ぎた人間中心主義を超えて、脱却 |
| ・想定していたリスク　化石燃料が入らない時代、食料危機 |
| ・サバイバル対応 |
| ・農からインスピレーションを得たい、創造の源 |
| ・家族に安心の食べ物を |
| ・農100％は自信がない、したくない、すべきでない<br>　（理由：規模拡大、農薬、ハウスより露地栽培、不耕起） |
| ・農0％ではまずい時代 |
| ・農100％で世界の問題が解決するわけではない |
| ・ゼロでも100でもない |

表17-4　半農半Xの農とXについての考え方（筆者作成）

| | |
|---|---|
| 農 | 面積：広くてもベランダでも |
| | 時間：長くても短くても |
| | 場所：都会でも田舎でも |
| X | フルタイムでもボランティアでもいい |
| | 起業しても会社員や公務員でもいい |
| | Xがない→周囲のサポートを |
| | Xは1つでなくてもいい、いくつでも、季節変動でも |
| | 名詞（職名）というより、動詞（例. つなぐ、癒す）かも |

ないか」という台詞を使っていることを知った。画家になりたい子どもたちに親は「半農半画家」という生き方を提案するのだった。まさにリスクヘッジだ。宮沢賢治も大正期の講演のなかで「半農半商」と使用している（大島丈志『宮沢賢治の農業と文学』2013）。

## 半農半 X のひろがり

　2002年、農文協の「青年帰農」（現代農業増刊）で初めて半農半 X を詳述。2003年正月、日経新聞に大きく紹介されたことで出版社から執筆要請があり、初めての単著を上梓。都会の若い人に強い出版社のためか、無名の者にもかかわらず都市部の書店で平積みされ、その週からメールや手紙が届き出し、綾部まで訪問や移住が始まった。綾部への移住は今も続いている。移住は綾部へ、だけでない。半農半 X を志す人が今日も新しい生き方を日本のどこかで始めたり、この瞬間も夢見ているだろう。本はいま文庫化され、ゆっくり版を重ねている。

　拙著を手に取ってくれた若い台湾人女性によって台湾の出版社にもたらされ、2006年、『半農半 X 的生活』という題で出版された。台湾の編集者によって、「順従自然、実践天賦」という副題が添えられた。わずか 8 文字で、人の生きるべき方向を的確に表現する。自然をコントロールしようとしてしまっている私たちに、あらためて自然とは寄り添うもの、内包されるものという東洋的な思想を思い出させてくれる。私たちのいまの考え方はあまりにも貧困になってしまっている。いま、最良のイノベーションは新しい考え方をつくることなのだろう。

　講演で訪問した台湾の農村で半農半 X の生き方をする若者が言った。「半農半 X という言葉によって、自分がめざすことが周囲に伝えられるようになった。地域の人もすぐ理解してくれる」と。半農半 X という言葉は日本も台湾も特別な言葉ではなくなり、普通に使われる言葉になったようだ。「半農半 X してる」と動詞的に若者は使う。それは一般化した印といわれる。

　台湾本が中国にもたらされ、2009年に中国成都のタウン誌の編集者からメールが届く。「いま中国人も半農半 X コンセプトを求めています」とあり、驚いた。2013年、中国でも出版。中国で講演の機会を得たり、読者が綾部までやっ

てきたり、中国からの社会起業家スタディツアーのコースとなったり、国境を超えて、同じ価値観でつながる時代が到来している。韓国でも出版され、東アジアすべてに伝えられた。

　中国というと半農半Xとは真逆な世界と思う人もいるだろう。6年前、中国から筆者の住む村までやってきた読者がこんなことを教えてくれた。いままでは「先を行く人」が読んでいたが、いまはまさにドンピシャである、ボリュームゾーンであると。筆者は中国と半農半Xコンセプトは親和性があると感じている。日本のような食べ物の安心さが得られなかったり、信頼がおけないと考える中国人も多く、あきらめないで生きていくには、自分でつくるほうが安心だとみな考えているようだ。生存への欲求は日本より中国のほうが格段に強いだろう。その中国において、家族や一族の生命を守りつつ、天命に沿い生き長らえるには半農半X、というのは自然な流れかもしれない。中国人はなぜ半農半Xを受け入れるか。リスクヘッジの視点で調査するとおもしろいだろう。

　余談だが、半農半Xの4文字を英語でどう表現するかは、以前からの課題で、まだ決まった訳をもっていない。「Half farming, half X」と訳し、JFSによって世界に発信されたことがあり、世界各地から反響もあったが、読者ならどう訳すだろう。こうしたことを世界に発信していくこともきっと日本にとってはリスクヘッジとなっていく。それはソフトパワー戦略に似ている。

## 5．リスクヘッジとしての半農半Xの新たな意義

　半農半Xに普遍性があるとしたら理由は何か。たどり着いたシンプルな2つの理由の1つは他の生命をいただかないと生命維持ができないということ（生命としての宿命）。もう1つは、人には「生きる意味」が必要だということ。食べ物があっても、これがないと満たされない。いま、世界の選択肢は減っている。もう打てる手はあまりない。イノベーティブな政策は期待できないなか、半農半Xは農政においてもますます重要なコンセプトになっていくだろう。いきなりの専業は難しい。まずは半農半X人口を増やすべきだ。そこから専業の農家になる人もいる。半農半Xをテーマに内閣府の加速度交付金を得た

表17-5 若い世代に提供できるもの

|  | 提供できる |
|---|---|
| 農地 | ○ |
| 空き家 | ○ |
| 仕事 | × |
|  | 福岡県香春町の例 |

福岡県香春町の担当者はこう言った。「町では農地も、空き家も提供できるが、仕事はそうではない（提供できないので、Xを持参してほしい）」。日本の多くの町は農地と空き家を提供できるのではないだろうか（表17-5）。

## 6．ビジョンについて―方向性としての「た・ね」―

　漢字が伝わる以前のことばである「やまとことば」では、植物の「種（たね）」の「た」は、「高く」「たくさん」など、広がりをあらわす。「ね」は「根っこ、根源」を意味すると20年ほど前、その道の研究者から教わった。種を大地に播くと、土深く根を張りつつ、空に向かって芽を出し、花をつけ、種子を残していく。都市に生きる現代人はずいぶん前から「根なし草」と言われてきたが、いまようやく、「いのちの根っこ」を大事にする生き方が求められる時代になりつつある。大地や地域、家族といった「根っこ」を大事にしつつ、無限の創造性・想像性を活かし、文化創造していく。才能を自分だけのものとして独占せず、いいものをシェアし、分かち合い、伝えていく。「た・ね」はそんなことを教えてくれる。個人の生き方だけでなく、家族のあり方、地域、企業やNPOなどの組織、集落、さらには市町村、都道府県、国家のあり方にさえも示唆を与える。

## 7．2つのSと農創連携

　「た・ね」を別のことばで表現すると、「2つのS」で言い換えられる。1つは「暮らしやまち・むらのサステナビリティ」のS。もう1つは「ソフトパワー（魅力の創出、熱源、引き寄せる力、ファンづくり）」のSだ。新たな地域づくり、国づくりには、この「2つのS」を深めたり高めたりしていく以外に道はない。

　拙著『半農半Ｘという生き方』はどんな人が読んでいるか。データから見えてきたのは、都会に住む20〜40代の若い世代だということ（表17-6）この子育て世代がいま全国で争奪戦が繰り広げられている移住施策のメインターゲット、最も欲する層と重なる。自分資源を有し、地に足をつけ、ほんとうの修行の場所を求める人だ。半農半Ｘスタイルで農村に入る若い世代を見てきて感じるのはみなクリエイティブであるということ。若い世代に筆者が特に期待するのは、このソフトパワーの面だ。世界はいま、都市も、農村も魅力の創造、ソフトパワー競争時代にある。「新しい魅力をつくる力」が必要だ。先人がつくってくれた精神風土に加え、新たな「文化の香り」がまちづくりには必要。地元の人だけでは創れない文化がある。半農半Ｘな人材が加わることは、農村のリスクヘッジとなるだろう。綾部市にＵターンしてずいぶん経つが、最近特に感じるのが、ソフトパワーの力が目に見えて落ちているのではないかということだ。「新しいものを生み出せる力」の低下。これは綾部だけでなく、人口減少が進む全国の地方においてはきっとどこも同じだ。もしも半農半Ｘな移住がなければ、まずかっただろう。半農半Ｘな移住は小さいながら、食料と農業と農村を守っていく。

　農に関心のない若い世代に農の魅力を伝えるとき、日本の代表的なクリエイターの１人、佐藤可士和の話をすることが多い。佐藤は週末、家族で千葉の畑で農的なことをおこなっていた。感性の面でも先をゆく佐藤が農からインスパイアされることに希望を感じる。彼はなぜ農的なことから刺激を受けるのか、

表17-6　半農半Ｘを求める人の特徴（筆者作成）

| |
|---|
| ・読者データでは20〜30代、40代前半（子育て世代） |
| ・小農志向、自然志向、不耕起志向 |
| ・高い環境意識 |
| ・高学歴 |
| ・暮らしをていねいに |
| ・創造性の発揮をめざす |
| ・高い情報発信力 |
| ・手に職がある、自分の仕事は自分でつくるという意識 |
| ・社会性（社会貢献）、縁、結いを大事に |

ということは大きなヒントを有しているし、そこから新たなイノベーションの
種があるのだと思う。農業とクリエイティブの世界とのさらなる連携（農創連
携）が急務だ。

## 8．新しい組み合わせをつくる

　人生100年時代、一人多役、パラレルキャリア、テレワークなど、時代の流
れとも半農半Xコンセプトはますます合致していっているようだ。半農半公、
半農半芸、半農半電、半農半介護、半農半社会起業家など、多様な半農半X
がある。半農半Xから思いがけない展開も生まれてきている。イノベーショ
ンとは新結合。組み合わせの時代がこれからのトレンドなのだろう。新しい組
み合わせをいかにこの国で作れるかが重要だ。企業や公務員の兼業可能時代も
来ている。地方議員の在り方を巡って、「半議員半X」という考え方もある。
農文協の『シリーズ田園回帰6　新規就農・就林への道』(2017)には「半林
半X」という言葉も登場した。自伐型林業と観光などを組み合わせる生き方だ。
徳島県美波町のIT会社の吉田基晴社長は半農半Xから着想を得て、「半X半
IT」な社員を募集。東京では人材確保に苦労していたが、優秀な人材を地方
に集められるようになり、周辺に考えが拡大。『本社は田舎に限る』という本
も世に送り出している。徳島県知事も講演で「半X半ICT」と話す。明治大
学の小田切徳美教授は美波町を「にぎやかな過疎」と呼ぶ。

　農に関しては以前より、農閑期の収入の確保が課題であった。福井県鯖江市
の眼鏡も、北海道の木彫りの熊も同じだ。収入問題はいま、農村だけの問題だ
けでなく、都市も同じと言える。長野県上田市において、大正時代、山本鼎が
「日本農民美術研究所」の取り組みを始めた。美術で農民の副業づくりを考え
た取り組みはいまの時代から見ても興味深い。産業革命後、機械化、効率化に
よる生きづらさ、人間疎外の問題が生まれ、100年以上前の1898年、イギリス
のエベネザー・ハワードにより「田園都市論」が提唱されている。コロナ後の
あり方を探るために、創造的再考も必要だろう。

〔2021年1月5日　記〕

# 第18章　畜産・酪農における感染症対策の 現状と課題

荒　木　和　秋

## 1．はじめに

　2020年末は高病原性鳥インフルエンザの感染拡大が止まらない状態にある。感染症である家畜伝染病は畜産・酪農の生産活動に重大な打撃を与えるため、家畜伝染病予防法のもと国家レベルで、その予防、まん延防止、終息対策が取り組まれてきた。ここでは家畜の感染症の現状を把握し、2020年に行われた家畜伝染病予防法の改正をはじめ家畜の感染症対策を整理するとともに、わが国の畜産・酪農が抱える構造的な問題について触れてみる。なお、与えられたテーマは家畜感染症学の分野であるが、ここではあくまでも社会科学の視点から取りまとめを行った。

## 2．感染症の位置

　感染症および伝染病の理解を難しくしている原因は、疾病の種類の多さと用語の複雑さにもある。伝染病と感染症の定義についても識者によって見解が異なる。感染症は「病原微生物が動物体内に侵入、増殖して発病する疾病」であるが、伝染病は「動物から動物に感染して重症になる感染症」である。「例えば細菌性食中毒は、感染症ではあるが動物から動物に感染するわけではないので伝染病ではない」とされ、感染症は伝染病を包含した定義を行う見解もある（大橋2019）。

　家畜の病気の中で感染症の比重は高くない。北海道の家畜共生事業での2018年度の乳牛雌の死廃事故頭数 9 万2,000頭のうち感染症はウイルス病374頭、細菌・真細菌病451頭、原虫・寄生虫病968頭であり、これに泌乳器病（多くが乳

房炎) 4,380頭を含めた感染症は全体の 7 ％弱である。大部分は生産病（非感染症）で、運動器病、循環器病、消化器病、妊娠・分娩産後疾患などである[1]。しかし、感染症はひとたび発生すると口蹄疫のように社会経済活動に甚大な被害を及ぼすことがある。さらに感染症は、伝播を伴うためコントロールが多岐に亘る。

　そのため家畜伝染病予防法（家伝法）で発生やまん延の予防について具体的に定められている。家畜伝染病は重要伝染病として法定伝染病とも称され、その他の伝染病として届出伝染病があり、両者を監視伝染病としている。家畜（法定）伝染病は、「家畜伝染病予防法に基づく感染牛の殺処分や周辺地域の移動制限等のまん延防止措置を実施することとされている家畜伝染病」で、2018年時点で28種類ある。また、届出伝染病は、「発生時には法に基づく防疫対応を必要とせず、その発生の届出のみが義務づけられた疾病」で71種類ある。

　以上のように、法定伝染病である家畜伝染病と届出伝染病は区別されているものの、届出伝染病も家伝法の中に位置づけられていることから両者の区分を分かりづらくしている。さらに、各伝染病には英略語も頻繁に使用され、名称変更も行われている。豚熱は2020年に家伝法改正により豚コレラから名称変更が行われ、CSF という英略語も使われている。牛伝染性リンパ腫についても、牛白血病から名称改訂が行われ、EBL（英略語）も使われている。

## 3. 家畜（法定）伝染病の近年における発生状況

　2000年以降、社会的に大きな影響をもたらした監視伝染病の発生状況は、01年の BSE、04年以降相次いで発生した高病原性鳥インフルエンザ、10年の口蹄疫、18年の豚熱（豚コレラ：20年省令で名称変更）である。法定伝染病では、被害の大きさから発生農場の家畜は殺処分されるが、潜伏期間の長いヨーネ病（牛）の撲滅は難しく毎年発生をみている。

　そのほか届出伝染病のなかで13年に甚大な被害をもたらした豚流行性下痢（PED）があり、766農場で発生、28万頭が死亡している。

　これらの伝染病のほか、統計上把握されている監視伝染病の一覧が表18-1である。ここでは、監視感染症のうち、過去20年間の 1 年間で検査陽性数が

表18-1　日本の主要監視伝染病の発生状況

| 畜種 | 病原 | 病名 | 英略語 | 主な症状 | 発生年 | 発生状況 |
|---|---|---|---|---|---|---|
| 牛 | ウイルス | （家）口蹄疫 | FMD | 口腔、鼻腔と蹄部の水泡形成 | 2000 | 2010宮崎県で292戸30万頭殺処分 |
| | | 牛伝染性鼻気管炎 | | 結膜炎、膿胞性陰門腟炎、流産 | 1970 | 北海道で初発、全国拡散 |
| | | 牛ウイルス性下痢症 | BVDV | 流死産、口腔内潰瘍 | | 感染牛の漸増 |
| | | 牛伝染性リンパ腫（牛白血病） | EBL | リンパ節や諸臓器にリンパ腫 | | 感染牛の急増 |
| | プリオン | （家）牛海綿状脳症 | BSE | 致死性神経変性疾患、運動失調 | 2001 | 北海道など36頭発生（2020年まで） |
| | 細菌 | （家）ヨーネ病 | JD | 慢性消化器感染症で持続性下痢 | 1930 | 英国からの輸入牛が初発 |
| | | サルモネラ症 | | 下痢症、肺炎、関節炎、流産 | 1937 | 当初子牛、90年代以降搾乳牛蔓延 |
| 豚 | ウイルス | オーエスキー病 | | 発熱・運動失調や痙攣・流死産 | 1981 | 山形県初発。不活化ワクチンで減少 |
| | | 豚伝染性胃腸炎 | TGE | 水様性下痢・嘔吐 | 1971 | 1970～90年代に蔓延、00年以降減少 |
| | | 豚繁殖・呼吸障害症候群 | PRRS | 流死産・腹式呼吸の不調呼吸音 | | 新興感染症、60～80%が陽性農場 |
| | | 豚流行性下痢症 | PED | 水様性下痢・嘔吐 | 2013 | 14～15年に大発生 |
| | | （家）豚熱(豚コレラ) | CSF | 熱性、敗血症、高熱、食欲不振 | 1887 | 1969年ワクチンで激減、2018年再発生 |
| | 細菌 | 豚赤痢 | | 粘血下痢便 | 1971 | 昭和年代2千～7千頭、平成年代千頭以下 |
| | | サルモネラ症 | | 食欲不振・元気消失・下痢 | 1997 | 2000年以降、減少傾向 |
| | | 豚丹毒 | | 急性敗血症・高熱致死 | | 毎年、2～4千頭発生 |
| 鶏 | ウイルス | （家）高病原性鳥インフルエンザ | HPAI | 元気消失・衰弱・咳・食飲水欲減退 | 2004 | 1925年初発以降なし、04年以降発生 |
| | | （家）ニューカッスル病 | | 呼吸障害・下痢・翼下垂 | 1951 | 1960、70年代大発生、09年以降なし |
| | | 鶏痘 | | 皮膚無羽部分に結節状病変（発痘） | | 2000年代に入り増加、近年減少傾向 |
| | | 伝染性喉頭気管支炎 | | 急性呼吸器感染症で異常呼吸音 | 1962 | 1962年以降常在化、2011年以降激減 |
| | | マレック病 | | 歩行異常・起立不能・翼下垂 | | 1千～4千の間で増減を繰り返す |
| | | 伝染性ファブリキウス嚢病 | IBD | 軟便・水様性下痢・羽毛逆立 | 80年代 | 1990～2000年代蔓延、その後激減 |
| | | 伝染性気管支炎 | | 異常呼吸音、元気消失、羽毛逆立 | 1951 | 1970～90年代に蔓延、00年以降減少 |
| | 原虫 | ロイコチトゾーン病 | | 出血・沈うつ・うずくまり・羽毛逆立 | | 2000年以降増加、最近減少傾向 |

資料：明石他『動物の感染症　第4版』、村上賢二「乳用牛、肉用牛の重要な伝染性疾病と防疫対策」等から荒木作成
注：（家）は家畜伝染病

100件以上の監視伝染病を取り上げた。

　監視伝染病の中で、最も古い伝染病は豚熱（豚コレラ）で、1887年北海道で発生している。1900年代の戦前には牛のヨーネ病が英国からの輸入牛で発見されている。サルモネラ症は1937～1940年に子牛の集団発生が確認された。戦後は養鶏産業の発展とともにニューカッスル病がアメリカから1951年に、また伝染性気管支炎も同年に発生が報告されている。その他の監視伝染病は1970年代以降多く発生しているが、日本における畜産の成長と軌を一にしている。その後、2000年代に入り、深刻な疾病である口蹄疫、BSE が発生し、現在も高病原性鳥インフルエンザが猛威を振っている（明石他2019）。

## 4．監視伝染病の発生状況

　牛、豚、鶏の2000年以降の監視伝染病の発生状況を農水省の統計からみてみる。ただし、ここでの数は実発生頭羽数（淘汰頭羽数）ではなく、検査対象頭羽数のなかで陽性と判断された数である。例えば、口蹄疫の発生頭数は、2000年22頭、09年9頭でしかない。これは口蹄疫ウイルスが分離された牛だけが発生数として扱われているためである（筒井2014）。しかし、実際の被害状況は、292戸、21万頭の患畜と疑似患畜が処分され、ワクチン接種後殺処分頭数を含めると約29万頭に及んでいる。そのことから農水省の統計数値は必ずしも発生実頭羽数を反映していないことに注意しなければならない。

## （1）牛

　牛の監視伝染病の中で、この20年間で発生頭数（検査陽性頭数）が年間で100件を超えた伝染病7種について図18－1に示した。最も深刻な伝染病は牛伝染性リンパ腫（EBL、牛白血病）で2000年の161頭から19年の4,113頭へと増加している。次に多いのがヨーネ病（JD）で、発生件数は400～1,200頭の間で増減している。牛ウイルス性下痢症（BVDV）は04年までは100頭前後であったが16年以降は、400頭弱に増加している。破傷風は100頭前後で推移している。牛伝染性鼻気管炎は12年には1,000頭を超えたが、その後100頭以下になっている。サルモネラ症も100頭以下から500頭の間で増減している。破傷風は100頭以下

図18-1　牛の主要伝染病の発生頭数の推移

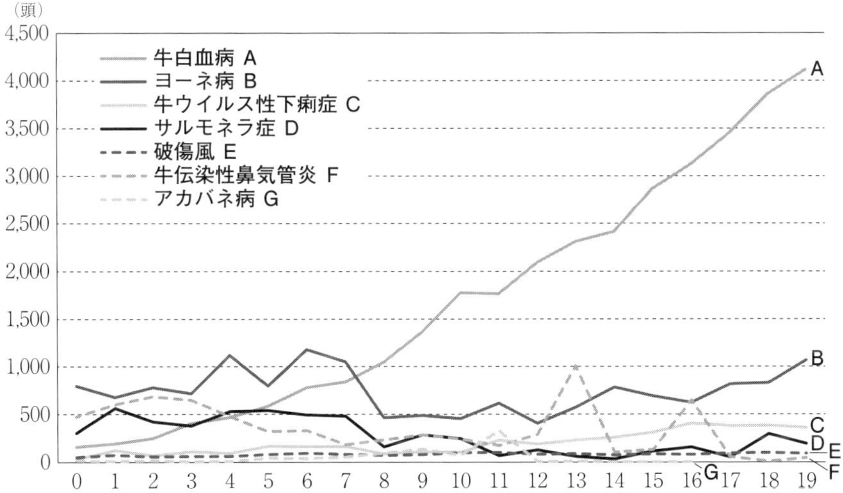

資料：農林水産省「監視伝染病発生状況の累年比較」

で推移している。アカバネ病は11年には326頭であったが、17年以降の発生は見られない。牛での重大疾病は、届出伝染病である牛伝染性リンパ腫（牛白血病）であり、防疫対策はとり進められているが、感染拡大に歯止めがかかっていない。

## （2）豚

　豚の監視伝染病の20年間の推移を見たのが図18-2である。家畜伝染病は豚熱（CSF、豚コレラ）で現在も続いており、他は届出伝染病である。豚熱は、2018年9月に岐阜県で1992年以来、26年ぶりに発生した。15年にOIE（国際獣疫事務局）のCSF清浄国の公式ステータスを取得したばかりであった。届出伝染病で被害の大きい豚流行性下痢（PED）は13年に7年ぶりに発生が確認され、14年には3,885頭の検査陽性豚が出た。ワクチンなどで抑え込まれたものの再び増加している。発生（検査陽性）件数が最も多い届出伝染病として豚丹毒が毎年発生している。ワクチンが開発され、ペニシリン系抗菌薬で治療が行われたことで殺処分などの強い措置はとられなかったこともあり、2013～15年に

図18-2　豚の主要伝染病の発生頭数の推移

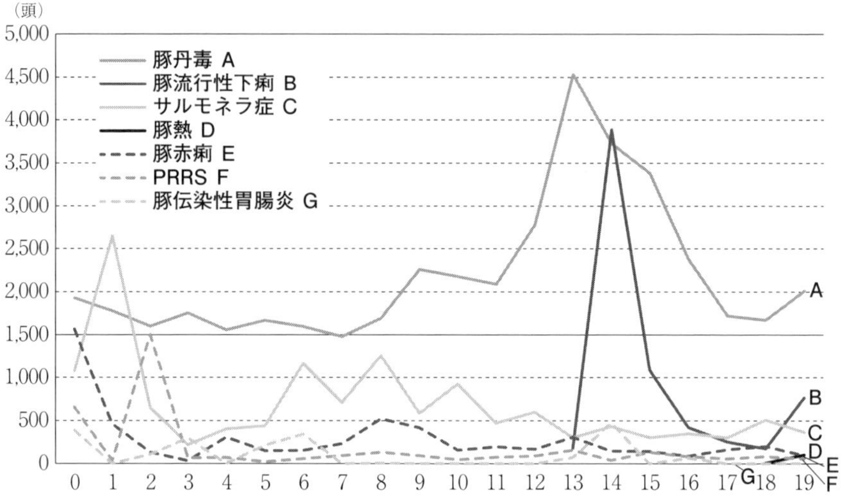

資料：農林水産省「監視伝染病発生状況の累年比較」

4,500頭に急増するものの、その後、発生（検査陽性）件数は2,000前後で推移している。その他、サルモネラ症はこの10年間で300〜600頭、豚赤痢は100〜200頭、豚繁殖・呼吸障害症候群（PRRS）は100頭前後でそれぞれ発生している。豚での重大な疾病は家畜伝染病である豚熱である。

## （3）鶏

　鶏の監視伝染病の20年間の推移をみたものが図18-3である。ニューカッスル病および家きんサルモネラ感染症の発生（検査陽性）は、ここ10年間はみられない。なお、高病原性鳥インフルエンザは18年の発生件数が統計上8件と少なく図示していないが、発生件数はあくまでも検査陽性数であり、実際に処分された羽数は同年1月だけで9.1万羽であり、統計数値と大きくかい離している。マレック病は、2009年の7,000羽台をピークに、最近は3,000羽台で推移している。鶏全体の発生件数は傾向的に減少しているものの、高病原性鳥インフルエンザの被害が大きく最も深刻な家畜伝染病である。

図18-3　鶏の主要伝染病の発生羽数の推移

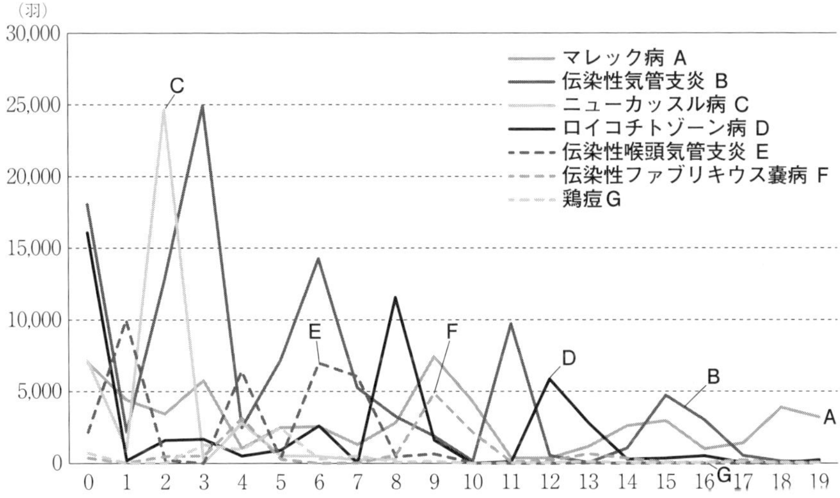

資料：農林水産省「監視伝染病発生状況の累年統計」

## 5. 家畜伝染病の感染要因と感染経路

　家畜伝染病の成立要因について、『動物の感染症』から紹介する。成立要因は、第1に感染源、第2に伝播（感染）経路、第3に感受性宿主（家畜）の3つである。感染症の成立を防ぐ防御機構が免疫機構である。感染源としての病原体か種々の感染経路を経て感染動物（宿主）に感染（伝播）される過程には、①レゼルボア（感染巣：病原体の棲家）、②感染動物（家畜）、③汚染畜産物、④外部媒体などがある。①レゼルボアには、家畜や昆虫のほか炭疽菌や破傷風菌のように芽胞が存在する土壌もある。②感染動物では、病巣部から直接、あるいは分泌物や排泄物を介して伝播する。③汚染畜産物はキャリアー（外見は健康であるが体内に病原菌を保有して排出する家畜）からの排泄物としての糞や尿および生産物などで外部環境が汚染されるもので、土、畜舎、牧草地、車両、水、風、野生動物などである。

　第2の感染経路は、水平伝播と垂直伝播があり、水平伝播は家畜集団内の個体から個体の伝播であり、①感染源動物との接触伝播、②空気伝播、③水・飼料を介する伝播、④媒介昆虫による伝播などがある。垂直伝播は、親から子へ

の病原体の伝播である。妊娠中に母親から胎児への子宮感染も垂直感染に含まれる。第3の感受性宿主（家畜）であるが、病原体の侵入を受けてもすべての家畜が同じように感染・発症することは少なく、同じ個体でも各種のストレスなどで感染防御機能が低下した場合、感染しやすくなる日和見感染が発生する。

　従って、家畜伝染病の発生においては、感染源、感染経路、感受性家畜にかかわる要因の究明と排除が家畜伝染病の対策となる。感染源・感染経路については、圧倒的に感染源である感染動物の鼻汁や糞便などからの経口感染が多くなっている。高病原性鳥インフルエンザの感染源は野鳥（渡り鳥・野鳥）であり、それらの糞便による飼料や水などの汚染が感染経路となる。また、呼吸器感染症では、感染動物のくしゃみや咳によって病原体が飛沫やエアロゾルとして放出され、その吸入による飛沫感染（空気伝播）がある。そのほか、最近急増している牛伝染性リンパ腫（牛白血病）における吸血昆虫、汚染飼料や汚染器具などもあげられる（大橋2019）。

## 6．家畜伝染病の予防・まん延対策

　家畜伝染病の予防対策については、国が法律に基づいて実施する体制（法体系）が整えられている。

### （1）家畜伝染病予防法

　家畜伝染病対策は畜産業界に多大な損害をもたらすことから国が中心となって予防対策を実施している。そのため法整備が行われ、家畜伝染病の新たなまん延を踏まえて改正が行われてきた。家畜伝染病予防法は家伝法とも称され、「家畜の伝染性疾病の発生を予防し、およびまん延を防止することにより、畜産の振興を図る」ことが目的（第1条）で1951年に成立した。家伝法の構成は、第1章（総則）、第2章（家畜の伝染性疾病の発生の予防）、第3章（家畜伝染病のまん延の防止）、第4章（輸出入検疫等）、第5章（病原体の所持に関する措置）、第6章（雑則）、第7章（罰則）からなり、家畜伝染病対策が行われている。

## （2）家畜の伝染性疾病の発生予防とまん延防止

　発生予防では早期発見と早期診断が重要で、獣医師または家畜の所有者（管理者）が講ずべき義務を定めている。患畜、疑似患畜を診断あるいは死体を検査した獣医師は直ちに知事届出を行い、知事は市町村への通報と農林水産大臣に報告を行う。また、監視伝染病の発生状況などを把握するため家畜防疫員に検査を命じることができる。その他、発生予防のための注射、薬浴または投薬の実施命令、家畜所有者による消毒設備の設置義務、知事による発生予防のための区域の指定、消毒方法などの実施命令、汚染物品や車両の消毒、患畜の焼却や埋却のための土地の確保など知事による飼養衛生基準の策定、家畜飼養者の知事への報告、知事による指導、助言、勧告および命令の実行、家畜飼養衛生管理状況などの公表が行われる。

　家畜伝染病が発生した場合にはより強力な措置が取られる。予防措置と同様、知事への届出や知事による通報や報告などを行うが、通行の制限や遮断、家畜防疫員の指示による家畜所有者による患畜および疑似患畜のと殺義務、知事による指定された伝染病の患畜および疑似患畜のと殺命令である。口蹄疫のまん延の場合には、さらに強力な措置が取られる（菊地2019）。

## （3）家畜伝染病予防法の実行充実のための措置

　家伝法の発生予防、防疫措置を効果的・効率的に実施するため、国、地方自治体、家畜主所有者、獣医師などの役割分担等を明確にし、密接な連携の元、総合的に家畜防疫を推進していくため、農林水産大臣は、「家畜防疫を総合的に推進するための指針」を公表している。疾病ごとの対策としては疾病の性質に応じ、重要な家畜伝染病については防疫措置の詳細が示され、防疫指針や防疫対策要領が定められている。さらに、都道府県や団体はそれぞれ防疫マニュアル等を定めている（畠間2019）。

## 7．家畜伝染病予防法の改正と国内議論
## （1）家伝法改正の背景と概要

　農水省は2020年家畜伝染病予防法の改正を行った。その理由は、豚熱のまん

延である。20年9月には群馬県まで広がり9県に達している。その原因が野生イノシシによるもので、19年10月から予防ワクチンの接種が始まり、また野生イノシシに対する経口ワクチンの散布も始められた。その他、アジア周辺国でのアフリカ豚熱（アフリカ豚コレラ、ASF）がまん延し、わが国への侵入の危険性が高まったことによる。

　今回の家伝法改正（2020年7月施行）の目的は、家伝法の強化である。その要点は、①家畜伝染病の名称変更（豚熱、アフリカ豚熱への変更など）、②家畜の所有者・国・都道府県・市町村・関連事業者の責務の明確化（農場毎の衛生管理者責任者の設置など）、③飼養衛生管理基準遵守に係る是正措置などの拡充（違反者への罰則強化）、④野生動物における悪性伝染性疾病のまん延防止措置の家伝法への位置づけ（イノシシへの経口散布など）、⑤予防的殺処分の対象疾病にアフリカ豚熱を追加、⑥家畜防疫官の権限等の強化（出入国者の携帯品中の肉・肉製品の有無の質問・検査・違反畜産物廃棄の実行権限の付与）などである[2]。

## （2）飼養衛生管理基準と改正

　飼養衛生管理基準は、家畜飼養に係る衛生管理方法に関して、家畜の所有者が遵守すべき基準であり、食の安全に対する不安解消のために制定された食品安全基本（03年）に基づいて2004年に家伝法の中に制定された。

　家伝法「第12条の三」において、家畜の所有者がその飼養に係る衛生管理に関して最低限守る基準（飼養衛生管理基準）を定め、その遵守を義務付けている。「12条の三2」では、基準の具体的項目が明記され、「家畜飼養の衛生管理の方法」「衛生管理区域への伝染性疾患病原体侵入防止の方法」「同区域内での病原体による汚染拡大防止方法」「同区域外への病原体拡散防止の方法」が、「12条の三の二」では、飼養衛生管理者について規定しており、「飼養衛生管理者の選任」「同管理者による従事者等の管理」「従事者への飼養衛生管理基準の周知」「従事者への教育、訓練」が、「第12条の四」では「飼養衛生管理者からの農場の基本的事項および衛生管理についての都道府県知事への報告」がそれぞれ記されている[3]。

　これまで、2010年高病原性鳥インフルエンザや口蹄疫の発生を受け、11年に家伝法の改正とともの飼養衛生管理基準の改正も行われ、農場における防疫意識の向上、消毒の徹底、日常の健康管理、異常発見時の通報および出荷停止などが定められた。しかし、総務省が行った2011〜14年までの飼養衛生管理基準遵守状況の調査では、遵守されていない農場数は2,476農場のうち1,794農場、72％にのぼっている（平野2020）。

　家伝法の改正は、同法にある飼養衛生管理基準の改正（2020年7月〜21年11月施行）を伴った。その要点は、①飼養生成管理マニュアルの作成、②豚舎出入りの消毒、衣服の着替えの徹底、③野生動物侵入の防護柵、防鳥ネットの設置、④エコフィードの過熱の厳格化、などである。

　さらに詳細について農水省の指導は、①は、「農場の防疫や家畜の衛生管理を実効性のあるものとするためには、所有者、従業員、外部事業者等、農場に出入りする全ての方がもれなく適切な手順で作業を行う必要がある。このため、作業手順をマニュアルとして文書化した上で、冊子の形での携帯や看板の設置により、日々の確認・点検が求められる。」とあり、マニュアル作成については農水省マニュアルを参考に、担当獣医師、家畜防疫員などの専門家の意見を反映することになっている（石川2020）。

　これらの農水省の指導について、「マニュアル作成などのハードルが高く、遵守までに時間がかかる」と懸念する声もある（平野2020）。

## （3）農場 HACCP 認証基準による

　今回の家伝法改正に伴う飼養衛生管理基準の改正内容は、すでに農水省が2009年に公表した「畜産農場における飼養衛生管理向上の取組認証基準（農場HACCP認証基準）と似通った内容となっている。そのため、「農場 HACCP 認証基準は今回の改正で求められているマニュアル等に対応する書式を備えており、これを活用することによって効率的に飼養衛生管理基準の条件を満たす仕組みを構築することができる」として、農場 HACCP 認証取得による飼養衛生管理基準の遵守が可能なことが認証機関である（社）中央畜産会などからアピールされている。農場 HACCP 認証の取得は、2020年5月には358農場にの

ぼっている（見學2020）。

### （4）飼養衛生管理基準見直しに対する懸念と議論

　家伝法の見直しで議論の的になったのが、飼養衛生管理基準（以下基準案）の改正（第8条、第12条など）における放牧制限であった。基準案では、豚熱ウイルス陽性反応確認地域および隣接県での豚の放牧中止、およびアフリカ豚熱、口蹄疫の発生に伴う放牧の中止と収容畜舎の設置義務が盛り込まれた。農水省は意見を公募し、畜産農家、関係団体、学会などから反対の意見が出された。

　第1に飼養方式としての放牧の有用性である。牛が自ら動くことでの作業時間の短縮、牧草の有効活用、健康増進による寿命延長による生産コスト低減による農家所得の向上、第2に耕作放棄地や傾斜地などの利用による国土保全、第3に放牧推進政策との矛盾である。東京2020オリンピック・パラリンピックでの持続可能性に配慮した畜産物の調達基準の推奨事項として放牧畜産実践農場での生産があげられている。また、20年3月に決定された「酪農及び肉用牛生産の近代化を図るための基本方針及び家畜改良目標」においても放牧の位置づけがなされている。第4に科学的根拠の欠落で、豚熱発生地域および隣接地域での柵設置やワクチン接種は実施済みのため、放牧中止と防疫増強の関係が不明である、などであった[4]。これらの意見を踏まえ、基準案の最終案においては「放牧中止」は削除された[5]。

　日本有機農業学会の主張は、家畜伝染病の拡大は近代畜産（品種統一・大規模飼育・舎飼い・密飼い）と経済のグローバル化によるものであり、近代畜産の伝染病に対する脆弱な構造の変更を主張する。そこで、日本の酪農、畜産の生産構造と生産現場での感染症と疾病の発生状況をみてみる。

## 8．北海道における感染症発生と家畜疾病の状況
### （1）個別農家における感染症発生と対応

　道東地域に立地するA牧場では、1999年5月にサルモネラ症が発生し、その年の11月に終息した。その対応について聞き取りを行った。家畜衛生保健所

による糞便の培養検査で最初の１頭から30頭にまで増加した（陽性になった）。症状は発熱や下痢で、下痢症状の10頭のうち５頭は劇症で、獣医師が抗生剤（下痢止め）を施したが治療できなかった。

　発症と同時に、町内の家畜伝染病自衛防疫組合で対策チームが組まれ、徹底的な消毒などのまん延防止対策がとられた。敷地、牛舎、堆肥盤および牧場の入口などの全面消毒を行い、管理エリア内では長靴を変えた。作業機もふん尿処理関係と飼料関係は分け、飼料の共同作業機械の消毒も行った。さらに糞尿の牛舎への侵入防止のため、牛舎周りの排水対策と明渠を掘り乾燥状態にした。人の立ち入りは厳しく制限され、獣医師、人工授精士、集乳ローリーの訪問順番は地区で最後になった。

　原因は、A牧場の発生以前にも同地区で数件発生していたことで、キツネかカラスのふん便による貯蔵飼料汚染が疑われたため、牛舎に網を張り、爆音によるカラスの追い払い、カラスの駆除を行った。

　陽性牛は、離農した隣家の牛舎（300m）で隔離し別搾りを行った。陽性牛の治療は、抗生剤が投与され、２回投薬して効果がなければ淘汰の対象となった。陰性牛の初生や廃用の販売はできた。延べ50頭の経産牛に５日間の抗生剤の投薬と３日間の休薬が行われ、その間の生乳12トンの廃棄で90万円の損失が生じた。淘汰牛の総額は４頭で200万円の損失になった。そのほか、消毒剤の使用や牛舎周りの暗渠工事などで200万円の出費があり、計500万円近い損害が生じた。感染症の深刻さを物語る事例である。

## （2）乳房炎と防除対策

　生産現場における乳牛の疾病状況は、乳牛の泌乳能力把握のための「検定成績」の資料からも把握できる。図18－４は2002～2016年までの検定事業除籍理由の推移をみたものである。2016年の除籍（淘汰）原因の疾病で最も多かったのが、繁殖障害の１万1,800頭で、続いて乳房炎の１万1,500頭である。

　乳房炎は、発症によって生産乳量や乳質が低下、治療時と後の生乳廃棄など大きな損失が出る重大な疾病である。乳房炎は、「乳房内の感染や障害に対応した生体側の防御・組織修復反応に伴う臨床症状の総称」であり、特定の病原

図18-4 乳牛検定事業における除籍理由別頭数の推移（2産以上）

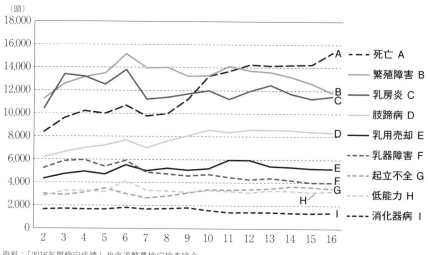

資料：「2016年間検定成績」北海道酪農検定検査協会

によって引き起こされる感染症ではない。乳房炎の原因は、乳牛に対する変敗飼料の給餌などによるストレス、搾乳機器の不調、牛舎環境の汚染や牛体の汚れなどが原因とされる（秦2019）。

　乳房炎の発生は、バルククーラーから採取された生乳の体細胞数（目標値20万個以下、限界値30万個）や生菌数（目標値5,000個／ml以下、限界値1万個）の状態から把握できる。黄色ブドウ球菌などの細菌数が急増した場合、乳房炎の発症を知ることができるからである。乳房炎防除のためのNOSAI、農協、農業改良普及センターの支援チームが「乳房炎防除管理プログラム」を利用した農家の支援を行っている。農家は、乳質改善の目標などを設定し、牛舎環境の改善や搾乳作業の改善が行われる（大林2018）。

## （3）乳検事業にみる「死亡」増加と実態

　「検定成績」で懸念されるのは「死亡」の増加である。2012年にはそれまで除籍理由の中で最も多かった「繁殖障害」を抜き、その後トップの位置にあるが、死亡の理由は不明である。そこで、農家での死亡の状況に19年について3

農場から聞き取った。事例1（経産牛35頭）、事例2（経産牛55頭）ともに小規模放牧農家であるが、事例1は4頭の死亡除籍があり、牛舎での安楽死が行われた。事例3（経産牛480頭）では50〜60頭の除籍牛があり、そのうち突然死が7〜8頭で、大半は安楽死が行われている。疾病・事故が発見された時点で獣医師の治療が困難な状態であったためである。こうした背景として、かつての日本伝統的な家畜への対応である家畜を慈しむ風習がなくなり、家畜の経済価値の低下と大規模化によって乳牛の観察や病牛への介護が無くなったことが指摘されている（岡井2018）。

## 9．感染症対策と日本の畜産・酪農のあり方
### （1）畜産の産地集中と規模拡大の弊害

　2020年末に発生した高病原性鳥インフルエンザのまん延によって12月11日時点で9県の314万羽が殺処分され、岡山県の美作市では1農場で64万羽が処分された[6]。日本畜産における産地の集中は、酪農は北海道、肉牛は九州、北海道、養豚は南九州、関東でそれぞれ飼養頭数の比重が増しており、養鶏（採卵鶏）は関東、東海、東北、九州、中国など全国的に広がっている。そこでの経営の規模拡大も進んだものの、感染症の被害を増大させている。

### （2）北海道における規模拡大の弊害

　北海道の酪農の乳牛の飼養頭数は80万頭で、全国の133万頭の60％を占めるようになった。道内全ての市町村で農家数は激減しているものの、乳牛頭数では増減が分かれる。地域別では十勝の比重が高まっている。表18−2は年間3,000トン以上の生乳出荷を行うメガファームの地域別分布状況を見たものである。十勝が最も多く、全83経営体のうち35経営体、42％を占める。しかも生乳生産量4万トン以上1、2万トン以上1、1万トン以上6の経営体があり他地域を圧倒している。メガファームは、十勝中央部周辺の畑作地帯に多いものの山麓地帯にも広がっている。

　しかし、大規模化は環境問題を引き起こしている。山麓地帯に位置するA町において、2020年10月に49カ所のうち1カ所の井戸水から基準値の7倍を超

表18-2　メガファームの地域別分布状況（2019年度）

| 生産量<br>（トン） | 十勝 | 釧路 | 根室 | オホーツク | 上川 | 宗谷 | 渡島 | 石狩 | 日高 |
|---|---|---|---|---|---|---|---|---|---|
| 40,000～ | 1 | | | | | | | | |
| 30,000～ | | | | | | | | | |
| 20,000～ | 1 | | | | | | | | |
| 10,000～ | 6 | 1 | | | | | | | |
| 9,000～ | 2 | | 1 | | | | | | |
| 8,000～ | 2 | | 1 | | | | | | |
| 7,000～ | 4 | | 2 | 2 | 1 | | | | |
| 6,000～ | 1 | 1 | 2 | 1 | | 1 | 1 | | |
| 5,000～ | 6 | 3 | 1 | 4 | 2 | 2 | | 1 | |
| 4,000～ | 10 | 1 | 2 | 5 | 2 | 2 | | | |
| 3,000～ | 2 | 3 | 2 | | | 2 | | | 1 |
| 計 | 35 | 9 | 11 | 12 | 6 | 7 | 1 | 1 | 1 |

資料：酪農スピードNEWS「2019年度北海道メガファームランキング」より荒木作成。

える亜硝酸性窒素が検出され、3カ所において基準値を超えていた（その後の155カ所の検査ではすべて基準値以下）。飲料水からの基準値超えは初めてのことであり、十勝地域での水質汚染が懸念されている[7]。

　また、感染症の増加も心配されている。サルモネラ症は、2003年以降毎年10～20農場で発生している。15年には1,000頭以上を飼育する5つの農場で牛サルモネラ症が発生している。そのため十勝NOSAIを中心とした家畜伝染病自衛防疫組合が組織され、清浄化に向けた取り組みが行われている[8]。

## （3）感染症対策の徹底と限界

　家畜感染症対策は、その成立要因である感染源、感染経路、感受性宿主（家畜）のそれぞれにおける感染症病原体の根絶にある。その管理システムが飼養衛生管理基準である。家伝法・飼養衛生管理基準の改正では、輸出入検疫（家畜防疫官権限）の強化や家畜所有者の管理責任の強化などが行われた。しかし、20年末の高病原性鳥インフルエンザの発生で人為的な問題が浮かび上がった。農水省調査では、「衛生管理区域での手袋、長靴の交換が行われず、鶏舎にお

ける集卵ベルト出口の開口部分における防鳥ネットの未設置」など、感染経路の問題点が指摘された[9]。

## （4）求められる届出伝染病対策の強化

　すでに図18－1でみたように届出伝染病の中で、牛伝染性リンパ腫（牛白血病）の発生頭数が急増しているが、国による抜本的な対策は打たれていない。牛白血病の発症率は牛白血病ウイルス感染牛の5％程度であり、60％程度は無症状である（林他2014）。また、直接的な酪農家、肉牛農家への被害が少なかったことが背景にある。しかし、感染による免疫低下、と畜場での牛白血病診断による全廃棄、発症牛のと場でのと殺と解体が禁止されていること（2003年と畜法）など経済的損失も生じる（今村他2012）。バルク乳でウイルスが発見されることで白血病というイメージが消費者に与える印象は悪く、清浄化に向けた国と生産者の取り組みが求められる。EU諸国などでは、すでに国をあげた清浄化が行われた。豚のオーエスキー病の清浄化は国の指導のもとで進んでおり、牛白血病においても進めるべきであろう。

## （5）畜産の立地と家畜飼養方式の転換

　感染症成立の要因の1つは感受性宿主（家畜）であるが、家畜は密飼いなどによってストレスが増大し免疫力が低下し、日和見感染が生じる（桐澤2005）。

　規模拡大農場の家畜の飼養環境は、密閉された空間での密飼い、密接状態で、ひとたび感染病が発生すると一気にまん延する。また、特定の地区に同じ畜種の農場が密集することは感染の伝播を容易にする。

　現在、国の伝染病対策は、感染予防のほか個々の発生農場への対応や地区への感染拡大対策が行われている。これらに加え、発生の被害を大きくする畜産・酪農の生産構造を見直す必要があろう。密飼いをもたらす飼養頭羽数の規模拡大や畜産経営の特定地区への集中などを見直し、適度な規模の立地分散を図り、家畜飼養方式の放牧への転換、アニマルウェルフェアの推進による家畜環境の改善などを行うことが、家畜伝染病の発生を抑え、また発生しても被害を抑えるものと思われる。

謝辞：本稿作成に当たり、岡山理科大学獣医学部　永幡　肇教授には貴重なコメントをいただきました。心より感謝申し上げます。

## 注

1）北海道 NOSAI「家畜共済事業」2018年度
2）農水省ホームページ「家畜伝染病予防法の一部を改正する法律の概要」
3）農水省ホームページ「家畜伝染病予防法」
4）日本有機農業学会ホームページ
5）日本農業新聞 2020.6.13
6）朝日新聞 2020.12.12
7）北海道新聞（十勝版）2020年11月12日、14日
8）「牛サルモネラ感染症の防除対策について」十勝 NOSAI ホームページ
9）日本農業新聞 2020.11.10

## 引用文献

〔1〕明石他（2019）『動物の感染症』近代出版2019
〔2〕今内、村田、大橋（2012）「増加している牛白血病」北獣会誌
〔3〕石川清康（2020）「家畜伝染病予防法および飼養衛生管理基準の改正」『畜産コンサルタント』
〔4〕大橋和彦（2019）「感染症の成立と発生機序」『動物の感染症』近代出版2019
〔5〕大林哲（2018）「乳房炎防除の課題と現場でできる対応」『畜産コンサルタント』
〔6〕岡井健（2018）「酪農の家畜福祉」『日本と世界のアニマルウェルフェア』養賢堂
〔7〕菊地栄作（2019）「関連法規の概要」『動物の感染症』「近代出版」2019
〔8〕桐澤力男（2005）「感染症とは何か」『酪農場の防疫バイオセキュリティ』
〔9〕見學一宏（2020）「農場 HACCP 認証基準の構築による飼養衛生管理基準の遵守」『畜産コンサルタント』
〔10〕筒井俊之（2014）「国内における近年の家畜伝病の発生動向」『畜産コンサルタント』中央畜産会
〔11〕畠間真一（2019）「伝染病の防疫の実際」『動物の感染症』「近代出版」2019
〔12〕秦英司（2019）「乳房炎」『動物の感染症』近代出版
〔13〕林・小西・川治（2014）「牛の疾病の特徴と発生要因」『畜産コンサルタント』
〔14〕平野慎二（2020）「飼養衛生管理基準遵守の強化と農場 HACCP 認証」『畜産コンサルタント』

〔2021年1月5日　記〕

# 第19章　有機農業を軸として日本農業全体を 持続可能な方向に転換する

谷口吉光

## 1．はじめに

　私が日本有機農業学会の会長をしているという理由で、編集部から「『日本における有機農業の可能性と現実性』というテーマで書いてみないか」という話をいただいた。願ってもない機会なので書かせていただくことにしたが、このテーマには深い意味が込められていると受け取った。つまり、「有機農業には大きな可能性がある。海外ではヨーロッパ中心にその可能性は大きく実現しているのに、日本ではなぜ栽培面積0.5％の現状から脱却できないのか」という厳しい問いかけが込められていると。本稿ではこの問いを正面から受け止め、私の考えを述べたい。大きく次の3点を論じる。

　第1に、有機農業は農業生産を持続可能な方向（具体的には、省エネルギー・省資源・低投入・地域循環・自然共生型）に変える技術と思想の体系のことを言う。また有機農業は地域の存続や活性化にも貢献する。言い換えると、有機農業は農の多面的機能（自然的機能と社会的機能）を効果的に発揮している。

　第2に、このように定義された有機農業は一国の農業全体を持続可能な農業に転換させるという大きな潜在力を秘めている。実際にヨーロッパを中心に有機農業のこの大きな潜在力は注目され、多様な政策が進められている。

　第3に、残念ながら、日本はこのような世界の潮流から大きく取り残されているが、その最大の原因は有機農業の大きな潜在力に政府も国民も気づいていないからである。有機農業の潜在力を認め、政策の目標を「有機農業を広める」から「有機農業を軸として日本農業全体を持続可能な方向に転換する」へと転換すべきである。このような発想の転換を阻害してきたのは有機農業固有の問

題だけでなく、農業界全体の問題や日本の政治経済体制の硬直性まで難しい問題があるが、それらを克服して政策の転換を果すべきである。

**注**：本稿を脱稿後、農水省が「2050年までに有機農業の面積を現在の40倍の100万 ha に拡大する」という政策（『みどりの食料システム戦略』）を策定中であることを知った。校正段階でできるだけ修正したが、本誌が発刊される頃と情勢が違っている可能性があることをご承知願いたい。

## 2．有機農業の可能性と現実性のギャップ

2020年春、有機農業の潜在力を農水省が認めたと思わせる出来事があった。

新たな食料・農業・農村基本計画の議論と平行して、有機農業の分野では「有機農業の推進に関する基本的な方針」の検討作業が行われていた。これは約5年ごとに改定される有機農業推進の基本計画に当たるものである。2020年4月に公表された新たな方針を見て、私は冒頭の一節に注目した。

　　「有機農業推進法において、有機農業は農業の自然循環機能を大きく増進し、農業生産に由来する環境への負荷を低減するものであるとされている。近年、有機農業が生物多様性保全や地球温暖化防止等に高い効果を示すことが明らかになってきており、その取組拡大は農業施策全体及び農村における国連の持続可能な開発目標（SDGs）の達成にも貢献するものである」（下線部引用者）[1]。

農水省の説明資料によると、「有機農業はSDGs達成に貢献する」と判断した理由として「有機農業が生物多様性の保全や地球温暖化防止等に寄与するとの研究・調査結果が公表されている」とされており、具体的には有機農業の方が水質保全、土壌肥沃度、生物多様性、地球温暖化防止、土壌浸食防止、資源（窒素等）の利用効率、動物福祉などの面で慣行栽培より優れているという研究成果が示されている[1]。

しかし、「有機農業はSDGs達成に貢献する」ということは、有機農業関係者の間では特に驚くようなことではない。「そうだろう」「当然だ」と受け止める人が多いだろう。私が注目したのは「農水省がようやくこのことを明言した」

という事実である。この意味は大変大きい。

　1970年代に先駆的な農家が有機農業に取り組み始めた頃、有機農業は「異端」「変わり者」「非科学的」などと批判された。その後有機農業は社会的に認知されるようになったが、農業政策における位置づけは「特殊な農業」「高付加価値農業」という周辺的な位置にとどまっていた。有機農業推進法が成立して、ようやく「国が有機農業の推進に責任を持つ」と明記され、「有機農業の第Ⅱ世紀が始まった」（中島紀一）と呼ばれるような時代になったが、この法律は議員立法で成立したこともあり、農水省の農業環境政策における有機農業の位置づけは依然として収まりが悪い状態が続いていた（たとえば、有機農業の定義にJAS法の定義と有機農業推進法の定義が併存するというように）。しかし、このたびの基本的な方針で「有機農業がSDGs達成に貢献する」と明記されたことで、有機農業は持続可能な農業の「本命」に位置づけられたと言っていいだろう。

　しかし、だからといって素直に喜べないのは、農水省の統計を見ると、現実の有機農業の存在がとても小さく見えるからである。たとえば栽培面積で見れば、2018年度で耕地面積全体の0.2％（約1万1,000ha、有機JAS認証面積のみ）、有機JAS認証を取得していない面積を含めても0.5％（約2万3,800ha）でしかない。しかも栽培面積は漸増しているとはいえ、大幅に増えてはいない。2014年に改定された前回の基本的な方針では「おおむね平成30年度までに、現在0.4％程度と見込まれる我が国の耕地面積に占める有機農業の取組面積の割合を、倍増（1％）させる」という目標を設定したが、この目標は達成されなかった。

　今回改定された基本的な方針では、有機食品市場が継続的に拡大するだろうという想定の下に、有機農業の取組面積を2017年の2万3,500haから2030年には6万3,000haへと2.7倍に増やす目標を設定している。しかし、有機食品市場を大幅に拡大させる新たな対策や予算が用意されているようには見えず、民間の需要頼みになっているところに政策実行力の根本的弱さがあると言わざるを得ない。

　結局、今回の基本的な方針を見ても、日本の有機農業が確実かつ大幅に拡大

するという見通しを描くことは難しい。SDGs に貢献すると言われる有機農業は、なぜいつまでも「点」的な存在から脱却できないのだろうか。

## 3．有機農業の潜在力とは

さて、本稿では有機農業の潜在力という言葉を使っているが、それがどんな内容を含むのかを確認しておこう。なお、潜在力（potentiality）という言葉は「実現する力」（the ability to develop or come into existence）という意味で使っていく[2]。

「有機農業とは何か」と聞かれると、一般的には「農薬や化学肥料を使わない農業」という答えが返ってくるだろう。有機農業推進法でも有機農業は「化学肥料、化学合成農薬、遺伝子組み換え技術を使わない農業」と定義されているから、こういう定義が広まっているのも無理はない。しかし、この定義は有機農業の多面的な性格のうち、「化学的資材の投入削減」という一面だけを取り上げたものに過ぎず、この定義で有機農業を理解できると考えるのは大きな間違いである。実際には、長年の研究と実践を踏まえて、有機農業には多面的な性格があることが明らかになっている。

有機農業の多面的な性格を知るために格好の書籍が2019年12月に刊行された。日本有機農業学会が設立20周年記念事業として刊行した『有機農業大全：持続可能な農の技術と思想』である。この本の第1章「有機農業とは何か」では、有機農業の多面的性格が簡潔に説明されているのでそれを紹介する。

## （1）有機農業の多面的な性格

はじめに国際有機農業連盟（IFOAM）が2008年に定めた有機農業の定義を紹介しよう。

「有機農業は、土壌・自然生態系・人々の健康を持続させる農業生産システムである。それは、地域の自然生態系の営み、生物多様性と循環に根ざすものであり、これに悪影響を及ぼす投入物の使用を避けて行われる。有機農業は、伝統と革新と科学を結び付け、自然循環と共生してその恵みを分かち合い、そ

して、関係するすべての生物と人間の間に公正な関係を築くと共に生命（いのち）・生活（くらし）の質を高める」[3]。

　この定義は有機農業の多面的で包括的な性格をよく表している。まず、持続可能性が最も重要とされていること（言い換えると、生産性重視ではない）。土と自然生態系と人間の健康が切り離されずに結びつけられていること（土壌肥料学、生態学、医学、社会学、倫理学などが連携しないとこういう認識は生まれない）。地域の生物多様性と循環を前提としていること（風土との結びつきを軽視した近代農業とは違う）。伝統と革新と科学を結びつけること（単なる伝統回帰主義でも科学万能主義でもない）。生物と人間の間に公正な関係を築くこと（生物と人間の関係を見る際に倫理的視点が入っている）。生命と生活の質を高めること（効率性や経済性重視ではない）。そして、これらの条件の一部を満たせばいいのではなく、すべてを考慮しなければならないこと（有機農業は諸要素の有機的結合によって構成された包括的存在である）。

　この定義は国際的な文脈から生まれてきたものだが、日本にはそれとは別に産消提携運動とともに展開してきた有機農業の歴史があった。そこでは「特定の方式の農法を広める取り組みではなく、農耕・農業のあり方、食や生活のあり方、現代社会・現代文明のあり方を根本から問い直す、幅広い実践を促す」運動としてとらえられてきた[4]。「持続可能な本来農業への転換は、単に投入資材の代替ではなく、農業システムの再設計・変革を伴う。それゆえ、農と食をつなぐ仕組み・流通システムの変革が不可欠である」という認識があり、そこから生産者と消費者の関係づくりを重視する思想が生まれてきた[4]。

　『有機農業大全』では、以上の定義を紹介した後で、有機農業の特徴を15のポイントから整理している。ここではそのうち特に重要と思われる特徴を選んで、その要点を紹介する。

①　研究アプローチ：有機農業研究の第一歩は、既存の有機農業者を尊重し、彼らとの信頼関係を築くことである。これなくして実効的な有機農業研究

はあり得ない。有機農業研究でしばしば採用される研究アプローチとして、システムズアプローチ、参加型研究、トランスディシプリナリー（超学際）アプローチ、トランスサイエンスがある[5]。

②　技術の方向性：生産性向上をめざす近代化技術とは違って、できるだけ空間的な小単位で地域資源の活用によって生態系にかかる負荷を最小化し、安定した生産性を継続的に発揮させるという方向性を持つ[6]。

③　土壌の保全：土壌を保全するためには、土壌が生態系として持続するような利用を考える必要がある。すなわち、急激な環境変化を避け、物資循環のバランスを乱さず、土壌生物の多様性を維持することが求められる[7]。

④　育種：有機農業の育種には、次の2点が期待される。ひとつは、歴史的に改良されてきた収量特性や食味品質などの遺伝形質を維持する方法。もうひとつは、化学肥料や化学合成農薬などに依存せず、自然循環機能を活かした生育環境で健康な状態に育つ、動植物が本来有する潜在的適応能力の改良である[8]。

⑤　地域資源の利用：森林資源と草、食品廃棄物、家畜の糞尿を考慮すると、地域には有用な資源がたくさんある。地域資源を有効に活用する農の技術は、農業本来の持続性確保に大きく寄与する[9]。

⑥　多様な農法：現実の営農場面での有機農業はきわめて多様であり、さまざまな自然農法も含まれる。有機農業と自然農法の間には共通性や連続性があることが明らかになっている[10]。

⑦　営農スタイル：日本の有機農業の経営は小規模複合経営から始まったが、地域で販路を共同化する地域複合経営や、大規模経営、中山間地で少量多品目生産を行う新規就農者など多様化している[11]。

⑧　風土：近代農業は、同一の農産物を大量生産し、長距離に運搬し、加工することで成り立っており、風土に基づく農産物の個性は失われている。有機農業運動は、地産地消やスローフード運動のように地域の農産物の価値を高く評価し、農家や消費者の個性を大事にして地域固有の文化を尊重する精神を持つ[12]。

⑨　家族農業：資本主義的農業が利潤を第一義的目標として経営されるのに対して、家族農業は経営の存続と家計の維持、自給を目的として営まれる。家族農業は多様な作物を育てる有機農業、有畜複合、アグロエコロジー的農業の実践に優位性を発揮する[13]。

⑩　エネルギーや暮らしの半自給：循環型社会の構築が有機農業の目的の1つである。その実現には「できるかぎりの自給」の取り組みが基盤とならなければならない。伝統的な自給技術に現代科学の成果を組み合わせて、時代に合った自給の仕組みが求められる[14]。

## （2）「有機農業は持続可能な本来農業だ」という命題の意味

　以上、見ていただいたように、有機農業は単に農薬と化学肥料を使わない農業ではなく、生産性重視の近代農業とは対照的に、<u>農業生産を持続可能な方向に転換しようとする農業技術と思想の体系</u>なのである。持続可能な方向とは、具体的に言えば、省エネルギー、省資源、低投入、地域循環、自然共生型といった方向を意味する。

　ここで強調しておきたいのは、有機農業のこうした性格が単に有機農業だけの固有のものだと考えられているのではなく、慣行農業や減農薬減化学肥料栽培などにも当てはまると考えられていることである。言い換えると、有機農業や慣行農業という個別的な農業の区別の下に「農」という共通の土台が存在しており、有機農業の持続可能な諸特徴は「農」が本来備えている特徴が有機農業を通してよりはっきりと（明示的に）表れていると考えられているのである。

　こんなことを言うと読者は混乱するかもしれないので、もう少し説明しよう。

「有機農業は近代農業に対する批判から生まれた代替（オルタナティブな）農業だ」というとらえ方は正しい。有機農業関係者も長い間「有機農業vs近代農業」という二項対立的に有機農業をとらえてきた。しかし、次第にこうした二項対立図式に対する疑問が広がっていき、有機農業も近代農業も、同じ「農」から生まれた、異なる発展方向なのではないかという認識が主流になってきたのである。中島紀一はこうした認識の深化を次のように明快に語っている。

　「農業は人類が編み出した、優れた明確な営みなのだが、その取り組みには多様性があり、柔軟で実に奥が深い。農業においては「解」は１つとは限らない。（中略）今私たちの生きる時代に展開している農業は、人為と自然との関係性という視点から見れば、自然の制約から離脱しより人工的な営みとして農業を組み立てていこうとする「近代農業」というあり方と、そうしたあり方を批判し自然を尊重しそれと共生していく営みとして農業を組み立て直そうというあり方の２つの大きな流れがある。（中略）「近代農業」と対置される自然共生を志向する農業の流れを総称して「有機農業」という言葉が使われている」[15]。

　有機農業の理解が深まるにつれて、有機農業を近代農業に対する代替農業ととらえるのではなく、有機農業には「農」の持続可能な本質が一層明確に現れているという認識が広がり、それが「有機農業は持続可能な本来農業である」と命題化されるようになった。この命題化の意味は大変大きい。これによって、有機農業は日本農業の一部（すなわち慣行農業以外）の傾向を代表するものではなく、日本農業全体の持続的な方向性を代表する取り組みだと表明されたのである。

## （3）有機農業は農の多面的機能を効果的に発揮している

　これまで述べてきたように有機農業は多面的で包括的な性格を備えているが、最近の研究によって有機農業が「農の多面的機能」を効果的に発揮していることが明らかになっている。このうち自然的機能については、上述の農水省の資

料で「有機農業が生物多様性の保全や地球温暖化防止等に寄与するとの研究・調査結果が公表されている」と整理されているのでここでは立ち入らないことにする。

　自然的機能に加えて、有機農業は農の社会的機能も効果的に発揮していることが最近の研究で明らかになっている。「社会的機能を発揮する」というのは、言い換えると「有機農業が地域の存続や活性化に貢献している」ということである。私自身がこのテーマを研究しているので、少し紹介したい[16]。

　栽培面積や農家数という指標で見ると、日本の有機農業は点的な存在にとどまっているが、視点を変えると、2000年代後半以降、全国各地で有機農業が多様な姿で広がっているという事実が観察できる。たとえば、全国各地の地方自治体が特色ある地域づくりを進める「ツール」として有機農業を上手に活用している事例が増えている。有機農業を通じた移住者の増加によって人口減少対策の先進県となっている島根県や学校給食に全量地元産の有機米を使ったことで注目を浴びている千葉県いすみ市などがよく知られているが、他にも数十の事例を挙げることができる。それ以外にも、都会から農山漁村に移住する若者の多くが有機農業を実践しているとか、農業の経験のない若い起業家たちが「オーガニック」を旗印に事業を始めたなどの事例は枚挙にいとまがないほどである。

　こうした取り組みは有機農業の「産業化」とは違う方向を示していると私は考えている。生産拡大や売り上げ増加を第一義的にめざしているのではないからである。そうではなく、移住者を増やして農山村の存続を図るとか、都市住民を含む多彩な人々のつながりを取り戻すというように、一言で言えば「社会的な問題の解決」をめざしている。そこで、私は有機農業の多様な広がりのなかで、「産業化」とは違う方向をめざす動きを有機農業の「社会化」と呼ぶことを提案している。「社会化」は幅広い現象を含むので正確に定義することは難しいが、おおざっぱに「有機農業が社会的な問題の解決に貢献することを通じて地域に、社会に広がっていく動き」と定義できると考えている。こうじて、有機農業の「社会化」という概念を使うことによって、有機農業が地域の存続や活性化に貢献している具体的な姿が見えてくるのである。

## 4．なぜ日本で有機農業が広がらないのか

　これまで述べてきたように、有機農業は多面的な性格を持ち、農の多面的機能を効果的に発揮している。また「有機農業は持続可能な本来農業だ」と定式化することによって、「有機農業は日本農業全体の持続的な方向性を代表する」という命題が生まれる。このような有機農業理解を農業政策の方向にもう一歩進めれば、有機農業は日本農業全体を持続可能な方向に転換させる潜在力を秘めているという重要な命題を導き出すことができる。

　実際、ヨーロッパを中心とする有機農業先進国では、有機農業のこの大きな潜在力は注目され、各国の政府や地方自治体によって多様な政策が進められている。一例として、コロナウイルスの感染拡大からわずか半年後の2020年10月に刊行された吉田太郎の『コロナ後の食と農』を紹介したい。吉田はコロナ後という時代状況の中でEUが有機農業の潜在力をなお一層発揮させるための新たな食料政策「農場から食卓まで（F2F）」戦略を打ち出したという事実を指摘し、次のように概要を紹介している[17]。

　「農場から食卓まで」戦略策定に関わったキリアキデス保健衛生・食の安全委員は次のように言う。「私たちは一歩進んでフードシステムを持続可能性の原動力にする必要があります。戦略は、食の安全性を確保し、地球の健康と調和させ、健康で公平で環境に優しい食へのニーズに応え、食べ物が生産・購入・消費されるあり方全体にプラスの変化をもたらすことでしょう。それは、環境、社会、市民の健康に役立ちます」。

　そして戦略は27のアクションプランから構成され、食品廃棄物の削減から健全な食生活まで、生産だけでなく、流通から消費まで統合的な改革をめざす。食の全場面にわたってこれほど網羅的な提案がなされるのはEUの政策史上も類がないという。

　本稿の論旨に即して吉田の議論を整理すれば、ヨーロッパでは持続可能な農業への転換の必要性が十分に認識されており、有機農業の潜在力を発揮させることで持続可能な農業が実現できるという認識も広く共有されている。だからコロナ禍に直面して直ちにこうした戦略を策定することができたのだ。

　ヨーロッパの先進性をこのように理解すれば、日本で有機農業が広がらない

理由を次のように説明することができるだろう。日本で有機農業が広がらない本当の理由は、日本農業全体を持続可能な方向に転換させ得るという有機農業の大きな潜在力に農水省も国民も気づいていなかったからである。なぜ気づかなかったのかと言えば、前述したように、有機農業を無農薬・無化学肥料栽培とせまくとらえたことが大きいだろう。だから「有機農産物の需要が増えればそれに伴って生産も拡大するだろう」という程度の政策構想しか生まれてこなかったのだろう。

　だから、日本で有機農業を本当に広めようとすれば、農業全体を持続可能な方向に転換すべきだという認識と、そこに有機農業が重要な役割を果すという認識を多くの国民に共有してもらう必要がある。言い換えれば、政策の目標を「有機農業を広める」から「有機農業を軸として日本農業全体を持続可能な方向に転換する」へと大きく転換すべきなのである。

　以上が私の考えである。論埋的にはまったくその通りだが、実際にやろうとすればこれは相当の難事業になるだろう。克服しなければならない課題を列挙すればきりがないほどである。

　第1に、農業政策では、依然として、生産性を重視する「生産力主義」の力が非常に強いことが挙げられる。むしろ新自由主義農政に続くグローバル化対応農政を通じて、生産力主義は一層強化されている。それに関連して、農業を産業としてとらえる「産業主義」が農業政策の主流になっているという問題がある。長野県佐久市のように「産業としての農業」と「暮らしとしての農業」を政策で併記している自治体も出てきているので、地方のうねりを中央に伝えていく必要がある。

　第2に、日本の農業環境政策に体系性がなく、個別法がバラバラにあるだけという課題がある。「エコ農業」の概念によって農業環境政策の体系化を提案した蔦谷栄一は2005年時点で「これまでの環境保全型農業、有機農業、特別栽培についての法的位置づけ、体系はバラバラで、支援もきわめて乏しく、それらの進展も遅々としている」と述べているが、EUや韓国が農業環境政策の法体系を整備してから施策を講じてきたのに対し、日本ではそうした取り組みが行われてこなかった[18]。

　第3に、農薬の危険性（リスク）に対する農業関係者の取り組みがきわめて弱いという問題がある。農薬の危険性は1970年代の急性毒性・慢性毒性・催奇形性といった問題から、現在ではアレルギー、アトピー、子どもの発達障害や学習障害への影響が指摘されるように問題が大きく変わっているが、JAや農学研究者が農薬の危険性に積極的に取り組んでいるという話はほとんど聞くことがない。「農薬は使い方を間違えなければ安全だ」という従来の認識を転換して、農業界挙げて、農薬の総量削減に取り組むべきではないか。

　最後に、農業の枠を超えた話になるが、第二次世界大戦後の日本の産業政策が加工貿易立国論とそれに基づく自由貿易主義を基本にしてきたという問題がある。工業製品を輸出する見返りとして農産物を輸入するという貿易政策が半世紀にわたって続けられてきたために、日本の農林水産業は疲弊の極に達している。時代状況が激変しているのに、政策の基軸を変えられない日本の政治経済体制の硬直性はさまざまな論者に指摘されてきたところだが、持続可能な社会への転換という21世紀の課題に対応した産業政策の大転換が求められている。

　こうして課題を列挙してみると、有機農業が広まらない原因には、有機農業固有の問題だけでなく、農業界全体の課題やひいては日本の政治経済体制の課題までが含まれていることに気づく。言い換えると、有機農業を広めることは日本を持続可能な社会に転換することにつながるともいえる。私自身は、課題を挙げて終わるのでなく、それを変えるために粘り強く実践を続けていくことを明言して本稿を閉じることにする。


## 注

1）農林水産省（2020）「新たな有機農業の推進に関する基本的な方針等について」。
2）Merriam Webster Online Dictionary.
3）澤登早苗（2019）「定義と原則」、澤登早苗・小松崎将一編著『有機農業大全：持続可能な農の技術と思想』コモンズ：14。
4）桝潟俊子「持続可能な本来農業に向けた歩み」、澤登・小松崎編著、前掲書：18-21。
5）村本穰司「研究アプローチ」、同上、22-24。
6）嶺田拓也「近代化技術の捉え方と有機農業的技術」、同上、27。
7）金子信博「土壌の保全」、同上、29。

8 ）西川芳昭「育種」、同上、31。

9 ）小松崎将一「地域資源の活用」、同上、36。

10）小松崎将一「多様な農法」、同上、37-39。

11）高橋巌「営農スタイル」、同上、40-42。

12）金子信博「風土」、同上、47。

13）関根佳恵「家族農業」、同上、49。

14）涌井義郎「エネルギーや暮らしの半自給」、同上、50。

15）中島紀一（2015）「日本の有機農業」中島他著『有機農業がひらく可能性』、ミネルヴァ書房：12-13。

16）谷口吉光（2019）「有機農業の『社会化』と『産業化』」、澤登・小松崎編著、前掲書：178-180。

17）吉田太郎（2020）『コロナ後の食と農』、築地書館。

18）蔦谷栄一（2005）「日本の農業環境政策のあり方」、日本有機農業学会編『有機農業法のビジョンと可能性』、コモンズ：17。

## 引用文献

〔1〕中島紀一（2015）「日本の有機農業」中島他著『有機農業がひらく可能性』、ミネルヴァ書房：1 -132。

〔2〕農林水産省（2020）「新たな有機農業の推進に関する基本的な方針等について」。

〔3〕澤登早苗・小松崎将一編著（2019）『有機農業大全：持続可能な農の技術と思想』、コモンズ。

〔4〕蔦谷栄一（2005）「日本の農業環境政策のあり方」、日本有機農業学会編『有機農業法のビジョンと可能性』、コモンズ：16-27。

〔5〕吉田太郎（2020）『コロナ後の食と農』、築地書館。

〔2021年 1 月 5 日　記〕

# 第20章　次期 CAP 改革と欧州グリーンディール からの要請

平 澤 明 彦

## 1．はじめに

　EU の共通農業政策（CAP）は現在、次期改革案の検討が大詰めを迎えている。この改革は環境保全・気候変動対策など公共財の供給と、より公正な制度への対応を重点として、2021〜2027年の EU 中期予算（多年度財政枠組、MFF）とともに実施される[1]。

　一方、この次期 CAP 改革案の審議途中に、EU 全体の大規模な気候・環境戦略「欧州グリーンディール」（以下、EGD）が打ち出され、またその下で農業・食料部門を対象とする「ファーム・トゥ・フォーク戦略」（以下、F2F）や、生物多様性戦略が公表された。

　これらの戦略には農林水産業および CAP への要請が含まれており、数値目標も示されている。次期 CAP 改革は元より環境・気候対策を重点としているが、こうした新たな要請を受けて調整が必要となっている。

　EGD は EU の新たな成長戦略でもあり、コロナ禍にかかる景気対策も「緑の復興」を掲げて EGD が目指す持続可能な経済社会システムへの移行を促進する方針である。その中で CAP はどこへ向かおうとしているのかを考えてみたい。

## 2．次期 CAP 改革案

　EU の立法提案（と行政）を担う欧州委員会は、次期 CAP 改革の概要案を2017年11月、詳細案（規則案）を2018年6月に提出した。それに対して立法機関である農相理事会と欧州議会はそれぞれの修正案を2020年10月に提示し、そ

れを受けた 3 機関間の交渉が同11月から始まった。新制度の適用は当初2021年からの予定であったが、審議の遅れから2023年に延期される見込みである。

## （1）背景

1992年改革に始まった CAP 改革は、生産過剰と対米通商摩擦を解決することが当初の大きな目的であり、そのために価格支持の水準を引き下げ、直接支払いにより農業所得を補填した。こうした施策は、1999年以降の改革で適用対象品目や程度が順次拡大され、2008年のヘルスチェック改革で概ね全品目に行きわたり完成をみた[2]。

現行の2013年改革（実施期間2014～2020年）から、CAP 改革は農業による公共財の供給[3]や公平性の改善に重点を置いた新たな段階に入った（平澤2019）。その背景には、CAP に対する財政削減圧力の強まりがある。経済や人口に占める農業の比重が低下する一方で、EU の政策領域が拡大し、様々な優先課題（金融危機や難民、エネルギー、軍事的脅威、気候変動、デジタル化など）が増えたためである。また、CAP は1999年改革以来、直接支払いの予算削減圧力に対抗するため段階的に環境への配慮を拡大してきたが、不十分であるとの批判が絶えず、対応を求められている。

2013年の CAP 改革では直接支払制度が大幅に改正され、環境親和化（グリーニング）が導入されたほか、1 ha 当たり給付額の加盟国間および国内における格差縮小（平準化）や、各種の目的別直接支払いが実現した。こうした再編は、1992年改革以来続いてきた農業者ごとの給付額の過去実績方式[4]が原則として廃止されたことにより容易となった。

次期 CAP 改革へ向かう中で、財政制約はさらに強まった。EU 財政の主要な純拠出国の 1 つであった英国が EU を脱退したのである。次期 MFF の当初提案（EC 2018a）は、CAP の財政枠を当期比（英国を除く） 5 ％削減した。また、CAP 予算の40％は気候変動対策に貢献することが期待されている。CAP を正当化して予算を最大限維持するために、CAP 改革は公共財と公平性を重視する方向へとさらに進まざるを得ない。

## （2）次期改革の主な内容

　欧州委員会が次期CAP改革の最優先課題としたのは、気候・環境対応の強化、助成対象の絞り込み改善、研究・イノベーション・普及の一体的強化の3点である（EC 2018b：p.2）。これらの課題達成を目指して新たな施策が導入される。主なものは新しい「デリバリーモデル」と「グリーンアーキテクチャー」、そして直接支払制度の各種見直しである。

### ①　政策のデリバリーモデル

　新しいデリバリーモデルは、次期CAP改革の最大の特徴である。デリバリーモデルとはCAPの政策目標を達成するための実現方法のことであり、この場合は施策の策定にかかるEUと加盟国の責任分担とその変更を指している。新しいデリバリーモデルの内容は大まかに言って、分権とでもいうべき加盟国の権限拡大と、それを裏打ちする実績重視を組み合わせたものである。

　これまでCAPはEU段階で詳細な共通ルールを定めていたが、今後はそれをEU共通の目標設定や施策の大まかな種類、基本的要件などに縮小し、施策の詳細や選択は加盟国に委ねる。これまでも個別の施策について加盟国の権限をある程度拡大する動きはあったが、今回は施策全般の立案における加盟国の基本的な役割を明示し拡大する点で大きな変化といえる。

　その背景として挙げられるのは、2000年代におけるEUの中東欧への拡大によって、経済や農業などの性格が異なる加盟国が多く加わり、CAPに対する政策ニーズが多様化したことである。また、既存の直接支払制度はグリーニングや各種目的別支払の導入に加えて、加盟諸国の要請に応じた選択肢や例外規定を盛り込んで複雑化している。加盟国の権限拡大は、そうした状況に応えて適切な政策を各国が自ら策定できるようにする意味がある。

　欧州委員会はこうした措置を「補完性原則」[5]の適用拡大として正当化している。こうした位置づけは、次期MFFの提案文書（EC 2018b）が求める欧州の付加価値への重点化と整合的である。

　加盟国の権限を拡大するに際しては、各国の政策の質と加盟国間の平等を確保するため、加盟国の説明責任を強化する必要がある。実績重視がその仕組み

を提供する。

実績重視は、農業に限らず他の政策分野でも求められている。上記の MFF 提案文書は、各種予算の構造を明確化して優先課題と結びつけ、プログラムを整理統合するよう求めている。そしてすべてのプログラムについて実績を重視し、政策目標を明確化して、実績指標による結果の監視と計測、それに中途変更を容易にしようとしている。CAP の中では、既に農村振興政策がそれに近い仕組み（加盟各国の農村振興プログラム）を有している。いわばそこに CAP の主要な施策である直接支払いを加える形で、直接支払いと農村振興政策[6]は「CAP 戦略計画」に束ねられる[7]。両政策（いわゆる 2 本の柱）の枠組みは維持しながら、相互間の整合性や連携を改善し、「1 つの CAP」を実現することが期待されて[8]いる。加盟国は自国の CAP 戦略計画で具体的な施策を立案して欧州委員会の承認を受け、定期的に実績を報告する。

このように、実績重視には EU の政策全体の枠組みという側面がある半面、CAP においては加盟国の権限拡大を補完しその有効性を担保する役割が与えられている。

ところで、CAP 戦略計画規則案は新たに CAP の全般的目標を 4 項目規定している。その内容は、食料安全保障[9]、環境・気候対策、農村振興の 3 領域に関するものと、これらすべてにかかわる現代化（知識・革新・デジタル化）である。

現代化以外の 3 項目は、2013年 CAP 改革の構想から引き継がれたものである。中でも食料安全保障が第一の目標として条文で明記されたことは、近年の CAP 改革における最優先事項が競争力から変化したことを改めて確認するものである（平澤2019）。

## ② 環境・気候対策（グリーンアーキテクチャー）

2013年改革で導入された直接支払いのグリーニングについては、事務負荷が過大（加盟国当局や農業団体から）でかつ環境保全上の効果は薄い（環境団体や研究者、欧州会計検査院から）とする批判が多いため、環境・気候への貢献を直接の目的とする他の施策とともに再編されることとなった。そうした 2 本の柱

をまたぐ施策の総体を「グリーンアーキテクチャー」[10]と称する。

　まず現行制度のグリーンアーキテクチャーを確認しておこう。直接支払いの受給者には、2種類の環境要件が課されている。1つは最低限の基準であるクロスコンプライアンス[11]、もう1つはそれよりもやや高水準なグリーニング3要件、すなわち永年草地の維持、環境重点用地の確保、耕地の作物多様化である。この3要件を満たす農業者には、直接支払の3割に当たるグリーニング支払[12]が給付される。一方、農村振興政策の農業環境・気候支払（および有機農業支払）は、より高度な取組みに対して給付され、農業者の参加は任意である。

　次期改革の新しいグリーンアーキテクチャーを図20-1に示した。直接支払いの環境要件は拡張され、新設の「コンディショナリティ」に一本化される。内容はクロスコンプライアンスおよびグリーニング3要件から受け継ぐものと、その他の追加項目からなる。グリーニング支払いは、これまでよりも高度な取り組み（農業者の参加は任意）に対する直接支払いである「エコスキーム」[13]に置き換えられる。そして農村振興政策の環境・気候等管理誓約（現行の農業環境・気候支払に相当）はエコスキームと連携する[14]。

　エコスキームは2種類あり、加盟国はどちらを用いてもよい。1つは基礎的所得支持（後述）への上乗せ(a)であり、現行制度のグリーニング支払いに近い形態である。もう1つは農村振興政策における環境・気候等管理誓約と同様の取り組みに対する補償支払い(b)である。この(b)は、第1の柱の施策であるため

図20-1　グリーンアーキテクチャーの変化

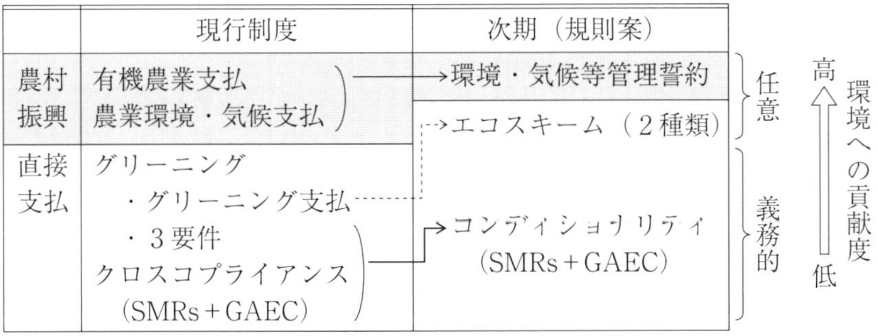

出所：筆者作成

加盟国の財政負担が無く、予算規模の拡大余地が大きく、単年次の支払いであることなどが第2の柱の施策である環境・気候等管理誓約とは異なっている。

　エコスキームには直接支払いの20%以上ないし30%以上の予算を割り当てる方向で議論が進んでいる。この財政規模で高水準の環境・気候対策が実現すればその意義は大きい。その一方、現行のグリーニング支払いと比べて要件が高度化し参加も任意となるため、加盟国の制度設計次第で農業者間の助成金配分や農業者の取り組みにどのような影響を与えるか気になるところである。

### ③　直接支払制度の各種変更

　次期CAP改革における直接支払制度のおもな改革課題は、グリーンアーキテクチャー再編のほか、公平さと対象の絞込みの改善、それに加盟国間の格差縮小である。そのおもな対策は、高額受給者に対する減額の強化と上限額の導入、再分配支払（大規模農業者から中小農業者への予算移転の効果を有する）の設置義務化、そして各国・地域内ならびに加盟国間における1ha当たり給付額の平準化である。これらはいずれも2013年改革の取り組みをさらに進めるものである。

　次期改革案における各種の直接支払制度（表20-1）は、エコスキームを除き概ね現行のものを継承している[15]。名称はいずれも変更され、ほとんどの制

表20-1　新旧の各種直接支払制度

| 現行制度 | 次期制度案 | 設置 | 予算制約 |
|---|---|---|---|
| 基礎支払 | 基礎的所得支持 | 必須 | なし |
| 小規模農業者制度 | 小規模農業者一括支払 | 任意 | なし |
| 再分配支払 | 補完的所得再分配支持 | 必須[1] | なし |
| 青年農業者支払 | 補完的青年農業者所得支持 | 任意[1] | 最低予算額あり[2] |
| 任意カップル支払 | カップル所得支持 | 任意 | 最高10%[3]（特例あり） |
| グリーニング支払 | エコスキーム | 必須 | 最低20%ないし30%[4] |
| 自然制約地域支払 | （廃止） | | |

出所：平澤（2019）に加筆。
注：1）現行制度からの変更。
　　2）農村振興の青年農業者給付金との合計額。
　　3）直接支払いの予算額に占める割合。
　　4）直接支払いの予算額に占める割合。欧州議会と農相理事会の修正案であり、当初の規則案にはない。

度の名称に「所得支持」が加えられた。所得支持は直接支払いの導入以来、一貫してこの制度の主要な役割であるが、それを施策中でこのように明示するのは初めてである。さらに、基礎支払いと再分配支払いは「持続可能性のための」所得支持、そして再分配支払いと青年農業者支払いは「補完的」所得支持として位置付けられた。こうした目的の明確化は施策対象の絞り込みと整合的である。

　各種直接支払いの制度は規定が緩やかとなり、設計の詳細は加盟国の CAP 戦略計画に任される。顕著な例は補完的青年農業者所得支持であり、現行制度と異なり新規就農者に限定されず、また給付期間（就農後の経過年数）に関する規定もなくなっている。

　また、各種直接支払いの予算配分割合に対する制限も大幅に緩和される。規則案のまま成立すれば任意カップル所得支持以外の予算には上限がなくなるため、例えばエコスキームに直接支払いの殆どを充てることも制度上は可能となる。

## 3．欧州グリーンディール（EGD）における農業

　EGD の概要案（EC 2019）は2019年12月11日に公表され、その後分野別の政策が具体化しつつある。これは欧州委員会フォン・デア・ライエン委員長の主要な政策であり、気候・環境対策にとどまらず、新しい産業と技術革新、雇用をもたらすことも期待されている。

　欧州グリーンディールの内容は多岐にわたっているが、概ね①温室効果ガスの排出削減（再生可能エネルギー・循環型経済・建築・輸送）、②環境保全（フードシステム・生態系・汚染ゼロ目標）、そして③それらを実現するための促進手段（財源調達、研究・革新、移行支援、教育、ステークホルダーによる欧州気候協定）の３領域に整理できる。

　このうち農業と関係が深いのは排出削減（①）と、環境保全（②）のうちフードシステムである。なお、フードシステムの施策は排出削減にも貢献する。

## （1）排出ゼロ目標の法制化

　EU は、温室効果ガスの純排出量を2050年までにゼロにする方針を2019年に採択しており、EGD はそのための施策を具体化しつつある。まずこの目標の達成を義務付ける欧州初の気候法案が2020年３月４日に提出された。さらに、2030年までの排出量削減割合（1990年対比）についても、義務的達成目標を現行の40％から55％に拡大する規則案を提出した（2020年９月17日。EC 2020d）。

　排出削減にかかる EU の主要な現行制度は、(i)排出量取引制度（ETS）指令と、非 ETS 部門に関する(ii)努力分担規則、(iii)土地利用・土地利用変化・林業（LULUCF）規則の３つである。農業は非 ETS 部門に含まれる。

　現在、ETS の対象部門には2030年までに2005年対比43％、努力分担部門には同30％の削減目標が課されているが、EU 全体の削減目標引上げ（上記）に合わせた見直しが必要であり、2021年６月までに新たな立法提案が予定されている。ETS の対象部門は拡大する方向であり、これまでの固定施設（発電所や工場）と航空に加えて、海事・陸上輸送・建築物の参加を検討する。その分、努力分担部門の役割は縮小することになる。

　LULUCF 規則は、各国の森林・耕地・草地・湿地などの排出量が吸収量を上回ってはならないと定めている。また、これら土地利用部門の純吸収と努力分担部門の排出削減は、いずれかの実績が不足した場合に他方の目標超過達成分による融通が一定の範囲内で認められている。

　EC（2020c：pp.17-18）は見直しの検討方向として、こうした融通の拡大や、農業者・森林管理者が行う炭素貯留に対する直接的な奨励、農業部門の非二酸化炭素温室効果ガス（メタンや一酸化二窒素）を制度の対象に含めること、ETS をすべての化石燃料使用に適用すること、努力分担部門を廃止して土地利用部門に統合することなどを例示している。いずれにしても農業部門はこれまで以上に排出削減制度に深く組み込まれるであろう。

## （2）ファーム・トゥ・フォーク（F2F）戦略

　F2F 戦略は EGD の一環として2020年５月20日に発表された。「農場から食卓まで」にわたるフードシステム全体を、公正で健康に良く環境に配慮したも

表20-2　分野別戦略の達成目標（2030年まで）

| 達成目標 | F2F戦略 | 生物多様性戦略 |
|---|---|---|
| 化学合成農薬全体の使用とリスクを50％、有害性の高い農薬の使用を50％それぞれ削減 | ○ | ○ |
| 窒素やリンなどの養分損失を50％以上、肥料の使用を20％以上それぞれ削減 | ○ | ○ |
| 抗微生物剤の畜産・水産養殖向け販売を50％削減 | ○ | |
| 有機農業を EU 農地の25％以上に拡大（2018年実績は8％） | ○ | ○ |
| 生物多様性の高い景観特性を有する農地を10％以上にする（2015／2018年実績は4.6％） | | ○ |
| 花粉媒介者の減少を逆転させる | | ○ |

出所：筆者作成。実績値は EC（2020e）による。

のにすることを目指しており、2023年末までに持続可能なフードシステム枠組法制の提案を行うとしている。また、同じ日に発表された「2030年に向けた EU 生物多様性戦略」は F2F と緊密に連携している。

　F2F の政策課題は6分野に整理されている。すなわち、①食料生産の持続可能性、②食料安全保障、③加工・流通・食品サービスの持続可能性、④持続可能な消費と食生活、⑤食品廃棄の削減、⑥食品偽装との闘いである。

　このうち、農業に直接かかわる①は6分野に関する記述の過半を占めている。なかでも、農薬・肥料・抗微生物剤の使用抑制と有機農業の拡大に関しては2030年までの数値目標が示された（表20-2）。これらのうち抗微生物剤以外については、生物多様性戦略（上記）の「EU 自然再生計画」も同じ目標値を掲げている。また、同計画ではそれに加えて、農地の景観特性と花粉媒介者についても達成目標を設定している[16]。肥料や糞尿による水質汚染を抑制することは、2021年に採択予定の「汚染ゼロ行動計画」にも貢献する。

　F2F は、CAP を極めて重要な手段として位置付け、農業者に相応の生活を保証しながら持続可能な生産体系への移行を支援するよう求めている。

　食料生産（①）に関するそれ以外の事項は以下のとおりである。上記の目標も含め農業への各種規制につながるものが多い一方、炭素隔離や、バイオエコノミー、持続可能な生産による付加価値は、収益源となることが期待される。

- ・人的および財政投資の必要性
- ・農林業における炭素隔離と報酬
- ・循環型バイオエコノミー、再生可能エネルギー
- ・畜産からの温室効果ガス排出の削減
- ・動物福祉法制の見直し
- ・新たな病虫害に対処し、農薬への依存を減らすための革新
- ・CAP戦略計画への勧告
- ・持続可能な漁業生産
- ・持続可能な生産のための集団的取組みにかかる競争ルールの明確化

　食料の流通・消費の段階では、消費者に詳細な情報を提供し、健康的で持続可能な食品の選択と食品廃棄の削減を助ける。農業との関連で注目されるのは、食肉の消費減少には好ましい面がある（疾病リスクを引き下げ、環境への影響を低減する）と示唆している[17]ことと、EUの環境基準を満たさない輸入食品はEU市場で認められないとしていることである。

　F2Fは技術的基盤の強化も重視しており、精密農業や人工知能（AI）、衛星技術の利用を拡大するために、農村部における高速ブロードバンドへのアクセスを2025年までに100％にする達成目標を掲げた。また、病虫害防除については革新的な方法を開発する必要があるとしている。さらに、革新的な食料・飼料（代替肉、昆虫など）の開発は循環型経済の実現に貢献すると期待されている。

## ４．CAPの対応方向
### （1）CAP改革交渉の動き

　次期CAP改革の交渉は、欧州議会選挙と欧州委員会の選任、それにMFFの交渉遅延により[18]長引き、その間にEGDやF2Fが発表された。CAP改革の規則案からEGDまで公表時期には1年半の開きがある。その結果、次期CAP改革は立案時の想定になかったEGDへの対応を求められることになった。

　CAPの環境・気候対策は、EGDのような外からの圧力がなければ、これまでのCAP改革と同様に骨抜きとなる可能性が少なくない。実際、加盟国の農

政はこれまで EU の環境対策に十分対応していない、あるいは次期 CAP 改革で権限が増せばさらに対応が弱まるのではないか、との懸念が環境団体や研究者、欧州会計検査院から示されている。また、欧州委員会による CAP 戦略計画の承認と実績重視の仕組みが各国計画の取組み水準を担保するはずであるが、農相理事会と欧州議会はその仕組みを弱める修正案を CAP 改革案の審議過程で提出している。

## （2）グリーンディールへの対応

　欧州委員会は、EGD の発表後も CAP 戦略計画規則案を修正せず、CAP 戦略計画に EGD や F2F の目標を十分反映させるよう加盟国に求めることで EGD への対応を図っている。それらの目標自体は、CAP に対する法的拘束力を持たない。とはいえ加盟国の CAP 戦略計画や直接支払いのコンディショナリティは所定の環境法制と連動するよう規定されており、その満たすべき環境・気候対策の水準は EGD によって引き上げられる。

　EGD には、環境規制を強化するのにとどまらず、CAP の施策で持続可能な農業への移行を支援する意図があり、エコスキーム等による各種の持続可能な農業慣行の拡大を想定している。欧州委員会はエコスキームの例として、森林農業（アグロフォレストリー）、生態学的農業（アグロエコロジー。有機農業や、コンディショナリティの基準を上回る各種の取り組みなど）、精密農業、炭素貯留農業（カーボンファーミング）の4種類を示している。

　2023年からの次期改革実施に向けて、各加盟国は2021年中に CAP 戦略計画を提出する見込みである。それに先行して欧州委員会は2020年12月18日に、当該計画における EU 共通目標への対処について各加盟国に対する勧告（EC 2020e）を公表した。勧告は特に EGD（F2F と生物多様性戦略を含む）の達成目標への対応に着目しており、明示的な目標値の設定を求めている。この勧告に法的拘束力はないが、各国の CAP 戦略計画は最終的に欧州委員会の承認を得る必要があるので、実質的な影響力はあると考えられる。

## （3）強まる環境部門の影響

　いまや CAP は EGD から具体的な達成目標を課される形で環境・気候対応の実質化を迫られており、今後温暖化ガスの排出削減や、フードシステム枠組み法制、その他の環境規制など EGD の施策が実現すれば、CAP への影響はさらに強まっていく可能性がある。

　EGD は欧州委員会のティメルマンス執行副委員長（気候対策担当）が管轄し、部門横断的な取り組み態勢の下で、CAP が F2略や生物多様性戦略に従うよう求めている。これは、これまで CAP が進めてきた環境・気候対応に、これから進むべき方向を示すとともに、拡大と前進を促すものとみることができる。しかしその一方で、環境・気候分野に限られているとはいえ、こうした動きは欧州委員会内で農業・農村振興総局の専権事項である CAP の枠組みに対して、健康・食品安全総局（F2F を管轄）や環境総局（生物多様性戦略を管轄）が実質的な影響を及ぼすことを意味している。

　CAP 改革の環境・気候対応をめぐるせめぎ合いは欧州議会でも活発である。欧州議会の本会議では次期 CAP 改革案の審議の中で、CAP 戦略計画を EGD の達成目標に対応させるよう加盟国に義務付ける修正案が提出されたものの否決された。

　2013年改革から始まった CAP 改革の新たな段階は、EGD によって確かさを増し、加速しつつあるように見受けられる。環境部門からの圧力にどれほどの実効性があるかが１つの焦点となる。

## 注

1）詳細は平澤（2021）を参照。
2）その途中、2003年の改革では直接支払いのデカップリング（品目と生産からの切り離し）を開始した。これも2008年のヘルスチェック改革で完了した。
3）日本で言う農業の多面的機能と食料の安定供給の両方を含む。
4）直接支払いの受給金額を過去の一定の期間における生産や受給実績に基づいて決めるもの。詳細は平澤（2019、および2021）を参照。
5）加盟国では目標を十分に達成できず、EU の方がより良く達成できる場合に EU が行動する（EU 条約第５条第３項）。EU（ないし欧州）の付加価値という表現も同様のことを指す。

6）2013年 CAP 改革では、地域政策等との連携を強化するべく農村振興政策の財政（欧州農業農村振興基金）を欧州構造投資基金の一環として位置付けた（平澤2015）。しかし次期改革では CAP 戦略計画の導入に伴い、農村振興政策が再び構造投資基金から切り離される。他の政策分野との連携よりも、CAP 内部における柱同士の連携を優先したのである。

7）従来市場政策（CMO 規則）にあった品目別施策も含まれる。

8）EU 機関での現地聞取調査（2019年12月実施）による。

9）食料安全保障は「十分で安全かつ栄養のある食料への常時アクセス」（CAP 戦略計画規則案の前文説明条項17）を指す。

10）CAP 戦略計画規則案の提案文書（EC 2018b）には環境アーキテクチャー、環境・気候アーキテクチャーという用例もある。

11）クロスコンプライアンスおよびコンディショナリティの構成はいずれも、法定管理要件（SMRs）と良好な農業・環境条件（GAEC）の2つからなる。前者のSMRs は衛生（公衆・動物・植物）、環境保全、動物福祉の各分野における各種EU 法の順守を求めるものであり、後者の GAEC は農地を良好な状態に保つことを求めている。

12）正式名称は「気候・環境に有益な農業活動に対する支払い」。

13）正式名称は気候・環境スキーム。エコスキームは略称であるが、条文案中でも用いられている。

14）両施策は整合性を確保することが要求され、同一の取組みに対する重複給付は禁じられる。

15）加盟国による利用がごく限られていた自然制約地域支払いは廃止。農村振興政策には以前から同様の施策がありそちらは存続する。

16）生物多様性戦略は現行の戦略（2011～2020年）を引き継ぐものであるが、現行戦略では農業に関する達成目標は1項目のみ（CAP の下で生物多様性関連施策の対象となる面積の最大化）であり、数値目標はない。

17）人口1人当たりの食肉供給量は日本より6割多い（2013年、FAOSTAT による）。

18）英国の EU 離脱交渉が難航し、EU の予算額が定まらなかった。

## 参考文献

European Commission（2017）The Future of Food and Farming, COM（2017）713 final, 29 Nov.

——（2018a）A Modern Budget for a Union that Protects, Empowers and Defends The Multiannual Financial Framework for 2021-2027, COM（2018）32 final, 2 May.

——（2018b）Proposal for a REGULATION OF THE EUROPEAN PARLIAMENT AND OF THE COUNCIL establishing rules on support for strategic plans to be drawn up by Member States under the Common agricultural policy（CAP Strategic Plans）and financed by the European Agricultural Guarantee Fund（EAGF）and by the European Agricultural Fund for Rural Development（EA-FRD）and repealing Regulation（EU）No. 1305/2013 of the European Parliament and of the Council and Regulation（EU）No. 1307/2013 of the European Parliament and of the Council, COM（2018）392 final, 1 June.

——（2019）The European Green Deal, COM（2019）640 final, 11 Dec.

——（2020a）EU Biodiversity Strategy for 2030-Bringing nature back into our lives, COM（2020）380 final, 20 May.

——（2020b）A Farm to Fork Strategy-for a fair, healthy and environmentally-friendly food system, COM（2020）381 final, 20 May.

——（2020c）Stepping up Europe's 2030 climate ambition Investing in a climate-neutral future for the benefit of our people, COM（2020）562 final, 17 September.

——（2020d）Amended proposal for a REGULATION OF THE EUROPEAN PARLIAMENT AND OF THE COUNCIL on establishing the framework for achieving climate neutrality and amending Regulation（EU）2018/1999（European Climate Law）, COM（2020）563 final, 17 Sep.

——（2020e）Recommendations to the Member States as regards their strategic plan for the Common Agricultural Policy, COM（2020）846 final, 18 Dec.

平澤明彦（2015）「EUの農村振興政策—2014〜2020年の新たな枠組み」『農林金融』68(9)、2-18頁、9月。

——（2019）「EU共通農業政策（CAP）の新段階」『新自由主義グローバリズムと家族農業経営』、123-168頁、村田武編、筑波書房。

——（2020）「欧州グリーンディールと農林水産業」『農中総研 調査と情報』(76)、20-21頁、1月。

——（2020）「EUフードシステムの気候・環境戦略「F2F」とCAP改革」『農中総研 調査と情報』(79)、12-13頁、7月。

——（2021）「解題　次期CAP改革：CAP戦略計画規則案の説明覚書」『のびゆく農業』(1051)

〔2021年1月15日　記〕

# 執筆者紹介（執筆順、所属・肩書きは本刊行時）

総　論　谷口　信和（東京大学名誉教授）

## 第Ⅰ部　新型コロナ・気候危機下の世界の食料と農業
第1章　矢口　芳生（福知山公立大学名誉教授）
第2章　石井　圭一（東北大学大学院農学研究科准教授）
第3章　服部　信司（東洋大学名誉教授・国際農政研究所代表）
第4章　玉井　哲也（農林水産省農林水産政策研究所上席主任研究官）
第5章　于　蓉蓉（中国人民大学書報資料センター経済編集部編集者）
　　　　菅沼　圭輔（東京農業大学国際食料情報学部教授）
第6章　長谷美貴広（南開科技大学應用外語系助理教授）

## 第Ⅱ部　新型コロナ禍の下で決定された新基本計画
第7章　鈴木　宣弘（東京大学大学院農学生命科学研究科教授）
第8章　作山　巧（明治大学農学部教授）
第9章　安藤　光義（東京大学大学院農学生命科学研究科教授）
第10章　西川　邦夫（茨城大学農学部地域総合農学科准教授）
第11章　鵜川　洋樹（秋田県立大学生物資源科学部教授）
第12章　梅本　雅（農業・食品産業技術総合研究機構理事）
第13章　橋口　卓也（明治大学農学部教授）
第14章　堀部　篤（東京農業大学国際食料情報学部教授）
第15章　古沢　広祐（國學院大學研究開発推進機構客員教授）

## 第Ⅲ部　農政の新たな針路
第16章　西山　未真（宇都宮大学農学部教授）
第17章　塩見　直紀（半農半X研究所代表）
第18章　荒木　和秋（酪農学園大学名誉教授）
第19章　谷口　吉光（秋田県立大学生物資源科学部教授）
第20章　平澤　明彦（農林中金総合研究所執行役員基礎研究部長）

日本農業年報66　新基本計画はコロナの時代を見据えているか

2021年 4 月26日　印刷
2021年 5 月10日　発行　©　　　　　　定価は表紙カバーに表示してあります。

編集代表　谷口　信和

編集担当　平澤　明彦
　　　　　西山　未真

発 行 者　高見　唯司

発　　行　一般財団法人　農林統計協会

〒141-0031　東京都品川区西五反田 7 -22-17
TOC ビル11階34号

http://www.aafs.or.jp
電話　出版事業推進部　03-3492-2987
　　　編　　集　　部　03-3492-2950
振替　00190-5-70255

Does the Basic Plan 2020 look ahead to an era of COVID-19 ?
Yearbook of Japanese Agriculture No. 66

PRINTED IN JAPAN 2021

印刷　昭和情報プロセス㈱　　　　落丁・乱丁本はお取り替えいたします。
ISBN978-4-541-04327-6　C3033